本书获得以下基金资助国家自然科学基金面上项目（72171099，71771101）

非洲猪瘟疫情影响下
我国生猪市场波动、
价格预测与期货功能研究

熊　涛　朱信凯　著

中国农业出版社

北　京

图书在版编目（CIP）数据

非洲猪瘟疫情影响下我国生猪市场波动、价格预测与期货功能研究 / 熊涛，朱信凯著. -- 北京 ：中国农业出版社，2024. 9. -- ISBN 978 - 7 - 109 - 32612 - 5

Ⅰ. F323.7

中国国家版本馆 CIP 数据核字第 20246B70B9 号

中国农业出版社出版

地址：北京市朝阳区麦子店街 18 号楼

邮编：100125

责任编辑：贾 彬　　文字编辑：耿增强

版式设计：杨 婧　　责任校对：张雯婷

印刷：北京中兴印刷有限公司

版次：2024 年 9 月第 1 版

印次：2024 年 9 月北京第 1 次印刷

发行：新华书店北京发行所

开本：700mm×1000mm　1/16

印张：12

字数：228 千字

定价：78.00 元

目　　录

图 示 目 录

1 绪论

1.1 研究背景、目的与意义

生猪产业在我国畜牧业乃至整个农业经济中占据重要地位，也是农民收入的重要来源之一。近年来，受生猪产业内部和外部事件频发的影响，特别是2018年首次暴发的非洲猪瘟疫情，导致我国生猪市场价格波动剧烈。2018年8月3日，辽宁沈阳确认首例非洲猪瘟疫情，随后通过生猪跨省调运迅速遍及全国多数区域。非洲猪瘟疫情首先集中在东北、华北和华东地区暴发，随着时间推移，2019年一季度蔓延至华中地区，后又集中在中西部地区，直到2019年三季度在全国范围内才趋于稳定。作为居民"菜篮子"的重要组成部分，猪肉一端连着居民的"菜篮子"，一端连着养殖户的"钱袋子"，"肉贵伤民"和"猪贱伤农"凸显，保持生猪市场稳定和平抑异常价格波动对增加养殖户收入、稳定居民通货膨胀预期以及促进国民经济健康快速发展具有非常重要的现实作用。非洲猪瘟疫情暴发对我国生猪产业造成了前有未有的影响，生猪存栏量最大跌幅近40%，生猪价格屡破新高，这引起了全社会的高度关注，也引起了党和国家的高度重视，并成为政策决策的重点之一。2019年3月20日，农业农村部发布《关于稳定生猪生产保障市场供给的意见》；2019年9月6日国务院办公厅发布《关于稳定生猪生产促进转型升级的意见》；2021年8月5日，农业农村部等五部委联合发布《关于促进生猪产业持续健康发展的意见》；2021年12月22日，农业农村部制定印发《"十四五"全国畜牧兽医行业发展规划》。

在非洲猪瘟疫情影响背景下，对我国生猪市场波动、价格预测与期货功能开展系统研究就十分必要。因此，本书首先剖析非洲猪瘟疫情对我国生猪市场波动的影响，基于反事实推断思路，利用样本外预测技术，量化非洲猪瘟疫情对我国生猪等肉禽产业链价格的净影响，并剖析非洲猪瘟疫情对中国和国际主要猪肉出口国的生猪养殖上市公司股票价格的影响。其次，在考虑非洲猪瘟疫情影响的情景下，对我国生猪价格未来走势及其养殖决策开展预测研究，提出一套基于动态模型平均理论的猪肉价格影响因素与预测分析框架，结合一套基于生猪价格预测信息的养殖决策策略，最终构建一个生猪养殖决策支持系统，以提升生猪养殖户的养殖收益。最后，对我国新近上市的生猪期货运行情况进行研究，从市场交易量、流动性和波动率三方面系统研究生猪期货的市场质量，进而基于多种主流套期保值模型分析生猪期货的套期保值能力，并根据6个预测步长和3个误差指标，综合评判基于期货信息的生猪现货价格预测模型的准确度。上述研究对于推动我国生猪产业健康发展、稳定城镇居民肉类消费价格，促进农业及国民经济快速和平稳发展具有重要意义。

1.2 研究现状

1.2.1 非洲猪瘟等动物疫病对畜牧业的影响研究

畜牧业生产遭受的外部冲击包括自然灾害、动物疫情等，这些冲击来自外部，难以预测和控制（张利庠，张喜才，2011）。由于外部冲击具有突发性和不确定性，会对畜牧业生产产生重大负面影响，而动物疫情则是其中最为常见的外部冲击之一，极大地危胁着畜牧业的健康稳定和可持续发展。国内外学者针对动物疫病对畜牧业生产的影响开展了深入研究。

国外学者对动物疫情的相关研究集中于剖析动物疫情对相关产品价格的影响（Knight - Jones，Rushton，2013；Høg et al.，2019；Mohamad et al.，2020；Carriquiry et al.，2021）。此外，学者对比了不同种类疫情对畜牧业产品价格影响的差异。Saghaian 等（2007）对比研究了疯牛病、口蹄疫以及1996年大肠杆菌食品中毒等事件对牛肉消费的影响，发现牛肉零售商和生产商可以通过主动告知消费者受感染的牛肉安全性，来增强消费者对牛肉市场的信心，从而提升牛肉销量。Park 等（2008）发现国内外不同动物疫情对韩国肉类市场的影响存在显著差异。具体来说，韩国暴发的禽流感和美国暴发的疯牛病疫情持续推高猪肉批发价、收购价和零售价，鸡肉和牛肉价格却遭受下跌压力；然而口蹄疫疫情与前两种疫情不同，它会使得猪肉价格在收购、批发和零售三个环节出现下降，而鸡肉市场价格却略有上涨。

除此之外，部分学者还分析了动物疫情对相关行业证券价格的影响。Jin，Kim（2008）利用事件研究法，分析疯牛病疫情对相关行业股价的影响，发现牛肉行业遭受了严重负面冲击，但其他肉类行业却迎来了机遇。Pendell，Cho（2013）研究发现在韩国暴发的五次口蹄疫事件中，生猪、饲料、疫苗和家禽等六个行业反应不一，疫情持续时间越长，股价波动越剧烈。近几十年来，诸如禽流感、猪链球菌病等动物疫情相继在我国暴发，引起了社会的广泛关注和学术界的深入研究。张喜才等（2012）对2003—2012年动物疫情等外部冲击对生猪产业的影响进行了详细梳理，认为外部冲击是导致我国猪肉价格剧烈波动的主要因素之一。在蔡勋，陶建平（2017a）的研究中，他们分析了国内三次禽流感疫情对不同家禽产品价格的影响，发现肉雏鸡价格受疫情影响最大。

郑燕等（2018）也对此进行了探究，发现疫情对白条鸡和鸡蛋产生负面影响，但对猪肉和牛肉价格影响不大。

非洲猪瘟疫情具有传染性强、致死率高等特点，对我国生猪养殖业产生了极大的冲击和影响。在非洲猪瘟疫情暴发前期，学术研究聚焦在非洲猪瘟的临床特征、扩散原因、疫苗研究和疫情防控等方面（王涛 等，2018；罗玉子等，2018）。随着非洲猪瘟疫情的全国性蔓延，学者开始探究非洲猪瘟对生猪产业及其他畜牧业生产的影响，主要分为两方面：一是考察非洲猪瘟疫情对生猪产业的影响。朱增勇等（2019）认为非洲猪瘟疫情致使产销区猪肉供需不平衡，并对全国生猪产能产生巨大且长期影响（张利庠 等，2020；胡浩，戈阳，2020），但同时也加速了生猪产业规模化进程。二是分析非洲猪瘟疫情对肉禽价格的影响。非洲猪瘟暴发后，生猪出栏量及存栏量大幅下跌（李鹏程，王明利，2020），猪肉价格表现出明显的区域差异性（胡向东，郭世娟，2018），主产区价格下跌但主销区价格却在上涨，其他肉类价格如鸡肉、牛肉和羊肉受此影响的程度、方向以及持续性具有明显的时变性和异质性（Li et al.，2021）。此外，刘婷婷等（2020）发现，在非洲猪瘟疫情的影响下，玉米、豆粕和仔猪市场等相关行业遭受了不同程度的市场分割。

闫晓明（2019）发现，非洲猪瘟疫情对生猪产业链中生猪养殖企业、肉制品加工企业、饲料企业和兽药企业的股票价格造成了不同程度的影响。具体来说，生猪养殖行业受非洲猪瘟疫情影响最大，其他相关行业的企业也受到了一定波及。Xiong 等（2021）和麻坤等（2021）利用事件研究法，研究非洲猪瘟对生猪养殖上市企业股票价格的影响，发现非洲猪瘟疫情对生猪养殖企业带来积极的股票回报，不同时期呈现不同的超额回报率。王刚毅等（2021）量化了12 家生猪养殖企业的产业链协同程度，发现疫情背景下我国生猪产业链协同程度呈现出增加趋势，但生猪养殖产业链与其他行业的协同程度具有差异。

1.2.2　生猪市场波动研究

自1985 年生猪产业市场化改革以来，生猪产业的市场机制逐渐完善，国内学者对猪肉（生猪）价格影响因素主要从供给与需求两方面进行了诸多有益且深入的探讨。根据经济学原理，猪肉是一种正常品，其需求收入弹性大于零。但随着经济发展，对于高收入人群，猪肉成为劣等品，收入的增加反而会降低猪肉的需求（李秉龙，何秋红，2007）。近年来我国城市居民猪肉消费增长缓慢，特别是在高收入阶层中已出现下降的态势，并且居民人均实际收入增长仅带来猪肉实际价格的微弱下降（李秉龙，何秋红，2007；刘清泉，2012），猪肉供给的不稳定才是猪肉价格剧烈波动的主要因素（蔡勋，陶建平，2017b）。根据猪肉供给波动的主要来源，可以从内生性和外生性将影响猪肉供给波动的因素分为两类。其中，内生性因素主要来源于生猪养殖成本和养殖户的积极性等，而外生性因素主要来源于生猪疫病和流通环节等（徐雪高，2008）。从内生性因素来看，一方面，仔猪市场供需矛盾致使仔猪价格不断攀升，进而导致生猪价格上涨，最终促使猪肉价格攀升；玉米价格上涨也将显著推动生猪和猪肉价格上涨（程国强 等，2008）。另一方面，养猪收入与外出打工或从事其他副业收入的较大差距使得养殖户补栏积极性不高，进而从根本上影响生猪供应（徐雪高，2008）。从外生性因素来看，生猪疫病、猪肉食品安全事件、生猪市场调控政策和流通成本等对生猪供应的影响越发明显（吕杰，綦颖，2007；徐雪高，2008；吴登生 等，2011）。随着我国市场经济体制的不断完善，农产品价格波动不仅受到自身供求关系的影响，也受到宏观经济环境变化的影响（张照新 等，2011）。特别是货币政策对猪肉（生猪）价格的影响受到越来越多的关注。杨军等（2011）采用协整理论和因果检验等对广义货币供应量 M2 和猪肉价格的关联性进行分析，表明货币供应量的增加在短期对猪肉价格的影响较小，但在长期将推动猪肉价格上涨。许彪等（2014）认为货币供应量影响生猪价格的波动幅度，货币供应量的增加会对生猪价格产生滞后1~2 年的推升作用。刘清泉（2012）发现货币供应量对猪肉（生猪）价格的影响是非中性的，货币的超经济发行不利于猪肉（生猪）价格与供应的稳定。

近十年来，我国猪肉（生猪）国际贸易规模迅速扩大，2017 年 5 月我国猪肉进口量为 1.196 亿吨，较 2008 年 1 月的 0.182 亿吨增长 557%，使得国内外猪肉（生猪）市场的联系日益紧密，国际市场因素对我国猪肉（生猪）价格波动的影响日趋明显。何伟，刘芳（2015）认为国际市场猪肉价格与国内市场仔猪、生猪和猪肉价格之间存在着单向的格兰杰因果关系，国际市场猪肉价格波动会导致国内生猪价格的同向波动。谭莹，陈标金（2016）发现国际生猪价格对我国猪肉零售市场的冲击和传导溢出效应逐渐显现，密切关注国际生猪价格及汇率波动对中国生猪产业链的冲击具有现实意义。夏龙，崔海艳（2015）认为我国生猪价格与国际猪肉价格中度相关，并存在正向因果关系。

随着市场化进程加快，生猪等畜禽市场的联结越发紧密，肉禽产品之间的强替代性也引起了不同种类的肉禽价格间相互联动。辛贤，谭向勇（1999）发现牛肉、羊肉和禽肉价格变动对猪肉价格有不同程度的影响，中国四大肉类猪、鸡、牛、羊肉中猪肉与鸡肉的交叉弹性相对较大，市场关联性较强，猪肉和牛肉、羊肉间的市场关联性弱，而牛肉和羊肉属于同质性蛋白产品，两者的关联性更强，且存在长期均衡关系。国外学者 Ben - Kaabia，Gil（2007）和Kuiper，Lansink（2013）都认为猪肉市场与其他肉禽市场存在价格替代效应。Saengwong 等（2012）通过协整检验、格兰杰因果检验和方差分解发现生猪和肉鸡价格存在双向因果关系。王明利，石自忠（2013）利用向量自回归模型发现羊肉、猪肉和鸡肉市场价格对牛肉价格的短期贡献率分别达到 12.38%，6.34% 和 2.9%。张瑞荣等（2013）认为对于肉鸡产品，猪肉具有外生性，其波动显著影响鸡肉价格。刘子飞（2014）认为猪肉价格和鸡肉价格存在长期关联关系，并且猪肉价格处于主导地位。吴志强（2014）认为猪与牛的肉制品互补性较高，而牛肉和羊肉价格波动呈现一致性。田文勇等（2015）认为牛肉价格和羊肉价格存在双向引导关系，在趋向均衡状态时，牛肉价格调整能力更强。随着居民生活水平提升，消费需求呈现多样性，我国肉禽市场不再唯猪肉论。毛学峰等（2018）认为近些年牛肉、羊肉和禽肉消费比重逐渐提升，以往猪肉价格稳定等于肉禽价格稳定的局面已经逐渐改变，如果忽略肉禽价格的关联，会导致在价格形成和价格规律上产生误差，不利于肉禽市场宏观目标的实现。乔浪等（2019）及丁存振、肖海峰（2022）也证实了畜禽市场关联性较强，肉禽之间存在不同程度的替代效应，其价格相互影响。

1.2.3　生猪价格预测研究

对猪肉市场价格的未来运行态势进行准确预测，有助于提升生猪产业从业者制定相关决策的前瞻性与科学性。为此，国内外学者运用多种统计分析方法对猪肉（生猪）价格进行分析与预测。Hahn（2004）在研究牲畜价格传递的基础上，对生猪价格进行短期预测；LI 等（2012）构建分位数回归模型对我国猪肉价格进行短期区间预测；Saengwong 等（2012）运用自回归移动平均模型和方差分解方法对生猪价格进行短期预测；许彪等（2014）从趋势、周期、季节、偶发和货币等方面构建五因素模型对我国生猪价格进行短期预测；刘芳等（2013）运用神经网络算法从生产指标、市场价格、供给方面、需求方面、市场方面和生猪市场价格传导等维度构建我国生猪价格预测预警模型。

国内外有许多学者对生猪市场价格的预测进行了研究。Hahn（2004）基于牲畜价格传递的研究，对生猪市场价格进行了短期预测；LI 等（2012）基于 2000—2010 年我国生猪价格月度数据，构建了分位数回归模型，发现成本因素的价格变化对不同分位数的生猪价格变化的影响是不对称的，模型短期预测的表现较为稳健；许彪等（2014）通过建立趋势因素、周期因素等五因素分析框架对我国未来的猪价进行预测，发现生猪价格在中长期有上升的趋势；平平等（2010）使用组合回归模型，考虑影响价格的多种因素，对我国生猪市场价格进行预测；任青山等（2019）认为生猪价格的波动由多种因素共同影响决定，BP 多元回归预测模型比基于时间序列的 BP 神经网络预测模型预测精度更高；吉阳等（2016）利用 2008—2016 年四川省生猪价格周度数据分别建立了 ARIMA 与小波神经网络预测模型，发现将生猪价格影响因素纳入建模过程的小波神经网络模型有着更优秀的预测表现；马孝斌等（2007）通过对影响我国生猪市场价格的关键因素进行研究分析，建立了向量自回归模型，提出建模过程中要注意赤池信息（AIC）准则和施瓦兹（SC）准则的限制；丁琳琳，孟军（2012）综合我国猪肉市场与生猪市场价格有关的指标构建了支持向量机（SVM）预测模型，发现 SVM 模型比人工神经网络模型更适合对生猪价格进行预测；贾会玲等（2010）使用落点概率等方法构建了我国生猪市场价格的风险分析模型，对我国生猪市场价格未来 4～6 期的概率分布进行了预测；Raftery 等（2010）基于动态模型平均理论解决了包含大量影响因素的建模预测问题；付莲莲等（2016）基于 2000—2005 年江西省生猪价格月度数据，建立了 LS - SVM 预测模型，发现该模型能够很好地识别我国生猪市场价格与其影响因素之间的非线性关系。

1927 年 Yule 提出自回归模型，标志着时间序列预测模型理论研究的开始，它基于时间序列的过去值进行建模。之后，Box，Jenkins（1970）提出了非平稳自回归移动平均模型，详细介绍了时间序列建模分析的过程，由此引发了时间序列预测分析的热潮（王成，2020）。20 世纪 70 年代之后，自回归移动平均模型成为预测建模领域的主要方法之一，我国的时间序列预测分析也由此拉开了序幕（汤岩，2007）。即使到 21 世纪，差分自回归移动平均模型（ARIMA 模型）在预测生猪价格的短期波动方面仍有优秀的表现（罗创国等，2010；范传棋 等，2013；黄文玲 等，2018）。其他时间序列预测方法也得到了广泛发展与应用。郝妙等（2014）基于 2004—2016 年生猪价格数据构建了基于弱化缓冲算子的 GM 预测模型，发现灰色系统理论 GM（1，1）在生猪价格预测方面有着较高的精度；李苏，宝哲（2020）使用 H - P 滤波法对我国生猪价格进行预测分析，发现我国生猪市场价格的月度数据存在着季节性的波动特征；马孝斌等（2007）基于北京市生猪价格月度数据建立了向量自回归模型，对实际数据进行预测；Ding 等（2010）利用决策树构建了我国生猪价格预测模型；Liu 等（2019）分别使用相似子序列搜索技术和支持向量回归预测生猪价格数据的周期性成分和趋势性成分，有效降低了预测误差；Molina 等（2017）构建了 X - 12 ARIMA 模型，对菲律宾的猪肉价格进行了分析和预测；Hamm，Brorsen（1997）通过建立神经网络模型对生猪市场价格进行预测；熊涛（2021）从我国猪肉市场价格影响因素的时变特征入手，提出了基于动态模型平均理论的预测分析框架；马雄威，朱再清（2008）根据我国生猪价格的波动特点，利用灰色神经网络（CGNN）模型对其进行预测；针对我国生猪价格呈现出的周期性波动和非线性特征，Xiong 等（2017）构建了基于多尺度分析框架的预测模型；蔡超敏等（2016）基于集成预测的思想，提出了 EMD - SVM 集成预测模型，对我国生猪价格进行短期预测。

1.2.4　生猪期货功能研究

中国生猪期货上市之前，已有学者意识到其重要价值，认为生猪期货可以帮助产业经营者在进行生产、库存和市场营销相关的决策过程中管理风险（Zhu et al.，2022）。中国的生猪期货合约经过多年准备，于 2021 年正式上市交易。新上市的生猪期货受到了养殖户、加工商和政府部门的广泛关注，然而当前生猪期货仍缺乏相关学术研究。

因此，本节将从市场质量、价格发现、套期保值三方面综述生猪等商品期货的相关研究。受高频数据可获得性的限制，早期的研究多使用 Thompson，Waller（1988）和 Wang 等（1997）提出的使用交易价格变化或 Hasbrouck（2004）提出的使用交易价格估计来买卖价差，以作为流动性的代用指标（Bryant，Haigh，2004；Frank，Garcia，2011；Martinez et al.，2011；Shah et al.，2012）。近年来，利用高频最优报价（best bid offer，BBO）数据集对农产品期货市场质量的研究方式逐渐成为主流。例如，Wang（2014）研究了芝加哥商业交易所（CME）玉米期货市场的交易量、流动性和波动率之间的关系。与之类似，Costa 等（2018）首次针对新兴期货市场——巴西的玉米和活牛期货的市场质量进行研究。具体到中国的农产品期货市场，Liu 等（2020）从流动性、效率和波动性的角度评估了中国商品期货市场的市场质量。Xu，Li（2018）研究了不同波动率水平下 15 个中国商品期货市场的流动性。然而，他们使用的是日度数据或 5 分钟交易数据而非 BBO 数据。

来自美国或欧洲发达的期货市场的证据（Yang et al.，2001；Kuiper et al.，2002；Figuerola‑Ferretti，Gonzalo，2010；Adammer et al.，2016）大多表明：相对于现货市场，期货市场的流动性更高、透明度更高、交易成本更低，对新信息的反应更快（Black，1976；Brockman，Tse，1995）。近年来，中国农产品市场的价格发现过程引起了学者们的广泛兴趣。例如，He，Xie（2012）的研究表明，中国白糖现货市场比期货市场更有定价权；Yan，Reed（2014）以及 Demir 等（2019）提供了玉米和棉花期货市场主导价格发现过程的证据；Yan，Guiyu（2019）发现中国的玉米淀粉期货市场虽然是一个新出现的市场，但其价格发现效率较高。Li，Xiong（2021）发现，在我国 14 种农产品期货中，11 种农产品期货市场在价格发现过程中起主导作用。

Ederington（1979）提出的套期保值效率度量方式是评价不同套保工具效率的主要标准。套期保值策略的基本思想是在同一标的资产的现货和期货市场上采取相反的头寸（Ederington，1979）。最佳的对冲比例（用于覆盖现货头寸的期货头寸份额）可以通过估计 OLS 回归的斜率项来获得，该回归用期货收益对现货收益进行回归。然而，通过 OLS 估计的套期保值比率并没有考虑到现货和期货价格随时间的变化，而 Bollerslev 等（1988）提出的多变量 GARCH 方法考虑了现货和期货价格的条件方差和协方差，因此被越来越多地用于估计套期保值比例（Yang，Allen，2005；Chang et al.，2011；Wang et al.，2015；Li et al.，2021）。套期保值效率受到许多因素的影响。市场基本面状态保障了期货市场的有效运行，其中流动性、波动率、基差等市场因素被认为与套保效率密切相关（Zhang，Ding，2021；Xu et al.，2022）。流动性与套保效率的发挥联系紧密，是期货市场运行良好的核心要素。良好的流动性表明期货市场对信息流能够快速做出反应，进而发挥价格发现和套期保值等市场功能（de Boer et al.，2022；Xu et al.，2022）。波动率水平决定了对套期保值的需求（Su，2017）。低波动率的金融市场更加稳健（Dutt，Humphery-Jenner，2013），相反高波动率意味着更大的风险。基差风险与套保工具和对冲商品之间的价格波动同步性相关（Chen et al.，2003）。在套保组合的持有期内，基差不断扩大或缩小导致套保组合的损益波动。基差的变化会给套保者带来不可避免的风险，并直接影响套期保值表现（Pennings，Meulenberg，1997）。值得注意的是，大多数研究对上述市场因素与期货价格的关系进行了理论分析，少有学者将套保效率作为解释变量，影响因素作为被解释变量，对套保效率与市场因素之间的关系进行实证检验。

1.3　全书结构和主要内容

全书共五章，其中第二章到第四章是全书的主要研究工作。

各章的主要内容如下：

第一章，绪论。本章叙述了本文的研究背景、目的与意义，全面回顾了与本书相关的已有研究成果，主要包括非洲猪瘟等动物疫情对畜牧业生产的影响、生猪市场波动研究、生猪价格预测研究、生猪期货功能研究，最后说明了本书的结构和主要内容。

第二章，非洲猪瘟疫情影响下我国生猪市场波动研究。2018 年暴发的非洲猪瘟疫情，导致我国生猪和能繁母猪存栏量急剧下滑，生猪和猪肉价格屡创历史新高。与此同时，生猪养殖行业也发生了巨大变化，纵向整合和规模化进程明显加速。为此，本章旨在剖析非洲猪瘟对我国生猪市场波动的影响。本章主要分为以下三部分：（1）基于反事实推断思路，利用样本外预测技术，量化非洲猪瘟对我国生猪等肉禽产业链市场价格的净影响。（2）基于事件研究法，剖析非洲猪瘟疫情公告对中国和国际主要猪肉出口国的 25 家生猪养殖上市企业股票价格的影响，以量化非洲猪瘟对生猪养殖企业的经济影响。（3）基于情感词典的文本分析法，构建非洲猪瘟新闻文本情绪以量化非洲猪瘟疫情严重程度，继而剖析非洲猪瘟疫情对生猪养殖企业股票收益的影响。

第三章，非洲猪瘟疫情影响下我国生猪市场价格预测研究。非洲猪瘟的暴发导致我国生猪和能繁母猪存栏急速下滑，继而导致生猪价格暴涨，而加速恢复的生猪存栏伴随着生猪价格迅速回落。生猪价格的暴涨暴跌对生猪养殖企业的养殖决策提出了巨大挑战。为此，本章围绕非洲猪瘟疫情影响下我国生猪价格预测议题开展系统研究。本章主要分为以下三部分：（1）基于动态模型平均理论，从猪肉供给、猪肉需求、我国经济环境和国际市场等四个方面生猪价格影响因素着手，研究并识别猪肉价格影响因素的时变特征，进而构建猪肉价格预测模型。（2）从生猪供需、疫病以及我国宏观经济环境方面选取了 14 个变量，进而基于 6 种机器学习方法的生猪价格预测模型，在考虑非洲猪瘟疫情的情况下对生猪价格走势开展预测研究。（3）提出了一个适用于生猪价格多步预测的组合预测框架，该框架整合了包含计量经济学和机器学习方法的 11 个单个预测模型，并采用了 7 种组合策略进行组合预测，在此基础上，设计了一个基于生猪价格预测信息的生猪养殖策略，以提升生猪养殖户的养殖收益。

第四章，非洲猪瘟疫情影响下我国生猪期货功能研究。在非洲猪瘟得到有效控制的 2021 年，我国生猪期货成功于大连商品交易所上市。后非洲猪瘟时期，生猪期货的上市被认为是重塑生猪市场，合理引导价格预期的重要手段。为此，本章对生猪期货的价格发现、套期保值和预测能力开展系统研究。本章主要分为以下三部分：（1）从市场交易量、流动性和波动率三方面系统研究生猪期货的市场质量，并基于信息份额模型和成分份额模型度量生猪期货的价格发现水平。（2）基于多种主流套期保值模型（OLS、ECM、GARCH 系列和分位数套期保值模型）分析了生猪期货的套期保值能力。（3）构建 6 个基于生猪期货价格的生猪现货价格预测模型，在 6 个预测步长和 3 个误差指标下评估上述预测模型与基准模型的优劣。

第五章，总结。本章对全书的研究工作进行总结。

2 非洲猪瘟疫情影响下我国生猪市场波动研究

2.1 引言

猪肉作为我国城乡居民"菜篮子"重要的食物之一,其价格的平稳运行关系到农民增收及现代农业的稳定发展。然而,近年来,我国动物疫情频繁暴发,对生猪产业造成了巨大冲击,其中非洲猪瘟尤为突出。2018年暴发的非洲猪瘟疫情,导致我国生猪和能繁母猪存栏量急剧下滑,生猪和猪肉价格持续刷新历史新高。与此同时,生猪养殖企业也经历了巨大变化,纵向整合和规模化进程明显加速。因此,系统剖析非洲猪瘟对我国生猪市场波动的影响具有重要的理论和实践意义。

因此,本章围绕该议题,从如下三方面开展研究。其一,基于反事实推断思路,利用样本外预测技术,对比分析非洲猪瘟实际发生情况下与假设非洲猪瘟未发生情况下,我国生猪等肉禽产业链价格的差异,以此来探究非洲猪瘟对我国生猪等肉禽产业链市场价格的净影响。其二,基于事件研究法,剖析非洲猪瘟疫情公告对中国和国际主要猪肉出口国的25家生猪养殖上市公司股票价格的影响,以量化非洲猪瘟对生猪养殖企业的经济影响。其三,基于情感词典的文本分析法,构建非洲猪瘟新闻文本情绪以量化非洲猪瘟疫情严重程度,然后考察非洲猪瘟疫情对生猪养殖企业股票收益的影响。

2.2 非洲猪瘟对我国生猪产业链价格的影响研究[①]

2.2.1 研究背景和研究动机

畜禽产业是我国农业经济发展的重要支柱产业,不仅关系畜禽产业各方参与主体的切身利益,也关乎群众日常生活,在促进农牧民增收以及农村经济繁荣等发面都发挥着重要的作用。近年来,我国畜禽产业综合生产能力不断增强,肉禽产量持续增长,肉禽消费结构多元,然而现阶段因我国养殖规模化水平有限、养殖环境和技术不规范、动物防疫制度不健全、病毒不断变异等原因

---

① 本节主要内容来源于:何雯霞,熊涛,尚燕,重大突发疫病对我国肉禽产业链市场价格的影响研究——以非洲猪瘟为例 [J],农业现代化研究,2022(43):318-327.

导致动物疫病频发，如 2004—2009 年高致病性禽流感、2009 年禽流感和猪蓝耳病、2011 年口蹄疫以及 2018 年首次在全国范围内暴发的非洲猪瘟。动物疫病具有突发性、高度不确定性、紧急性、传播性广等特点，一旦暴发便难以控制。重大突发性动物疫病暴发不仅造成了畜禽产能下滑，肉禽消费需求难以满足（黄泽颖，王济民，2016），价格波动剧烈（牛元帅，2018；胡向东，郭世娟，2018），养殖亏损等现象，而且还进一步导致畜禽产业经济损失惨重，从而制约畜禽产业健康发展（Akunzule 等，2009；于乐荣等，2009；张淑霞，陆迁，2013）。因此，现阶段为促进我国畜禽高质量发展，更好地满足人民群众对肉禽产品的消费需求，必须高度重视突发性动物疫病对我国生猪等肉禽产业链价格的影响。

本文参考 Park 等（2008）的研究方法，以非洲猪瘟为例，基于反事实推断研究突发性动物疫病对我国生猪等肉禽产业链价格的净影响。非洲猪瘟是一种发病时间短、致死率达 100％，且没有特效药、没有疫苗的高度接触性传染疾病，一旦感染只能大量扑杀生猪，进行无害化处理。2018 年 8 月 3 日，我国在辽宁沈阳确认首例非洲猪瘟疫情，随后病毒通过生猪跨省调运蔓延全国，大量生猪死亡或被扑杀，生猪存栏量及能繁母猪存栏量锐减，猪肉供不应求。据新牧网数据显示，从 2018 年 8 月 3 日确诊发生第一例非洲猪瘟疫情到 2019 年年末，全国共计报告发生了 159 起非洲猪瘟疫情，涉及 31 个省份，共扑杀 109 万余头生猪。受非洲猪瘟、猪周期及前期严格执行环保禁养政策的叠加影响，我国猪肉供给量大幅下降，2019 年全国猪肉产量仅为 4 255 万吨，同比下降 21.3％，能繁母猪存栏量和生猪存栏量连续下滑。2019 年 9 月，全国能繁母猪存栏量和生猪存栏量分别同比下降 29.86％和 39％，均创历史性新低。能繁母猪减少势必影响后续仔猪、生猪供给。猪肉作为肉类消费必需品，消费需求短时间内难以被替代，供需失衡使得猪肉价格持续走高。2019 年 7 月全国猪肉价格开始猛烈上涨，在不到一个月的时间内，超越了 2016 年的历史最高价 21.16 元/千克。随后猪肉价格加速攀升并屡创新高，10 月达到峰值 55.59 元/千克。非洲猪瘟对猪肉价格的影响无论从速度和幅度来说都是史无前例的。

在猪肉价格居高不下的情况下，消费者对猪肉相关替代品的消费需求明显增加。2019 年牛肉消费量 833 万吨，同比增长 11.4％，人均鸡肉消费 12.01 千克，同比增长 14％。受市场需求刺激，2019 年牛肉产量 667 万吨，同比增长 3.6％，羊肉产量 488 万吨，同比增长 2.6％，禽肉产量 2 239 万吨，同比增长 12.3％。但此次非洲猪瘟叠加猪周期、环保政策多方面因素，导致猪肉供给缺口达历史新高，禽肉和牛羊肉作为猪肉替代品，消费需求持续释放，带动鸡肉和牛羊肉市场价格大幅上涨。2019 年 11 月鸡肉和牛肉价格分别达到峰值 27.36 元/千克和 82.28 元/千克，同比增长 27.2％和 23％。可见，动物疾病的暴发不仅影响单一肉禽产品的市场价格，还带动相关肉禽市场价格的波动。

基于以上背景，本节提出以下问题：我国生猪等肉禽产业链价格波动在多大程度上是由非洲猪瘟引起的？非洲猪瘟对不同肉禽产业链价格的冲击存在何种差异，对同一条产业链上不同环节价格的影响又存在何种差异？生猪等肉禽产业链价格之间是否存在某种动态关系，对彼此价格波动的影响或是贡献程度有多少？探明以上问题有助于市场参与主体了解重大突发疫病对生猪等肉禽市场价格的影响机制，把握肉禽价格波动的规律，同时也有助于快速恢复市场价格稳定，提升肉禽产品供给保障能力，促进畜禽产业健康长效发展。

重大突发疫病冲击已经成为影响生猪等肉禽价格和畜禽产业稳定发展的重要因素之一，随着我国生猪等肉禽市场联结越来越紧密，产业一体化程度逐渐提升，重大突发疫病冲击对某一肉禽产品价格的影响必将引起其产业链上、中、下游价格及其相关产品的价格联动现象。而以往仅针对某一产品或单一产业链价格的研究则忽视了这一现象。因此，结合产业链以及肉禽市场替代关系，分析非洲猪瘟疫病对我国多个肉禽市场价格的影响以及价格联动关系，不仅能够丰富重大突发疫病对肉禽产品价格冲击的相关理论研究，对研究我国整个肉禽市场高度联结特征也有新的理论参考。

2.2.2 我国生猪等畜禽产业发展现状及非洲猪瘟暴发情况

随着经济发展，生活水平提升，我国生猪等畜禽产业持续发展，产业结构不断调整，畜禽经济体量不断壮大，肉禽产品短缺现象已经扭转，百姓餐桌的肉禽产品也逐渐丰富，畜禽产业已经成为农业产业发展的重要支撑力量。

（1）肉禽产量与消费结构

2020 年我国肉类总产量 7 639 万吨，其中，猪肉总产量 4 113 万吨，占肉类总产量 53.84%，禽肉总产量 2 361.1 万吨，占肉类总产量 30.9%，牛羊肉总产量 1 164.76 万吨，占肉类总产量 15.24%。图 2-1 显示了 2010—2021 年我国猪肉、禽肉和牛羊肉产量变动情况。2010—2020 年，我国禽肉与牛羊肉产量实现稳步增长，猪肉产量共经历了三阶段波动，从 2010 年的 5 071 万吨增长至 2014 年的 5 671 万吨，随后 2016 年下降至 5 299 万吨，2018 年生猪生产遭受非洲猪瘟的重大冲击，猪肉产量出现大幅下降，2019 年猪肉产量仅为 4 255 万吨，同比下降 21.25%，而禽肉产量却突破 2 000 万吨，同比增长 12.38%，牛羊肉产量增长至 1 155 万吨，同比增长 3.19%。总体而言，现阶段我国猪肉产量占肉类总产量比值有所下降，禽肉与牛羊肉产量占比逐渐上升。

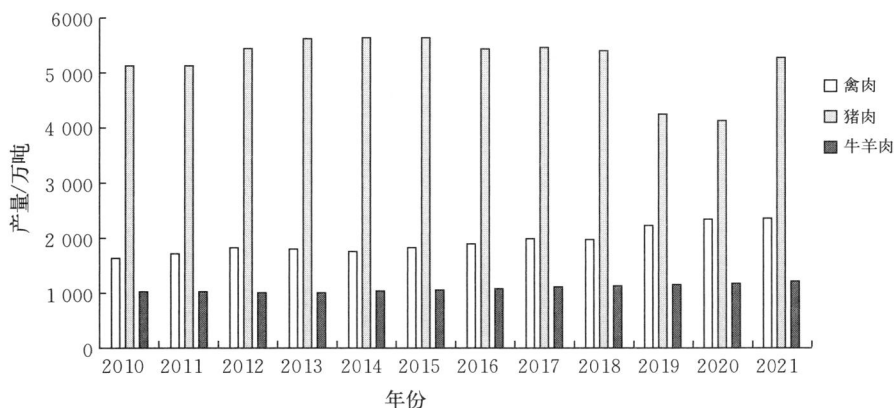

图 2-1　我国主要肉禽产量变动情况

伴随着禽肉与牛羊肉产量增长和收入水平提升，我国居民肉禽消费结构发生明显改变，由单一型向多元化发展。消费者逐渐追求营养均衡、口感优良的肉禽产品，以牛羊肉为代表的高档肉类越来越受到青睐。2013 年和 2020 年城乡居民人均主要肉禽消费占比如图 2-2 所示。2020 年我国城乡居民人均主要肉禽消费量为 37.50 千克，其中，人均猪肉消费 19.88 千克，占比 53%；禽肉消费 13.88 千克，占比 37%；牛肉消费 2.63 千克，占比 7%；羊肉消费 1.13 千克，占比 3%。与 2013 年相比，2020 年我国城乡居民人均主要肉禽消费总量增长 17.2%，猪肉消费比重明显下降，而禽肉消费明显增长，牛羊肉消费占比虽有小幅度提升但所占比重仍较小，未来消费潜力巨大。

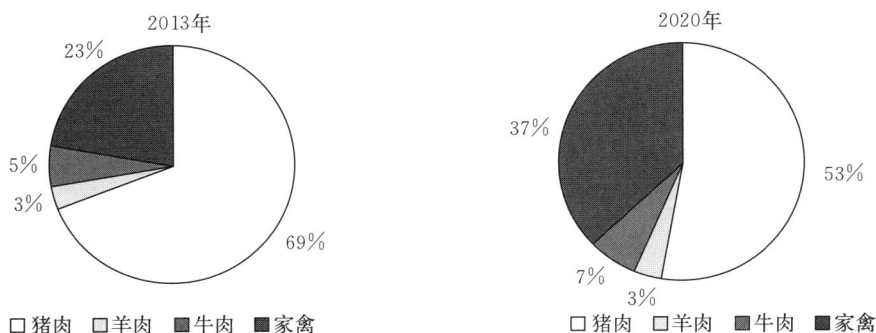

图 2-2　2013 年和 2020 年城乡居民人均主要肉禽消费占比

（2）产业布局和养殖规模变化

受资源禀赋、环境承载力制约，我国畜禽产业布局不断调整。2014 年为推进南方水网地区生猪养殖与环境保护协调发展，出台多项文件划定一系列禁养、限养区，生猪主产区由东南沿海及长江中下游水网地带向华北地区、东北地区以及饲料原料产区转移，我国生猪产业布局呈现南猪北养、北猪南运格局。从区域布局上看，我国牛肉主产区分为中原主产区、东北主产区、西北主产区和西南主产区，考虑到资源禀赋优势，肉牛产业布局逐渐从中原主产区转向东北、西北、西南等优势区域。我国禽肉产业布局较为广泛，主要产区包括两广地区，华中地区、东南沿海地区、华北地区。

在政策推行过程中，大量散户退出，散户占领的市场份额逐渐缩减，大型养殖集团扩张，生猪规模化程度显著提升。据中国畜牧业统计年鉴数据，我国生猪养殖户数量由 2007 年的 8 235 万户降至 2020 年的 2 078 万户，生猪产业规模化、标准化趋势越来越明显。图 2-3 显示了 2007—2020 年我国不同规模生猪养殖户占比变化趋势。我国生猪散户（1～49 头）养殖占比由 2007 年的 97％下降为 2020 年的 93％，5 000 头以上规模化猪场占比由 2007 年的 0.01％上升至 2020 年的 0.05％，中小规模生猪养殖户占比均呈现上升趋势。

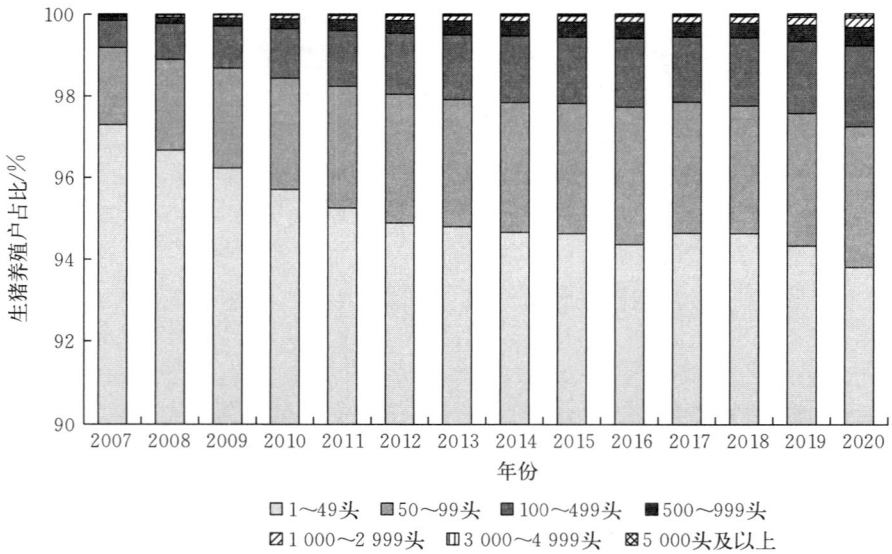

图 2-3　不同规模生猪养殖户占比

我国肉鸡饲养规模化水平有所提升，肉鸡年存栏量 5 万只以下养殖户数量持续下降，年存栏量 5 万只以上养殖户数量实现稳步增长。2020 年全国肉牛养殖户为 757 万家，其中，年出栏量 1～9 头的肉牛养殖户占比 93.45％，同比下降 5.1％；年出栏量 40～99 头肉牛养殖户占比 5.36％，同比增长10.5％；年出栏量 50～99 头的肉牛养殖户占比 0.87％，同比增长 15.86％；年出栏量 100～499 头的肉牛养殖户占比 0.27％，同比增长 20％；年出栏量500 头以上肉牛养殖户占比 0.04％，同比增长 10.17％。虽然肉鸡和肉牛规模化养殖户数量持续增长，但小规模养殖户基数仍旧较大，我国肉鸡和肉牛饲养规模化水平仍然处于较低水平。2020年肉鸡年存栏量0～1 999只的养殖户为1 809万户，年出栏量1～9头的肉牛养殖户为707.5万户。小规模养殖的比较效益低，对抗风险能力弱，一旦遇上突发性疫病，很容易退出市场。因此，应进一步推动我国畜禽养殖规模化，从而获得规模效益。现阶段，我国正积极探索形成以龙头企业主导的养殖模式，如"龙头企业＋合作社＋农户""家庭农场＋农户""龙头企业＋农户"。

（3）产业发展困境

我国畜禽产业化经营水平低，经营组织规模小，竞争力弱，产销难以形成良性发展格局。一是肉禽养殖规模化程度有限导致信息传递渠道不畅。散户仅凭眼前信息进行生产决策，盲目跟风生产，且畜禽养殖存在周期性，生产者对价格的反应滞后，容易造成供给需求失衡，引起价格大起大落，形成恶性循环。二是产业一体化程度低，尚未形成成熟的"企业＋农户"供销形式。产业链利益分配易受突发性因素以及供求关系影响而失衡，最为典型的是加工与流通环节市场势力强大，在出现价格波动时，联手压价行为时常发生，导致生产者利益损失严重，而利益分配机制是产业能否长期发展的重要因素之一。三是我国肉禽产品附加值低，同质化竞争严重，品牌建设落后。肉禽生产注重产量，轻视质量，多数肉禽产品以初步加工为主，礼盒以及深加工品类较少并且品牌认知度低，品牌经营与质量管理能力薄弱，无法形成品牌效应。

（4）非洲猪瘟

非洲猪瘟最早于1921年在非洲肯尼亚被发现，至今已有百年历史，目前已扩散至西欧和美洲等多个国家和地区，影响范围广，破坏性强。非洲猪瘟病毒存活力强，发病时间短，致死率达100%，易发于家猪与野猪群体间，感染造成的损失几乎是毁灭性的。目前没有特效药，没有疫苗，一旦感染只能通过大量扑杀生猪，进行无害化处理来遏制疫病扩散。2018年8月3日，我国在辽宁沈阳确认首例非洲猪瘟疫情，随后疫病通过生猪跨省调运迅速遍及全国。非洲猪瘟疫病首先集中在东北、华北和华东地区暴发，随着时间推移，2019年一季度疫病蔓延至华中地区，后又集中在中西部地区，直到2019年三季度在全国范围内才趋于稳定。此次疫情对我国生猪产能和肉禽市场价格均造成了前有未有的影响。

据农业农村部数据显示，从2018年8月3日确诊发生第一例非洲猪瘟疫情到2019年12月底，全国共报告发生了159起非洲猪瘟疫情，涉及31个省份，共扑杀生猪109万余头。图2-4显示了全国非洲猪瘟月度暴发次数，由图可知，非洲猪瘟暴发主要集中在2018年8月至2018年12月，其间共计发生非洲猪瘟疫病95次。2019年第一季度疫病暴发次数显著下降，随后4月再次上涨，自 5 月后，非洲猪瘟发病次数逐渐下降，疫病得到有效控制。

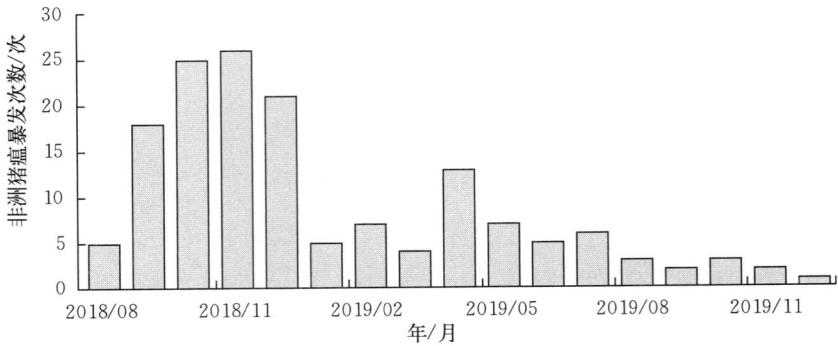

图 2-4 非洲猪瘟暴发次数

非洲猪瘟暴发后，为了防止疫病扩散，在没有特效药治疗的情况下只能通过大量扑杀同圈生猪遏制疫病蔓延。2018 年 8 月至 2019 年 12 月，生猪累计发病数、死亡数和扑杀数分别为 20 319 头、13 089 头和 109 万头。图 2-5 详细说明了非洲猪瘟暴发以来生猪发病数、死亡数和扑杀数。从图中可知，生猪

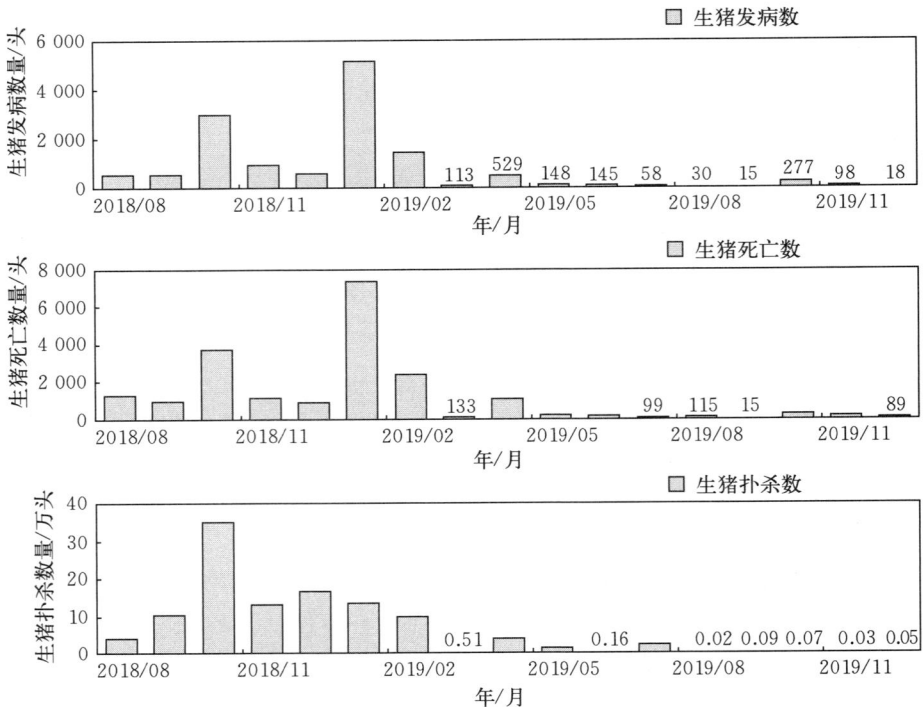

图 2-5 非洲猪瘟暴发以来生猪发病、死亡、扑杀数

发病、死亡、扑杀主要集中于疫病暴发半年内（2018 年 8 月至 2019 年 2 月），其中，2018 年 10 月生猪扑杀数高达 35 万头，占总扑杀数的 29%，2019 年 1 月生猪发病数达 7 351 头，占总发病数 36%，生猪死亡数为 5 194 头，占总死亡数 39.61%。2019 年 5 月后，生猪发病数、死亡数和扑杀数明显下降，非洲猪瘟疫情得到有效控制。

（5）生猪产能

受非洲猪瘟疫情影响，大量生猪死亡或被扑杀，加上养殖风险过大，养殖户补栏意愿薄弱，养殖散户更是加速退出生猪养殖市场，一系列连锁反应引发我国生猪产能严重萎缩，生猪存栏量和能繁母猪存栏量下降幅度均超过历史周期。

图 2-6 反映了我国生猪存栏量和能繁母猪存栏量变动情况。由图可知，生猪存栏量在非洲猪瘟暴发前呈现周期性小幅度波动，存栏量维持在 40 000 万头以上。但受疫情影响，2018 年 12 月生猪存栏量呈现断崖式下跌，从 2018 年 12 月的 43 000 万头下跌至 2019 年 10 月的 30 000 万头，下降幅度高达 30.23%，直至 2019 年 11 月产能才略有回升。非洲猪瘟发生一年后（2019 年 8 月），生猪存栏量同比下降 26%，能繁母猪存栏量同比下降 37%。能繁母猪存栏量下跌速度在非洲猪瘟暴发后明显加快，并在 2019 年 9 月创下新低。随后能繁母猪存栏量止跌回升，2019 年年末，能繁母猪存栏量 2 045 万头，环比增长 2%。

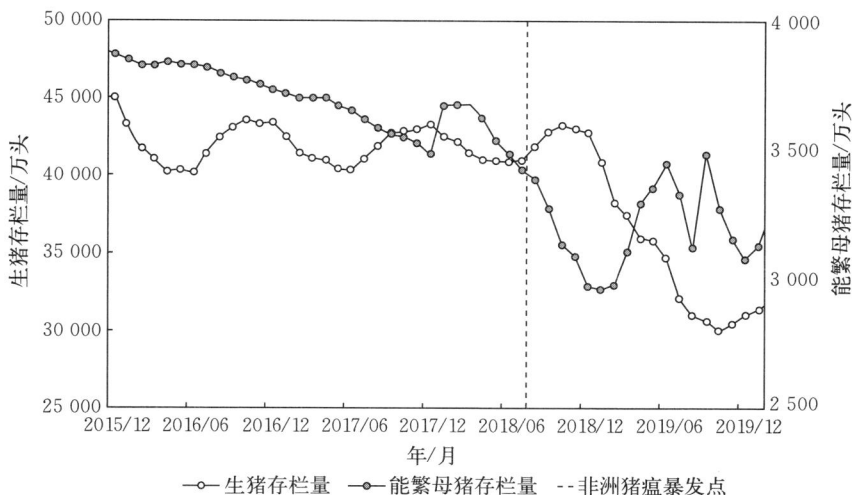

图 2-6 生猪存栏及能繁母猪存栏量

（6）生猪价格

随着非洲猪瘟疫情影响持续扩散，猪肉供给量快速下滑。2019 年生猪出栏 54 419 万头，同比下降 21.6%。而猪肉作为居民生活必需品，短期内消费量较为稳定,供需失衡进一步引起价格波动。图 2-7 显示了生猪价格和猪肉价格波动情况。从图中可知,非洲猪瘟引起的价格增长幅度和增长速度均超越历史周期。据农业农村部数据显示,非洲猪瘟暴发初期(2018 年 8 月至 2018 年 12 月),生猪价格和猪肉价格经历小幅度下跌。由于前期大量生猪被扑杀或提前出栏出清产能,且随着能繁母猪存量大幅下跌,仔猪供给受到影响,价格高涨,养殖生产成本增加,小型养殖者缺乏资金,补栏意愿削弱,后期生猪供给短缺局面持续扩大。从 2019 年 2 月开始,生猪价格和猪肉价格开始连续快速上涨,在不到半年的时间内,猪肉价格超越了 2016 年的历史最高价 29.77 元/千克。2019 年 10 月,生猪价格和猪肉价格分别达到 37.7 元/千克和 55.59 元/千克,同比增长 181% 和 141%,环比增长 36.1% 和 41.7%。2019 年年末生猪产能逐渐回升,猪肉市场供应量有所增加,价格上涨动力不足,但因生猪养殖周期性原因,短期内供需缺口难以填补,生猪价格和猪肉价格依旧处于高价格区间,随着时间推移,能繁母猪存栏量和生猪存栏量恢复到正常区间,价格在 2021 年迅速回落至常年水平。

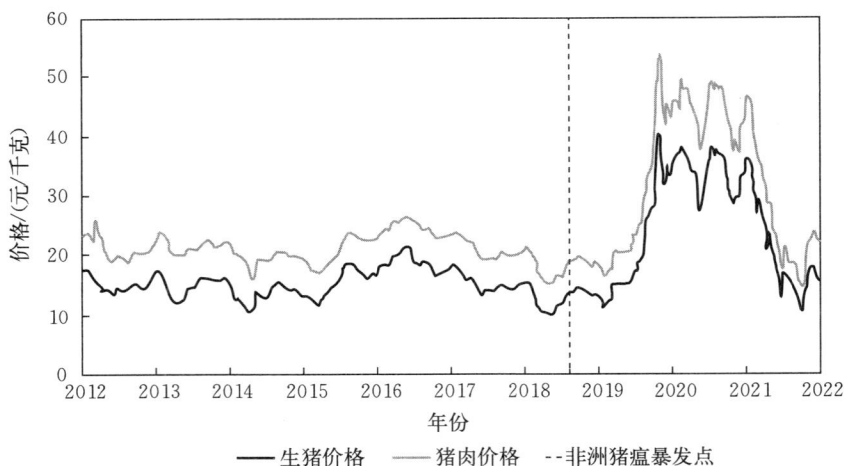

图 2-7 生猪和猪肉价格走势

(7) 鸡肉和牛肉价格

非洲猪瘟暴发后,猪肉价格居高不下导致消费需求逐渐向鸡肉和牛肉转移。据农业农村部监测数据,2019 年全年肉鸡出栏 122 亿只,禽肉产量 2 239 万吨,增长 12.1%,牛肉产量 667.3 万吨,增长 3.6%,羊肉产量 487 万吨,增长 2.6%,增幅都显著高于近 5 年来的平均水平。与此同时,鸡肉和牛肉作为主要替代品,其价格也全面上涨。图 2-8 显示了非洲猪瘟暴发后鸡肉价格和牛肉价格的变动情况,从图中可知,非洲猪瘟暴发一年内(2018 年 8 月至

2019 年 8 月），鸡肉和牛肉价格涨幅有限，2019 年 8 月，鸡肉和牛肉价格同比增长 5.8％和 13％。但随后的半年内，由于生猪供需缺口持续扩大，替代效应逐步增强，鸡肉和牛肉价格增长幅度明显扩大，2019 年 11 月鸡肉和牛肉价格同比增长 27.2％和 23％，此时，鸡肉和牛肉价格分别达到峰值 27.36 元/千克和 82.28 元/千克。2019 年 12 月，鸡肉价格略有下降，环比下降 1.57％，牛肉价格与 11 月基本持平。

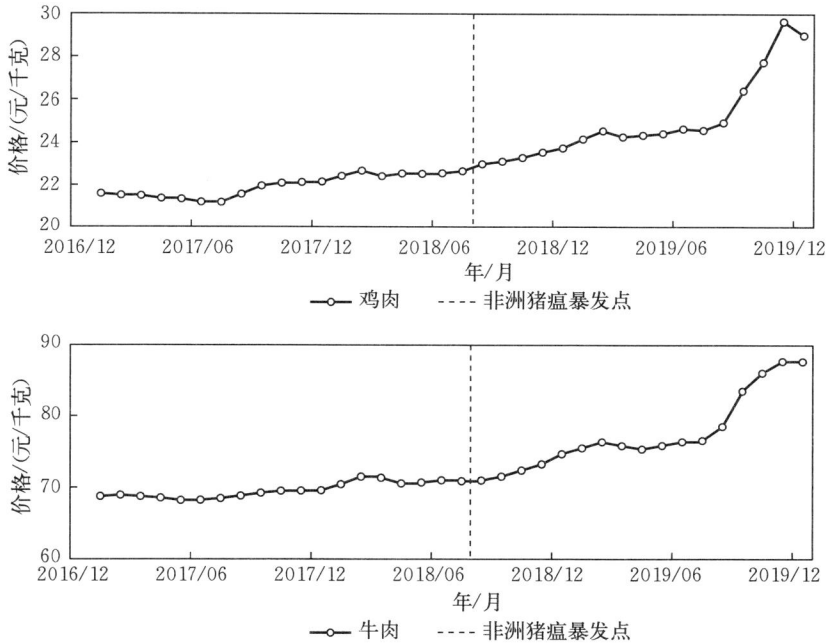

图 2-8　鸡肉及牛肉价格

2.2.3　实证研究

（1）非洲猪瘟对我国肉禽产业链价格的净影响

本节开展非洲猪瘟对我国肉禽产业链价格净影响的实证研究，包括实证方法、数据来源和描述性统计、模型构建与实证结果四个部分。首先对实证分析方法进行了介绍，之后对数据来源进行说明，进而构建模型，对我国肉禽产业链价格进行样本外预测，并将预测值与实际值进行比较，从而得出非洲猪瘟对我国猪肉、鸡肉和牛肉产业链上各环节价格以及各产业链上、中、下游价格差的净影响程度。

本文将利用我国肉禽产业链上多个价格间的均衡关系建立向量误差修正模型以进行反事实推断。向量误差修正模型通常用来描述多个非平稳时间序列间的长期均衡关系以及变量滞后期的短期波动对当前变量波动的影响。在经济领域中，价格序列通常是非平稳的，因此向量误差修正模型被广泛运用于考察多个价格时间序列间的长短期关系。向量误差修正模型是包含协整关系的向量自回归模型，其表达式如下：

$$\Delta X_t = \Pi X_{t-1} + \sum_{i=1}^{k-1} \Gamma_i \Delta X_{t-i} + \mu + e_t \qquad (2-1)$$

其中，Δ 表示一阶差分，$\Delta X_t = X_t - X_{t-1}$，$X_t$ 为 9×1 的向量矩阵，在本文中，X_{1t}，X_{2t}，$\cdots$，X_{9t} 分别依次为生猪价格、猪肉批发价格、猪肉零售价格、肉鸡价格、鸡肉批发价格、鸡肉零售价格、活牛价格、牛肉批发价格、牛肉零售价格，$t=1$，2，3，$\cdots$，T，Π 和 Γ_i 分别为长期关系矩阵、短期动态协整矩阵，e_t 为随机扰动项表示价格新息，是非正交化的 $n \times 1$ 的向量矩阵。

Π 包含 n 个变量长期关系的信息，令 $\Pi = \alpha\beta'$，$\beta X_t = ecm_{t-1}$ 为误差修正项，矩阵 α 反映的是变量偏离长期均衡，将其调整到均衡状态的速度，Γ_i 反映的是各个变量短期波动对解释变量 X_t 短期变化 ΔX_t 的影响。

为遵循肉禽市场已有价格规律，测度非洲猪瘟对肉禽产业链价格造成的净影响，本文借鉴 Park 等（2008）的研究方法，采用样本外预测思路，以 2014 年 1 月至 2018 年 7 月的价格数据（非洲猪瘟暴发前）建立模型向量误差修正模型，预测出假设不存在非洲猪瘟情况下肉禽价格数据，预测区间为 2018 年 8 月至 2019 年 12 月（非洲猪瘟疫情发生前），并通过对比预测区间的预测值与真实值来量化非洲猪瘟对我国肉禽产业链各环节价格的净影响。

考虑到本文研究内容和我国消费者对肉禽产品的消费实际情况，为避免过度复杂化，本文选择鸡肉和牛肉作为猪肉的替代品，选择生产环节、批发环节和零售环节价格作为肉禽产业链价格代表，研究突发重大突发疫病对我国肉禽市场上、中、下游价格的影响。本文数据主要包括肉禽生产价格（包括生猪、肉鸡、肉牛价格）、批发价格（包括白条猪、白条鸡、白条牛批发价）和零售价格（包括猪肉、鸡肉、牛肉零售价），均为全国平均价，单位为元/千克。数据来源于农业农村部统计数据以及万得数据库。为排除新冠疫情对肉禽市场价格的影响，本文将样本区间设置为 2014 年 1 月至 2019 年 12 月。由于非洲猪瘟暴发于 2018 年 8 月，因此以 2014 年 1 月至 2018 年 7 月为非洲猪瘟暴发前的样本期，2018 年 8 月至 2019 年 12 月为非洲猪瘟暴发后的样本期。本文数据处理和后续实证分析使用 Stata、Winrats 和 Tetrad 软件来完成。

图 2-9（a）显示了 2014 年 1 月至 2019 年 12 月生猪价格、猪肉批发价格和猪肉零售价格走势。由图所示，生猪价格、猪肉批发价格和猪肉零售价格走势具有一致性，在 2019 年之前，三个价格均呈现出周期性震荡波动，在 2015 年明显上涨，随后在 2016 年年中，三个价格逐渐震荡下跌。在非洲猪瘟暴发

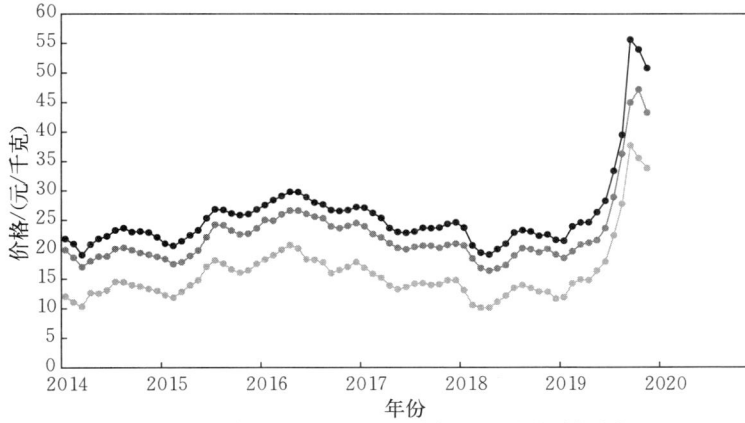

(a)猪肉产业链不同环节价格

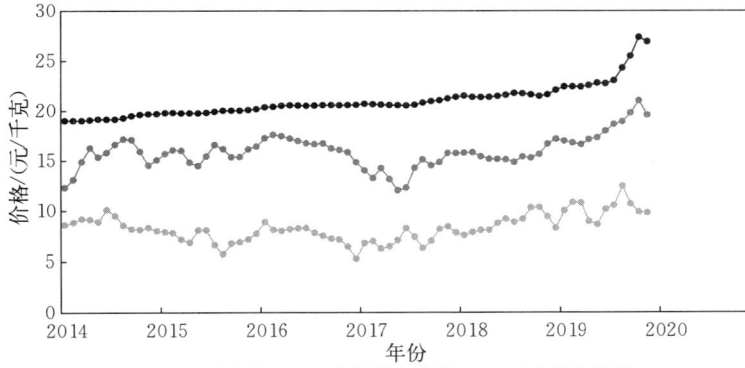

(b)鸡肉产业链不同环节价格

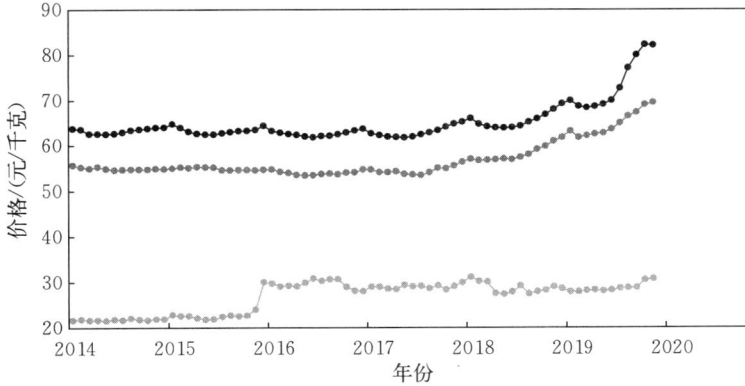

(c)牛肉产业链不同环节价格

图 2 - 9　肉禽市场产业链各环节价格走势

的一年内，价格波动幅度依然可控，但在 2019 年年中，价格一路猛涨，在 2019 年年底各自达到峰值，分别为 37.71 元/千克、47.17 元/千克和 55.59 元/千克，增长率高达 200%。图 2-9（b）显示了 2014 年 1 月至 2019 年 12 月肉鸡价格、鸡肉批发价格和鸡肉零售价格走势。从图中可知，肉鸡价格与鸡肉批发价格具有一致性趋势，呈现周期性波动，鸡肉零售价格平稳上涨，但在 2019 年下半年，非洲猪瘟的作用开始凸显，鸡肉批发价格和零售价格走势与生猪市场类似，价格上涨幅度迅速扩大且均超过历史最高值，鸡肉批发和零售价格分别达到 17.57 元/千克和 21.6 元/千克。图 2-9（c）显示了 2014 年 1 月至 2019 年 12 月牛肉产业链上、中、下游的价格时间序列，包括肉牛价格、牛肉批发价格和牛肉零售价格。由图可知，与猪肉和鸡肉产业链相比，牛肉产业链价格较为平稳，但在 2019 年下半年牛肉零售价格和批发价格增长速度明显加快，均创下历史新高。

两个阶段的数据描述性统计如表 2-1 所示。由表 2-1 可知，无论是非洲猪瘟暴发前和暴发后，横向来看，猪肉和牛肉产业链价格波动远高于鸡肉产业链；纵向来看，产业链中、下游的批发价格和零售价格的波动幅度高于上游价格。对比非洲猪瘟暴发前和暴发后两个时期各价格序列描述性统计量，可以发现非洲猪瘟暴发后 9 个价格序列均为右偏分布，产业链价格最大值与最小值差距明显扩大且均值显著高于非洲猪瘟发生前均值，其中下游零售端价格增幅尤其明显。从标准差变化来看，生猪产业链价格以及牛肉批发和零售价格离散程度较高，波动幅度也更为剧烈。

表 2-1　数据描述性统计量

单位：元/千克

时期	统计量	均值	标准差	最小值	最大值	偏度	峰度
非洲猪瘟暴发前	生猪价格	14.78	2.70	10.08	20.67	0.24	2.27
	猪肉批发价格	21.19	2.85	16.37	26.60	0.24	1.99
	猪肉零售价格	24.18	2.86	19.06	29.77	0.15	2.09
	肉鸡价格	7.76	0.96	5.24	10.11	−0.22	3.08
	鸡肉批发价格	15.38	1.34	12.04	17.57	−0.71	3.05
	鸡肉零售价格	20.25	0.76	18.86	21.60	−0.09	2.16
	活牛价格	26.18	3.66	21.57	31.20	−0.17	1.21
	牛肉批发价格	54.81	0.96	53.40	57.04	0.82	3.26
	牛肉零售价格	63.20	0.94	61.77	66.05	0.66	3.15

（续）

时期	统计量	均值	标准差	最小值	最大值	偏度	峰度
	生猪价格	19.11	8.90	11.62	37.71	1.15	2.73
	猪肉批发价格	26.07	10.13	18.49	47.17	1.21	2.79
	猪肉零售价格	30.44	11.93	21.43	55.59	1.27	3.00
	肉鸡价格	9.92	1.03	8.25	12.44	0.48	3.33
非洲猪瘟暴发后	鸡肉批发价格	17.38	1.73	14.84	21.03	0.48	2.45
	鸡肉零售价格	23.12	1.82	21.50	27.36	1.37	3.58
	活牛价格	28.67	0.88	27.55	30.82	1.30	3.99
	牛肉批发价格	62.97	3.57	57.38	69.51	0.35	2.30
	牛肉零售价格	71.11	5.75	64.36	82.28	0.97	2.59

注：非洲猪瘟暴发前的时间段为 2014 年 1 月至 2018 年 7 月，非洲猪瘟暴发后的时间段为 2018 年 8 月至 2019 年 12 月。

在建立向量误差修正模型前，首先采用 Dickey - Fuller 检验方法对 9 个时间序列变量进行平稳性检验。结果显示生猪价格、猪肉批发价格、猪肉零售价格、肉鸡价格、鸡肉批发价格、鸡肉零售价格、活牛价格、牛肉批发价格以及牛肉零售价格在 5% 的显著性水平下均无法拒绝原假设，而各个变量一阶差分均显著拒绝原假设。其次，基于少数服从多数原则，根据赤池（AIC）信息准则、奎因（HQIC）信息准则和施瓦茨（SBIC）信息准则确定模型滞后阶数为 1，结果如表 2-2 所示。最后，利用 Johansen 协整检验来考察各价格序列之间是否存在协整关系，结果显示在 5% 的显著性水平下，迹检验以及最大特征根检验均不能拒绝 $r \leqslant 3$（协整向量个数为 3）的假设，说明各变量间存在 3 个协整关系，结果如表 2-3 所示。因此，本文建立滞后阶数为 1，带有 3 个协整关系的向量误差修正模型。

表 2-2　误差修正模型最优滞后阶数检验结果

滞后期	AIC	HQIC	SBIC
0	−34.97	−34.84	−34.63
1	−48.16	−46.86*	−44.78*
2	−49.03	−46.57	−42.61
3	−50.19*	−46.57	−40.74

注：* 为选择的最优滞后阶数。

表 2 - 3　Johansen 协整检验结果

协整向量个数	迹检验	5%临界值
0 个	303.92	192.89
至多 1 个	182.31	156.00
至多 2 个	130.27	124.24
至多 3 个	82.25*	94.15
至多 4 个	50.48	68.52

注：* 为选择的协整向量个数。

为更直观地展示非洲猪瘟对我国肉禽价格的净影响，本文利用真实发生非洲猪瘟情况下的肉禽价格与假设未发生非洲猪瘟情况下的预测价格差值相对于预测价格的百分比来衡量非洲猪瘟对各个价格的净影响程度，即 $\Delta P = (D - F)/F \times 100\%$，其中 D 为实际价格，F 为预测价格。并将结果绘制成图，如图 2 - 10 所示。

图 2 - 10 （a）为非洲猪瘟对生猪市场的生猪价格、猪肉批发价格以及猪肉零售价格的净影响程度。由图 2 - 10 （a）可知，生猪价格、猪肉批发价格和猪肉零售价格在非洲猪瘟暴发初期的 7 个月呈现先上升后下降趋势。由于养猪场一旦感染非洲猪瘟病毒，几乎无一幸免，生产者急于规避风险，在短期内加速清栏生猪，因此，在 2018 年 12 月至 2019 年 2 月，猪肉市场价格存在小幅度下降。随着疫病持续扩散，非洲猪瘟席卷全国 31 个省份，大量散户在疫病危机下选择退出生猪市场，加上前期大量生猪提前出栏，而养殖者处于观望阶段不敢轻易补栏，因此造成生猪产能严重下滑。与此同时，非洲猪瘟并非人猪共患，消费者逐渐恢复理性需求，而猪肉理性消费的持续释放致使市场供需关系进一步趋紧，从而导致猪肉市场上、中、下游价格增长速度明显加快，在 2019 年 10 月生猪价格和零售价格增长幅度达到顶峰，增长率分别为 266% 和 184%，2019 年 11 月，猪肉批发价格增幅达到极值（即 196%）。此后，中央与地方政府颁布实施一系列支持生猪恢复性生产的政策，同时随着生猪养殖利润空间扩大，养殖者恢复信心，尽管生猪存栏量有所恢复，但生猪缺口依然存在。因此，在价格层面的表现为猪肉产业链各价格增长趋势虽稍有放缓，但依旧高出原有价格水平的 150% 以上。

在猪肉价格不断上涨，猪肉供给持续短缺的压力下，2019 年我国禽肉人均需求量 16.2 千克，同比增长 13.41%，国内活牛出栏速度加快，2019 年肉牛出栏量总数 4 533.9 万头，同比增长 3.1%。屠宰产能持续扩张，鸡肉与牛肉市场供需发生变化，价格也随之波动。由图 2 - 10 （b）可知，非洲猪瘟影响

(b)鸡肉产业链价格的净影响

(c)牛肉产业链价格的净影响

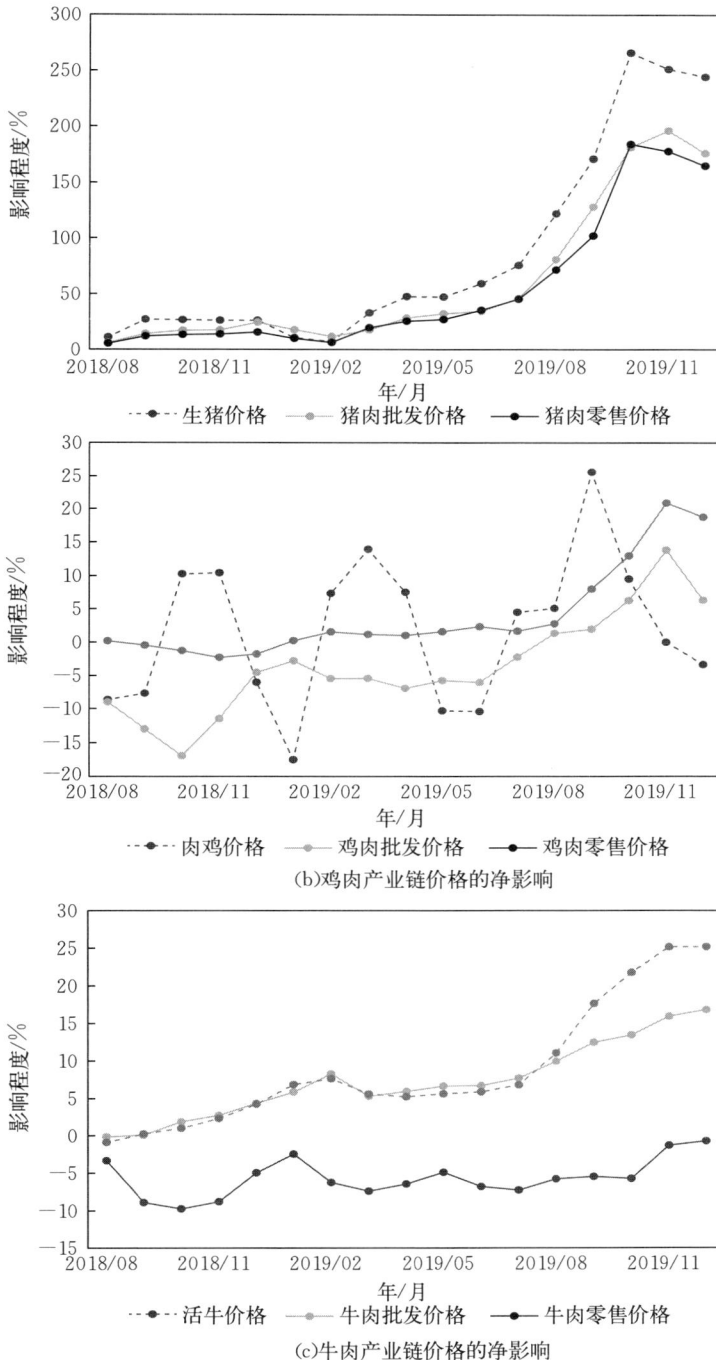

图 2-10 非洲猪瘟对肉禽产业链价格的净影响

下，鸡肉批发和零售价格增长趋势与猪肉市场走势基本相同，上游肉鸡价格呈现了震荡增长。非洲猪瘟发生一年后（2019年8月），鸡肉批发和零售价格显著上升，在2019年11月鸡肉批发和零售价格分别达到峰值（13％和21％），其峰值滞后于生猪价格峰值。随后，生猪市场价格增长率小幅下降，缓和了鸡肉市场价格的增长压力。值得注意的是，肉鸡价格波动与鸡肉批发和鸡肉零售价格波动明显脱节。一方面，肉鸡因其生物学特征供给调整相对容易，毛鸡的养殖周期短（一般为40天左右），在受到外部冲击时其出栏与补栏较为灵活，另一方面，我国肉鸡市场一体化程度较弱并且养殖者多为散户，与经销商和零售商相比，在市场中议价能力与信息获取能力较弱。由图2-10（c）可知，牛肉批发与零售价格的走势与生猪市场以及鸡肉市场极为相似，非洲猪瘟发生前期牛肉批发与零售价格小幅度增长，此后增长速度明显加快，非洲猪瘟发生的第16个月时（2019年11月）牛肉批发和零售价格增长幅度分别达到16％和25％。

综上所述，非洲猪瘟暴发后，无论是猪肉产业链的上、中、下游价格或是替代品鸡肉和牛肉产业链的上、中、下游价格均受到不同程度的影响。其中，猪肉产业链受到的冲击最为强烈，然后是牛肉和鸡肉产业链，非洲猪瘟对牛肉产业链价格的净影响程度高于鸡肉产业链。鸡肉和牛肉产业链的中、下游价格走势与猪肉市场上、中、下游价格走势基本趋同。非洲猪瘟冲击效应的影响至少持续17个月以上，在经过一年的过渡时期后，肉禽市场价格在非洲猪瘟发生的第15个月相继达到顶峰。我国畜禽养殖者多为散户，往往不具备及时获取市场供给需求信息来调整生产的能力，并且市场中存在众多中间商，同时下游具有较强的定价权，这使得鸡肉和牛肉下游价格的波动无法完全传递给上游的养殖端。

为进一步探究疫病对产业链上、中、下游价格差的影响程度，本文将猪肉、鸡肉和牛肉市场上、中、下游预测价格的差值与疫病发生后的价格差值相比较，以此判断在疫病影响下产业链上各环节的市场势力博弈情况。以零售价格与生产价格差为例，具体公式：$PM_{i,rf} = (D_{i,r} - D_{i,f}) - (F_{i,r} - F_{i,f})$，其中，$i$代表肉的种类，$D_{i,r} - D_{i,f}$为真实价格差额，$F_{i,r} - F_{i,f}$为预测值的价格差额。如果$PM_{i,rf} > 0$，在非洲猪瘟影响下，产业链上的价格差扩大，反之则是产业链上的价格差缩小，$PM_{i,rf} = 0$，非洲猪瘟对价格差没有影响。价格差的变化说明非洲猪瘟冲击下，产业链不同环节价格的波动幅度存在差异。

非洲猪瘟影响下，猪肉、鸡肉以及牛肉产业链价格差额的变化如图2-11所示，横轴为非洲猪瘟发生后的时间，纵轴表示价格差额。由图2-11（a）可知，非洲猪瘟发生后的3个月内，猪肉产业链上的价格差基本维持在疫病发

(a)猪肉产业链价格差

(b)鸡肉产业链价格差

(c)牛肉产业链价格差

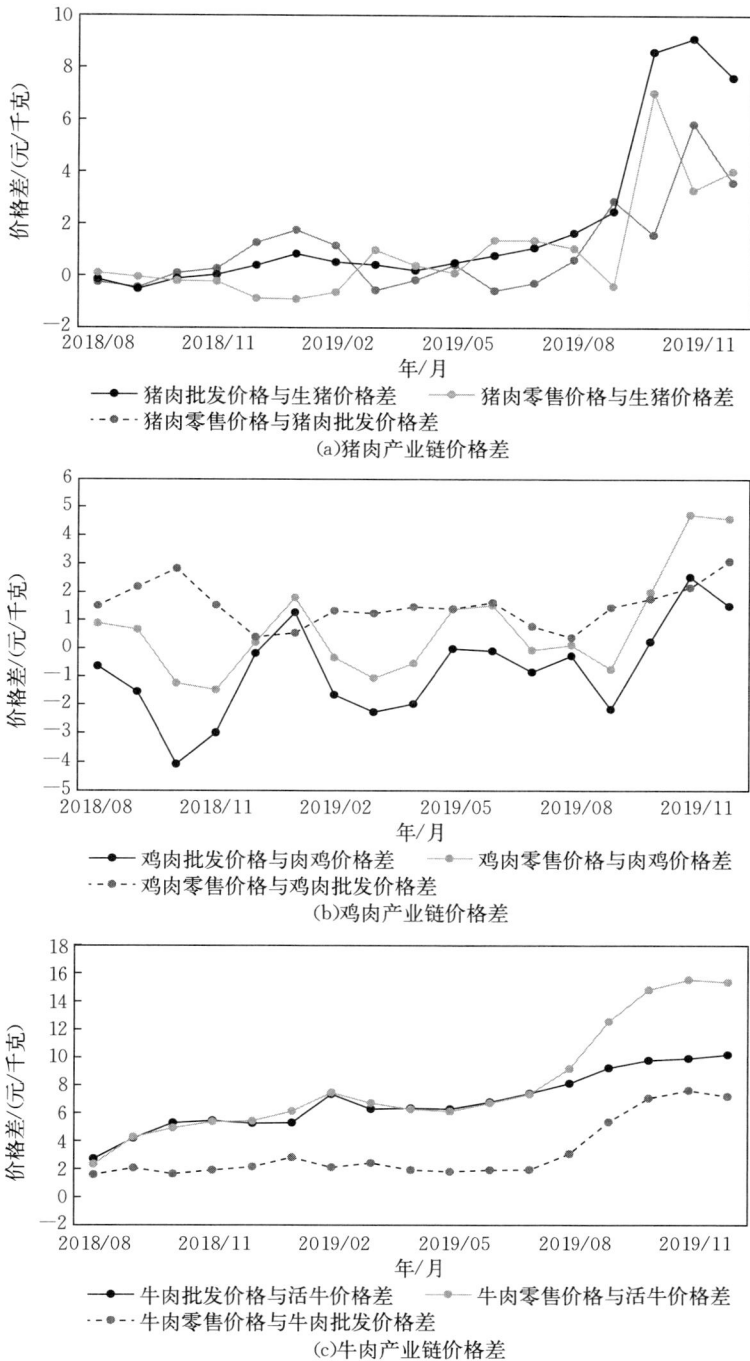

图 2-11　肉禽产业链价格差

生前的水平，随后的 4 个月出现小幅度波动，但基本维持在 2 元/千克以内。自 2019 年 9 月后，非洲猪瘟的影响程度加深，各环节市场势力相互博弈，引起纵向价格差额剧烈波动。猪肉零售与生猪价格差、猪肉批发与生猪价格差以及猪肉零售与猪肉批发价格差与疫病发生前相比均急剧攀升，分别增长了近 9 元千克、7 元/千克以及 5.8 元/千克。此外，猪肉零售价格与生猪价格差额拉大幅度高于猪肉批发价格与生猪价格差额，猪肉零售价格在此次疫情中获利程度高于批发价格。

由图 2-11 (b) 可知，虽然鸡肉零售与批发价格差持续高于疫情发生前水平，但相于猪肉市场，非洲猪瘟对鸡肉产业链上、中、下游价格差的影响有限，鸡肉批发价格增长强度略逊于零售价格，鸡肉产业链中、下游市场未出现大幅度的价格差波动。然而，肉鸡价格周期性波动使得非洲猪瘟暴发前 14 个月内鸡肉零售与肉鸡价格差以及鸡肉批发与肉鸡价格差低于疫情发生前水平，直到 2019 年 10 月才逐渐恢复。此后，鸡肉零售价格与批发价格的上涨促使鸡肉产业链中、下游与上游的价格差扩大。图 2-11 (c) 中，非洲猪瘟对牛肉产业链价格差的影响显著于猪肉和鸡肉产业链，在牛肉产业链上，牛肉零售与批发价格差、牛肉零售与活牛价格差以及牛肉批发与活牛价格差最大扩大至 6 元/千克、10 元/千克和 17 元/千克。在疫情发生的 12 个月内，牛肉零售与批发价格差额维持在疫病发生前水平，此时，零售价格和批发价格增长强度势均力敌。然而，一年后非洲猪瘟影响突显，替代作用加强，牛肉零售价格增长势头明显强于批发价格，因此两者间的价格差也在不断扩大，直至 2019 年 11 月扩大至 17 元/千克。

综上所述，在非洲猪瘟影响下，猪肉、鸡肉和牛肉市场零售价格与批发价格差、批发价格与生产价格差主要表现为逐渐扩大，尤其在非洲猪瘟发生后期即 2019 年 9 月之后，随着非洲猪瘟对肉禽市场单个价格的净影响程度增加，产业链上、中、下游价格差也逐渐扩大，零售端在此次疫情中获得更多利润。由于饲养规模小，养殖技术低，信息不对称等原因，我国肉禽市场利润分配格局长期不协调，养殖端的利润分配份额远低于零售加工企业，在利益分配中占劣势，非洲猪瘟暴发引起肉禽产业链上、中、下游价格差的扩大，进一步加剧了我国肉禽市场产业链各环节利润分配不均衡现象。

（2）非洲猪瘟影响下肉禽产业链价格间的动态关系

本节在向量误差修正模型的基础上，研究猪肉、鸡肉和牛肉产业链上、中、下游 9 个价格间的同期因果关系以及疫情发生后的价格动态关系。

传统的格兰杰因果检验法以时间先后为前提研究多个变量间的关系，并非经济意义的因果关系，并且该方法对滞后项十分敏感，基于不同滞后项的结果可能存在差异。为了克服该方法的局限性，Spirtes 等（2000）提出了对扰动项相关系数和偏相关系数进行分析以识别扰动项的同期因果关系，从而建立有向无环图（Directed Acyclic Graphs，DAG）。有向无环图利用向量误差修正模型扰动项的相关系数和偏相关系数，以连线的方式表示变量间的同期因果关系。最初，所有变量间的连线都存在，通过两个变量间的相关系数或偏相关系数去判断是否移除变量间的连线。若相关系数或偏相关系数为 0，则需要移除变量间的连线。类似地，在分析完无条件相关系数后，开始分析一阶偏相关系数，紧接着二阶偏相关系数，对于 n 个变量应持续分析到 $n-2$ 阶相关系数。Fisher's z 统计量通常用来检测条件相关系数是否显著不为 0，具体表达式如下：

$$Z[\rho(i,\ j)\,|\,k,\ n] = \frac{1}{2}\sqrt{n-3-|k|}\ \ln\left|\frac{1+\rho(i,\ j)\,|\,k}{1-\rho(i,\ j)\,|\,k}\right| \quad (2-2)$$

其中 n 为样本量，$\rho(i,\ j)\,|\,k$ 为变量 i 和 j 在 k 个条件变量时的相关系数。$|k|$ 为条件变量的个数。

Bessler，Akleman（1998）提出有向无环图的三个边线关系，$A \rightarrow B$ 意味着变量 A 引起了变量 B 的变化，$C-D$ 表明 C 和 D 之间存在着关系，但是不能完全清楚是 C 引起 D 的变化或者相反。对于三个变量来说，如果 E 是 F 和 G 的共同原因，则 $F \leftarrow E \rightarrow G$，$F$ 和 G 的无条件相关系数不为 0，以 E 为条件变量，F 和 G 的偏相关系数为 0。另一种情况，如果 H 和 J 是 I 的共同原因，则 $H \rightarrow I \leftarrow J$，$H$ 和 J 在无条件情况下的相关系数为 0，如果以 I 为条件，H 和 J 的偏相关系数不为 0。

此外，Spirtes 等（2000）认为在小样本观测下（即样本量小于 200 时），DAG 的结果会被低估，因此，在小样本观测下可将显著性水平提升至 20% 来帮助有效改善 DAG 结果。例如，Awokuse（2005）和杨子晖（2008）均在小样本情形下通过提高显著性水平获得较为合理的结果。

历史分解法（Historical Decomposition）适合于研究突发事件的影响，被广泛应用于经济、金融等领域，如 Yang，Bessler（2008）利用历史分解研究 1987 年美国股票市场遭受的冲击，Park 等（2008）研究禽流感对韩国肉禽的影响，郝项超，李政（2017）分析外部冲击对我国股市的影响。本文借利用历史分解进一步刻画突发性非洲猪瘟疫病对我国肉禽市场价格的影响。基于有向无环图的历史分解能够在一个系统中对所有变量进行因果分析。本节基于向量误差修正模型的移动平均表达来进行历史分解，将向量误差修正模型用过去每期的新息表示：

$$X_t = \sum_{i=0}^{\infty} G_i e_{t-i} \quad (2-3)$$

其中，e_{t-i} 表示未经正交化的新息，非正交的新息可能无法反映变量间的动态历史关系（Sims，1980）。Yang，Bessler（2008）采用有向无环图将向量 X 表示为过去无数个正交化后的残差方程，如下：

$$X_t = \sum_{i=0}^{\infty} \Theta_i \varepsilon_{t-i} \qquad (2-4)$$

其中，Θ_i 矩阵中包含有向无环图识别的同期因果关系。历史分解法将向量 X 在特定时间 $t = T + j$ 分解为两个部分的残差：

$$X_{T+j} = \sum_{s=j}^{\infty} \Theta_s \varepsilon_{T+j} + \sum_{s}^{j-1} \Theta_s \varepsilon_{T+j-s} \qquad (2-5)$$

如果将 T 时刻定义为冲击发生点，冲击发生点即为非洲猪瘟首次暴发时间点，X_{T+j} 代表冲击发生 j 时间后的真实值，式（2-5）中右边第一项表示冲击发生前所有历史新息的总和，即基期值 X_T，为 2014 年 1 月至 2018 年 7 月的历史新息的总和，式（2-5）中右边第二项表示真实值与基期值间的差距。所以，在冲击发生后任意 j 时间的变量值都可由自身基期值加上其他变量在冲击发生后的新息解释，而其他变量对某一变量的贡献程度也可以从是否缩小某一变量基期值与实际值的差距看出。结合本节的研究内容，非洲猪瘟发生后，猪肉市场、鸡肉市场、牛肉市场上、中、下游各环节价格分别对猪肉零售价格、鸡肉零售价格以及牛肉零售价格超出基期值的部分产生了一定影响。

（3）肉禽产业链价格间的同期因果关系分析

本文在一阶差分基础上建立 9 个价格的向量误差修正模型，得到残差相关系数矩阵，根据价格之间的相关系数决定是否移除连线，从而得到 9 个价格的同期因果关系。根据 Spirtes 等（2000）的研究，当样本量小于 200 个观测值时，有向无环图分析存在一定程度的低估，在这种情况下，采用较高的显著性水平（如采用 20% 的显著性水平系数）将有助于改善有向无环图分析效果。因此，本文将显著性水平设为 20%。结果如图 2-12 所示。由图可知，牛肉零售价格分别与牛肉批发价格、鸡肉零售价格以及猪肉批发价格之间存在同期因果关系；活牛价格与其他价格之间则不存在同期因果关系；生猪价格不仅直接影响猪肉零售价格，还通过猪肉批发价格间接影响猪肉零售价格；肉鸡价格分别与鸡肉批发价格以及猪肉零售价格存在同

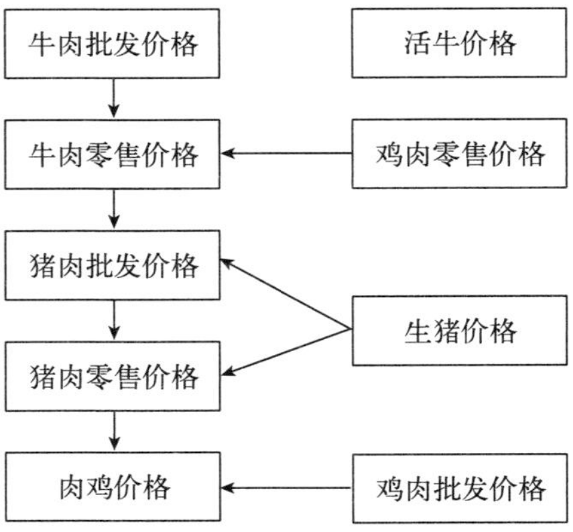

图 2-12 有向无环图结果

期因果关系。

根据有向无环图识别出的价格间同期因果关系，进一步利用历史分解法分析我国肉禽价格之间的动态关系和影响程度。本节以非洲猪瘟疫情发生后的第 1 个月为起点（2018 年 8 月），直至新冠疫情发生前的一个月（2019 年 12 月）为终点，分别将猪肉、鸡肉、牛肉零售价格进行历史分解，结果如图 2-13 所示。图 2-13 中实线表示实际零售价格与基期值的差值，柱状图表示其他各个价格对肉禽实际零售价格与基期值的差值正向或负向的影响程度，横轴为非洲猪瘟发生后的时间，纵轴为价格。

由图 2-13（a）可知，在非洲猪瘟暴发后，猪肉零售价格波动主要由生猪价格解释。非洲猪瘟暴发的第 3 个月开始，生猪价格开始拉低猪肉零售价，并且这种负向拉低呈现先增大后缩小的趋势。随着疫情不断影响，生猪存栏量持续下跌，猪肉供给趋紧。在非洲猪瘟发生的第 11 个月，生猪价格的正向影响逐渐抬升猪肉零售价格，成为影响猪肉零售价格增长的主要原因。直至第 15 个月，猪肉零售价格与生猪价格的正向影响共同推动猪肉零售价格上涨至最大值。此时猪肉零售价格实际值高出基期值 17 元/千克。随后，伴随着生猪价格的正向推动减弱，猪肉零售价格开始下行，但依旧高出基期值 5 元/千克。除受生猪产业链价格影响外，肉鸡价格与牛肉零售价格对猪肉零售价格的波动也有推波助澜的作用。

由图 2-13（b）可知，鸡肉实际零售价格变化幅度有限，在疫情发生的一年内，基本与基期值持平，受生猪价格、牛肉零售价格以及自身零售价格影响为主。在非洲猪瘟暴发 12 个月后，鸡肉零售价格的上涨主要受自身价格以及生猪产业链各环节价格和牛肉零售价格上涨的影响，其中生猪产业链各环节价格对鸡肉零售价格上涨的贡献率合计超过 50%，尤其在第 16 个月，生猪产业链各环节价格的总贡献约占 2/3，此时猪肉零售价格占据主导地位，成为推动鸡肉零售价格上涨的首要因素。随着生猪价格影响消失，叠加自身负向影响，鸡肉零售价格迅速回落。由图 2-13（c）可知，与鸡肉市场不同，在此次疫情中，猪肉零售价格对牛肉零售价格的贡献程度较少，牛肉零售价格主要由生猪价格、猪肉批发价格、鸡肉零售价格、牛肉批发价格以及牛肉零售价格影响。非洲猪瘟发生初期，牛肉零售价格虽然受生猪价格以及猪肉批发价格负向影响，但是自身市场的正向影响支撑着牛肉零售价格缓慢上升。但在非洲猪瘟暴发的第 8 个月，牛肉批发价格、牛肉零售价格以及鸡肉零售价格的影响由正转负，使得牛肉零售价格下滑。而在非洲猪瘟发生的 12 个月后，非洲猪瘟的影响凸显，生猪价格和猪肉批发价格成为影响牛肉零售价格上涨的主要因素，在疫情发生的第 14 个月，叠加鸡肉零售价格的正向影响，牛肉零售价格上涨达到顶峰，超出基期值 4.3 元/千克。

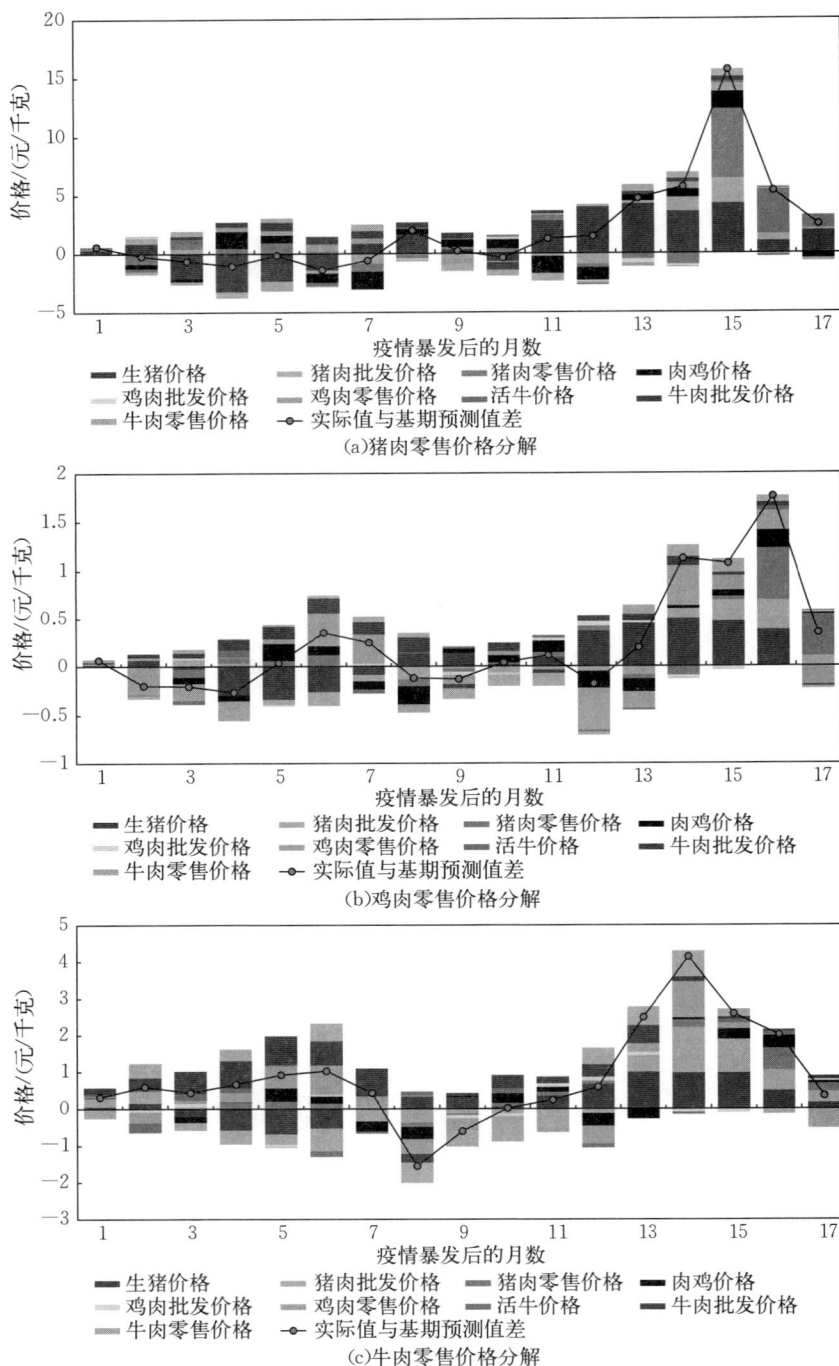

(a)猪肉零售价格分解

(b)鸡肉零售价格分解

(c)牛肉零售价格分解

图 2-13 非洲猪瘟下肉类零售价格的历史分解

综上所述，在非洲猪瘟疫情暴发的一年内，肉禽零售价格受自身产业链各环节价格影响为主；但在非洲猪瘟疫情暴发一年后，猪肉、鸡肉以及牛肉的零售价格上涨主要源于生猪产业链各环节价格的正向推动作用。其中，猪肉零售价格受自身价格和生猪价格正向影响最大，在疫情发生的第 15 个月，猪肉实际零售价格超出基期值 17 元/千克；鸡肉零售价格受生猪价格和猪肉零售价格影响较大，而牛肉零售价格的显著上涨主要受生猪价格和猪肉批发价格影响。除生猪产业链价格的正向推动外，鸡肉与牛肉零售价格相互作用，成为影响彼此价格波动的第二重要因素。

2.2.4 总结

本节在总结国内外关于肉禽价格相关文献和价格波动理论的基础上，首先基于 2014 年 1 月至 2018 年 7 月的月度价格数据建立向量误差修正模型，利用样本外预测方法得出 2018 年 8 月至 2019 年 12 月的猪肉、鸡肉和牛肉的生产、批发和零售价格的预测值；在此基础上，利用反事实推断对比假设非洲猪瘟未发生的情形下，猪肉、鸡肉和牛肉市场上 9 个价格的预测值与真实值的差异，并进一步探究产业链上、中、下游价格差的变动情况，之后利用有向无环图研究非洲猪瘟发生后，9 个价格之间的同期因果关系，并在此基础上利用历史分解法将猪肉零售价格、鸡肉零售价格和牛肉零售价格变动分解为多个肉禽价格的影响贡献程度，结合以上内容，本文最终得出以下结论：

（1）非洲猪瘟对猪肉产业链价格的净影响程度最大，牛肉产业链次之，最后是鸡肉产业链。非洲猪瘟对我国肉禽市场价格影响存在一年的缓冲期，在疫情发生一年后，猪肉产业链的生猪价格、猪肉批发价格和猪肉零售价格以及鸡肉与牛肉市场的生产价格、批发价格和零售价格开始急剧上升，且至少在 6 个月内保持高增长率，在疫情发生后的第 14～15 个月相继达到峰值。生猪价格、猪肉批发价格和猪肉零售价格净增长率分别高达 266%、196% 和 184%，牛肉批发与零售价格的最大净增长率分别为 16% 和 31%，鸡肉批发和零售价格的最大净增长率为分别 13% 和 21%。

（2）从纵向产业链角度来看，非洲猪瘟对我国肉禽市场上、中、下游不同环节价格的影响程度存在差异，产业链上价格之间并非对称传递。主要表现在：非洲猪瘟暴发后，猪肉产业链以生猪价格波动最为剧烈，而鸡肉与牛肉产业链中、下游价格波动幅度显著大于上游价格。猪肉和牛肉产业链上的批发价格和生产价格、零售价格与批发价格差以及零售价格与生产价格差均在疫情发生一年后出现不同程度的扩大。产业链中下游市场主体凭借其市场力量在此次疫情中获得更多利润，这也加剧了我国肉禽产业链各环节经营主体利益分配不均衡的现象。

（3）在非洲猪瘟暴发初期，肉禽零售价格波动主要受自身产业链各环节价格影响，疫情暴发一年后，肉禽产业链价格间的横向冲击力度显著加强，生猪价格、猪肉批发价格和猪肉零售价格成为推动鸡肉以及牛肉零售价格上涨的主要原因。主要表现在：猪肉产业链上、中、下游价格对鸡肉与牛肉零售价格波动的合计贡献率超过 50%。与此同时，鸡肉零售价格与牛肉零售价格相互贡献程度也逐渐提升，互为推动彼此价格波动的第二大原因。

2.3 非洲猪瘟对全球生猪养殖上市企业股价的影响研究[①]

2.3.1 研究背景与研究动机

我国猪肉消费量的 95% 由国内生产提供，剩下的 5% 通过进口满足，该进口量占到 2017 年全球猪肉出口量的 1/4。2018 年 8 月，中国确认首例非洲猪瘟病例。截至 2020 年 6 月 5 日，农业农村部报告了 177 起非洲猪瘟疫情，导致生猪和能繁母猪存栏量减少了近 40%，几乎占全球生猪存栏的 1/5。猪肉价格随之暴涨，引发了公众对食品供应的担忧。生猪存栏的巨大损失迫使中国更多地依赖进口，对中国的粮食生产和全球蛋白质贸易格局造成了重大影响。

非洲猪瘟的暴发对主要食品和动物饲料产品的价格、热量供应以及猪肉出口造成重大影响。然而，已有研究尚未探讨非洲猪瘟对食品公司的经济影响。自 2018 年秋季以来，农业农村部发布的非洲猪瘟疫情公告表明，生猪和能繁母猪存栏出现严重短缺。因此，中国生猪养殖企业的股价大幅上涨，由此带来的股东财富增长可能为食品行业的扩张和升级提供途径，并进一步改变中国的食品供应链。

本节旨在量化非洲猪瘟对中国和全球生猪养殖上市企业股票价格的影响。本节使用基于市场模型（Market Model）的自回归分布滞后模型开展事件研究，该方法可识别股票价格的滞后反应程度，并对残差中的条件异方差进行调整。本节重点关注中国排名前 10 的生猪养殖上市企业和 15 家来自 8 个主要猪肉出口国的生猪养殖上市企业，并以异常股票收益来衡量非洲猪瘟对企业层面成本和收益的影响。本节将全部样本期划分为四个时期，即（a）2018 年 8 月；（b）2018 年 9 月至 12 月；（c）2019 年 1 月至 2 月；（d）2019 年 3 月至 9 月。在这四个时期分别计算累积异常收益（CARs）和累积平均异常收益（CAARs）。

---

① 本节主要内容来源于：Tao Xiong，Wendong Zhang，Chen‐Ti Chen，A Fortune from Misfortune：Evidence from Hog Firms' Stock Price Responses to China's African Swine Fever Outbreaks [J]. *Food Policy*，2021（105）：102150.

上述四个时期分别对应（a）非洲猪瘟暴发首月；（b）非洲猪瘟迅速蔓延到多个省份；（c）春节（此时猪肉需求达到高峰，同时生猪和能繁母猪存栏量均出现 20% 的同比跌幅）；（d）中国猪肉价格飙升和猪肉进口大幅增加。

　　研究发现，平均而言，农业农村部发布的非洲猪瘟疫情公告为中国和国际生猪养殖上市企业带来了积极而显著的股票收益。特别是在非洲猪瘟疫情公告发布后的 15 天以内，中国生猪养殖企业在 2019 年春节期间平均享有 10%～40% 的累积异常收益（CARs）。这表明，2019 年 2 月中国能繁母猪存栏同比减少近 20% 的信息导致投资者对 2019 年的肉类短缺和猪肉价格上涨产生了强烈预期，进而大肆购入生猪养殖企业的股票。国际生猪养殖企业的累积异常收益（CARs）相对较小（1%～10%）。此外，在不同的样本期，规模较大的企业享有更高的异常收益。本研究得出三个重要观点。首先，在非洲猪瘟疫情初期，市场和消费者将非洲猪瘟视为负面信息冲击，这反映在 2018 年 8 月消极的股票收益中，类似于食品召回或其他动物疾病的文献所得出的结论。其次，随着非洲猪瘟的蔓延，猪肉供应将面临严重短缺，进而导致供需不平衡，因此生猪养殖企业的股票收益和利润也会提高。最后，随着中国政府实行的一系列生猪产能恢复政策，生猪和能繁母猪存栏迅速恢复，生猪价格将出现明显下跌，生猪养殖上市企业股票收益的幅度也随之减少。

　　非洲猪瘟是严重的动物疫情之一，本研究对其他国家具有普遍的借鉴意义。首先，非洲猪瘟的暴发影响了许多猪肉进口国（韩国、越南和菲律宾）以及主要出口国（德国和比利时）的生猪。其次，非洲猪瘟后我国的生猪产业出现的纵向整合和升级并非个例。2007 年在俄罗斯暴发的非洲猪瘟最终导致其规模以上养猪场生产的猪肉份额从 2007 年的 40% 增加到 2018 年的 86%。本研究提供了重要的政策启示。非洲猪瘟可能为中国生猪产业的纵向整合和现代化提供重大机会，特别是对小规模养殖户和散户的影响尤为明显，因此，中国生猪产业的规模化程度明显加快，这将有效提高生物安全和养殖效率。在股票收益正增长的杠杆作用下，我们还发现供应链整合加速，大型生猪养殖企业加大了购并肉类加工、生猪养殖和运输企业的步伐。

　　综上所述，本研究首次系统分析了非洲猪瘟对中国和国际生猪养殖企业的经济影响。鉴于猪肉占中国肉类消费的 60% 以上，而且中国很难完全依靠全球猪肉出口来填补非洲猪瘟造成的生产缺口，所以本研究对全球食品行业具有重要意义。本研究还揭示了食品市场供给侧的变化在解释生猪养殖企业股票价格波动的重要性。先前的研究发现，在动物疾病暴发、食品召回和丑闻之后，受影响的企业股价和收益都倾向于下降，消费者的反应和市场需求侧因素在很大程度上推动了股票下跌。然而，非洲猪瘟不会传染给人类，中国消费者对肉制品的需求缺乏弹性，在面临价格上涨时只会小幅减少猪肉消费。投资者对非洲猪瘟导致的生猪和能繁母猪存栏大幅下跌以及 2019 年可能出现的肉类短缺的预期，最终解释了中国和国际生猪养殖企业的股票价格为何在非洲猪瘟暴发后出现暴涨。

2.3.2 数据与方法

（1）事件研究法

本节评估 2018 年 8 月 2 日至 2019 年 9 月 10 日期间生猪养殖企业股票价格对农业农村部发布的非洲猪瘟疫情公告的反应。本研究将非洲猪瘟公告数据与生猪养殖上市企业的日度股票价格和股票市场价格指数数据结合起来，采用事件研究方法量化股票价格对非洲猪瘟疫情公告的反应程度。事件研究法在金融文献中通常用于衡量特定事件对企业股票或证券回报的经济影响，也被广泛应用于食品召回或安全问题的研究中。事件研究法的基本假设是，市场以有效和公正的方式处理与事件相关的信息。事件研究法的一个重要优点是，可以利用在短时间内观察到的股票收益来衡量非洲猪瘟的经济影响，特别是在企业的运营成本和生产力等数据不公开的情况下。因此，可以使用事件研究法衡量突发事件对企业市场价值的影响，无论这些突发事件是由企业控制（例如年度报告）或不受企业控制（例如农业农村部发布的非洲猪瘟疫情公告）。

本节将非洲猪瘟疫情公告的时间线划分为两个不重叠的子样本期——估计窗口和事件窗口。估计窗口由非洲猪瘟疫情公告发布前的一段交易日 $t \in [T_0, T_1]$ 组成，其中 T_0 和 T_1 表示估计窗口的开始和结束日期，用于估计在没有非洲猪瘟疫情公告的情况下，生猪养殖企业股价走势与市场指数走势之间的关系。已有文献通常将估计窗口定义为突发事件发生前的 245 个交易日（即 1 年），假设这些交易日没有发生相同的事件。由于在 2018 年 8 月至 2019 年 9 月，农业农村部共发布了 138 个非洲猪瘟疫情公告。因此，本节将估计窗口定义为非洲猪瘟疫情公告发布日前两年至前一年的 245 个交易日。例如，2019 年 6 月 3 日非洲猪瘟疫情公告（突发事件）的估计窗口由 2017 年 6 月 2 日（T_0）到 2018 年 6 月 2 日（T_1）的 245 个交易日组成，这段时间不包含任何非洲猪瘟疫情公告。设 T_2 为非洲猪瘟疫情公告的发布日，事件窗口由 $t \in [T_2+1, T_3]$ 的交易日组成，事件窗口的首日为非洲猪瘟疫情公告发布日的第 2 个交易日，本研究主要分析生猪养殖企业在 15 个交易日内的累计异常收益，因此设 $T_3 = T_2 + 16$。

（2）股票异常收益

事件研究法通过如下回归来量化突发事件对股票价格的影响，即异常收益。企业 i 的异常收益表示为：

$$AR_{it} = R_{it} - E[R_{it} \mid I_t] \quad\quad (2-6)$$

其中 $R_{it} = \ln\left(\dfrac{P_t}{P_{t-1}}\right)$ 是日期 t 的实际股票收益，$E[R_{it} \mid I_t]$ 是以信息 I_t 为条件的预期正常收益，即假设突发事件未发生时的预期收益。因此，为了计算异常收益，有必要对预期正常收益进行估计。市场模型（Market Model，MM）是最常用的估算 $E[R_{it} \mid I_t]$ 的模型。市场模型假设股票收益是整体市场指数的函数，并预期在突发事件发生的情况下会偏离这种关系。在市场模型中，企业 i 的收益由下式给出：

$$R_{it} = \alpha_i + \beta_i \times R_{mt} + \varepsilon_{it}, \text{ for all } t \in [T_0, T_1] \quad\quad (2-7)$$

其中 R_{mt} 为该企业所在的股票市场的价格指数在时间 t 的收益；α_i 和 β_i 为待估参数；ε_{it} 为误差项，假设其独立且服从均值为零的正态分布。

由于可能存在的序列相关性，本节运用基于市场模型的自回归滞后模型，企业 i 的收益由下式给出：

$$R_{it} = \alpha_i + \beta_i \times R_{mt} + \gamma_i \times R_{it-1} + \delta_i \times R_{mt-1} + \varepsilon_{it}, \text{ for all } t \in [T_0, T_1]$$
$$(2-8)$$

其中 R_{mt-1} 和 R_{it-1} 分别为 $t-1$ 的指数收益和股票收益。

此外，Giaccotto，Ali（1982）以及 Morgan，Morgan（1987）认为市场模型违反了对最小二乘法残差的常系数和同方差的假设条件，可能会产生偏误，导致统计量可能存在偏差。因此 Coakley 等（2008）和 Lee 等（2012）开发了基于广义自回归条件异方差（GARCH）的市场模型。GARCH（1，1）是波动率建模方法中最简单和稳健的模型。因此，本节采用该模型进行事件研究，如下所示：

$$R_{it} = \alpha_i + \beta_i \times R_{mt} + \gamma_i \times R_{it-1} + \delta_i \times R_{mt-1} + \varepsilon_{it}, \text{ for all } t \in [T_0, T_1]$$
$$(2-9)$$

$$\varepsilon_{it} \mid \phi_{it-1} \sim D(0, h_{it}, d) \quad\quad (2-10)$$

$$h_{it} = \omega_{i0} + \sum_{k=1}^{p} a_{ik}\varepsilon_{it-k}^2 + \sum_{j=1}^{q} b_{it}h_{it-j} \quad\quad (2-11)$$

其中 ϕ_{it-1} 是在 $t-1$ 时企业 i 所有可用信息的集合；h_{it} 为企业 i 的条件异方差；D 是具有 D 个自由度的 Student-t 分布；$p=1$，$q=1$。

本节运用对数似然函数来估计 GARCH（1，1）模型。在估计了每个企业 i 的 GARCH（1，1）模型后，进一步估计事件窗口（即从公告日期后一天开始的连续 15 个交易日）的预测误差。其方程如下：

$$E[R_{it} \mid I_t] = \hat{\alpha}_i + \hat{\beta}_i + R_{mt} + \hat{\gamma}_i \times R_{it-1} + \hat{\delta}_i \times R_{mt-1} \quad\quad (2-12)$$

$$\hat{h}_{it} = \hat{\omega}_{i0} + \hat{a}_{i1}\varepsilon_{it-1}^2 + \hat{b}_{it}h_{it-1} \quad\quad (2-13)$$

$$AR_{it} = R_{it} - (\hat{\alpha}_i + \hat{\beta}_i + R_{mt} + \hat{\gamma}_i \times R_{it-1} + \hat{\delta}_i \times R_{mt-1}) \quad (2-14)$$

其中 AR_{it} 为企业 i 的异常收益。

（3）累积平均异常收益与假设检验

将式（2-14）得到的异常收益进行累加后取均值，可得到累积平均异常收益（$CAARs$）。假设在 $\tau = [\tau_1, \tau_2]$ 时期，有 N 起非洲猪瘟疫情报告，则企业 i 的累积平均异常收益为：

$$CAAR_{i(\tau_1, \tau_2)} = \frac{1}{N} \sum_{n=1}^{N} \sum_{n=\tau_1}^{\tau_2} AR_{it} \quad (2-15)$$

其中 $T_2 + 1 \leqslant \tau_1 \leqslant \tau_2 \leqslant T_3$。$CAAR_{i(\tau_1, \tau_2)}$ 反映了非洲猪瘟疫情公告整体上对企业 i 股票收益的影响。如上节所述，本研究将样本分为四个子样本期：（a）2018年8月；（b）2018年9月至12月；（c）2019年1月至2019年2月；（d）2019年3月2019年9月。四个子样本期分别包含5个、85个、11个和37个非洲猪瘟疫情公告。

为了确定 $CAAR$ 是否在统计意义上显著不为零，即非洲猪瘟疫情公告是否显著地影响生猪养殖企业的股票价格，我们进行如下假设检验：

$$H_0: CAAR_i(\tau_1, \tau_2) = 0$$
$$H_1: CAAR_i(\tau_1, \tau_2) \neq 0 \quad (2-16)$$

原假设（H_0）认为非洲猪瘟疫情公告在时间间隔 $\tau = [\tau_1, \tau_2]$ 内对股票收益没有显著影响，因此不能拒绝 $CAAR_i(\tau_1, \tau_2) = 0$，备选假设（$H_1$）表明在时间间隔 $\tau = [\tau_1, \tau_2]$ 内非洲猪瘟疫情公告对股票收益有显著影响，导致非零 $CAAR_i(\tau_1, \tau_2)$。

值得注意的是，当多起非洲猪瘟疫情公告的事件窗口存在重叠时，会产生聚类问题。事实上，从 2018 年 8 月 2 日到 2019 年 9 月 10 日，农业农村部共发布了 138 条非洲猪瘟疫情公告，公告的事件窗口存在重叠的问题。因此，我们采用 Kolari，Pynnönen（2010）和 Boehmer 等（1991）提出的调整后的 t 检验（以下简称 BMP-t 检验）对式（2-16）进行假设检验。

（4）解释累积异常收益

本节进一步研究非洲猪瘟疫情公告的内容和企业特征是否以及如何解释异常股票收益。我们使用 CAR 作为被解释变量，公告内容和企业特征作为解释变量。文献通常采用横截面普通最小二乘法来解释累计异常收益。另一种方法是将事件窗口上每日和每个公告的 CAR 进行累加，以构建面板数据再进行回归分析，这种回归分析可以捕获更多信息并产生更精确的结果。因此，本节运用此方法识别公告内容和企业特征对异常股票收益的影响。

对于非洲猪瘟疫情公告 j 和企业 i，以及公告发布后的 t 天，其中 $t \in$

[1，15]，本节估计如下回归模型：

$$CAR_{jit} = \alpha + \beta CAR_{ji,t-1} + X'_{jit}\gamma + X'_{ji,t-1}\delta + Z'_{ji}\phi + \varepsilon_{jit} \quad (2-17)$$

其中，CAR_{jit} 为每次非洲猪瘟疫情公告发布后的累计异常收益，X 和 Z 分别为可变解释变量向量和不变解释变量向量。对于中国企业和国际企业，我们分别用四个子样本期数据以及整个样本期数据估计式（2-17）所示的回归模型。上述回归分析包含的变量具体如下。对于中国生猪养殖企业，X 包括：（a）日度股票交易量，该变量反映企业规模和产能的变量，以当日流通股交易量的百分比来衡量；（b）通过百度搜索"非洲猪瘟"的日度次数，该变量可以衡量公众对非洲猪瘟的担忧程度；（c）仔猪价格，用以衡量中国生猪养殖企业的养殖成本。Z 包括：（a）2017 年（非洲猪瘟暴发前）生猪养殖收入占企业总收入的份额，用以衡量生猪养殖企业依赖生猪养殖板块的程度；（b）非洲猪瘟疫情是否发生在规模养殖场，如果是，则所有企业的虚拟变量均设为1，说明非洲猪瘟已经蔓延至规模养殖场；（c）非洲猪瘟疫情公告中报告的受感染猪的数量；（d）如果该企业在非洲猪瘟疫情发生地（县或区）至少有一家养殖场，则该虚拟变量设为1，该变量说明生猪养殖上市企业已经直接面对非洲猪瘟疫情。

对于国际生猪养殖企业，X 包括：（a）每日交易量，定义与上文相同；（b）通过谷歌搜索"非洲猪瘟"的日度次数。Z 包括：（a）非洲猪瘟疫情公告中报告的感染猪的数量；（b）国际生猪养殖企业所在国家对中国出口猪肉的贸易成本。中国生猪养殖企业的回归分析中包含的一些解释变量未在此使用，因为 15 家国际生猪养殖企业均未在中国设立生猪养殖场。对于回归分析，我们包括自公告日起的虚拟变量，以考虑未观察到的冲击。此外，加入了月份和年份虚拟变量，以捕捉一般性的宏观经济和商品市场波动。

（5）数据源

本研究的数据源主要是农业农村部发布的非洲猪瘟疫情公告和生猪养殖企业的股票价格数据。我们从农业农村部官网收集非洲猪瘟疫情公告数据。自非洲猪瘟暴发以来，每次出现非洲猪瘟确诊病例，农业农村部都会发布非洲猪瘟疫情公告，该公告详细介绍了非洲猪瘟暴发点的县级地点和具体场所（即养猪场、屠宰场或运输车辆）、生猪存栏量以及感染猪和死亡猪的数量。在本节的研究样本期，农业农村部共发布了 138 条非洲猪瘟疫情公告。我们从雅虎财经收集生猪养殖企业的日度股价数据和股票市场的日度股指数据。我们选择了中国排名前 10 的生猪养殖上市企业和来自 8 个主要猪肉出口国的 15 家国际生猪养殖上市企业。其中，除中国外，其余 8 个猪肉出口国占 2018 年全球猪肉出口的 32%。此外，日度仔猪价格数据来自中国畜牧业协会。企业收入份额等数据来自于上市企业的 2017 年年度报告，这是非洲猪瘟暴发前的最新报告。

2.3.3 实证结果

（1）描述性的结果

非洲猪瘟对中国生猪和猪肉市场以及全球食品贸易产生了巨大影响。如前所述，从 2018 年底到 2019 年 9 月，中国生猪存栏量下降了 40%，这既导致生猪和猪肉价格暴涨，也导致猪肉进口需求持续释放。中国生猪养殖企业的股价在 2018 年 8 月非洲猪瘟暴发初期出现小幅下跌，但在 2019 年大幅上涨。值得注意的是，10 家中国生猪养殖企业的股价涨幅大大超过了中国猪肉和生猪价格涨幅。与 2018 年 8 月的基期相比，从 2019 年 2 月开始，中国生猪养殖企业的股价上涨了 50%～300%，其间正值中国春节，是猪肉需求的旺季。相比之下，同期整体股市走势仅略有上涨。这种大幅上涨可能反映出投资者对 2019 年猪肉严重短缺的预期。另一方面，国际生猪养殖企业的股价也经历了大幅持续上涨，但幅度明显小于中国生猪养殖企业。国际生猪养殖企业的股价上涨反映了中国进口猪肉需求的提振，其幅度明显大于美国和欧洲股票价格指数的波动。

（2）中国生猪养殖企业的事件研究法结果

图 2-14 显示，非洲猪瘟疫情公告对生猪养殖企业产生了积极的财务影响。但是，该结果可能是有偏的，因为其忽略了生猪养殖企业股价变化的波动性和季节性，即使在没有非洲猪瘟暴发的情况下，可能由于其他原因，这些企业的股价也会上涨。事件研究法使我们能够以股票异常收益的形式分离出非洲猪瘟疫情报告对股价的影响。图 2-14 给出了事件研究法估计的中国生猪养殖企业的累计平均异常收益。我们发现，非洲猪瘟引发市场对猪肉供应短缺的担忧，中国生猪养殖企业的累积平均异常收益在 4 个子样本期表现出不同的变动模式。在非洲猪瘟暴发初期，即 2018 年 8 月，中国生猪养殖企业遭受负向的累积平均异常收益，这与食品召回或食品安全事件导致的企业股票价格下跌相似。然而，平均而言，2018 年 8 月的负面冲击程度较小，可能是因为非洲猪瘟不影响人类健康，因此不会对企业盈利能力造成严重的不利影响。图 2-14 进一步显示，随着时间的推移和非洲猪瘟疫情的蔓延，投资者对猪肉供应不足的担忧逐渐加深，导致生猪养殖企业获得正向的累计平均异常收益。特别是在 2019 年 1—2 月，生猪和能繁母猪存栏急剧下跌（同比跌幅首次超过 20%），这引发了投资者的巨大担忧。根据生猪养殖周期，中国生猪养殖上市企业将在大约 6 个月后获得巨额利润。这导致这些企业获得巨大的累计平均异常收益，在非洲猪瘟疫情公告发布的 15 个交易日内，累计平均异常收益飙升至 20%。

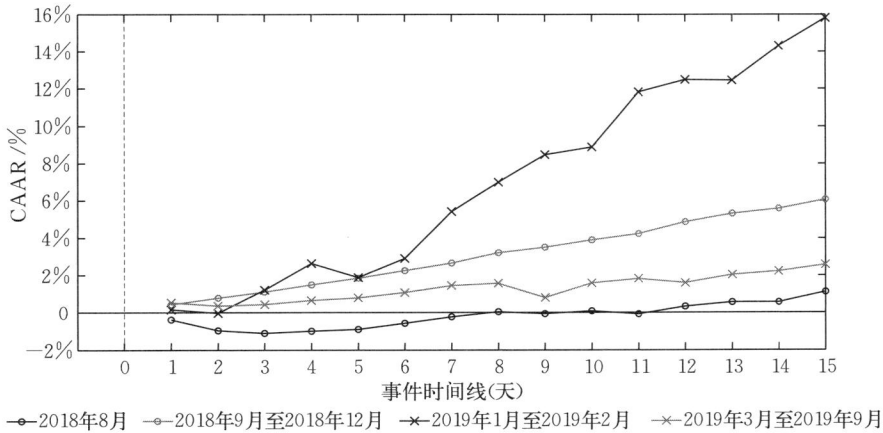

图 2-14 中国生猪养殖企业的累计平均异常收益

注：纵轴表示非洲猪瘟暴发以来的累计平均异常收益，横轴表示非洲猪瘟暴发后的交易日天数。对于每个子样本期，每个数据点分别是自非洲猪瘟暴发后的第 1 天、第 2 天内的累计平均异常收益，依此类推至 15 天。

为了更好地解释上述结果背后的机制，图 2-15 绘制了生猪和能繁母猪存栏量的同比跌幅与中国生猪养殖企业的月度累积平均异常收益。值得注意的是，在图 2-15 中，我们将生猪和能繁母猪存栏量的下降百分比取绝对值，以更同步地呈现与累积平均异常收益的变化关系。由图 2-15 可知，

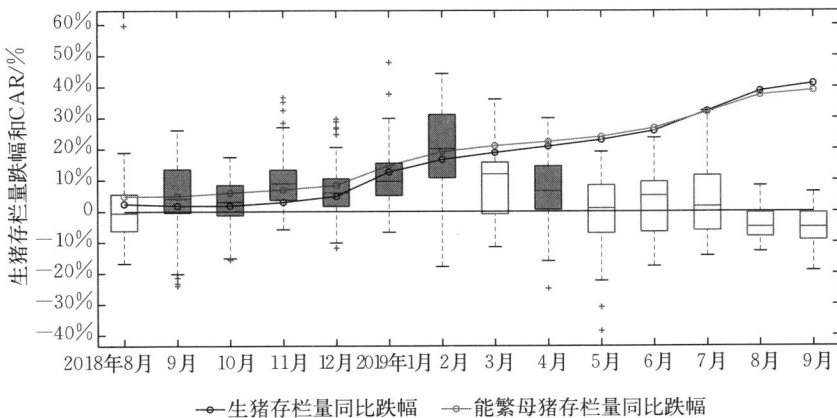

图 2-15 中国生猪养殖企业生猪和能繁母猪存栏量（同比）跌幅和累计异常收益

注：我们将生猪和能繁母猪存栏量的跌幅取绝对值，以同步地呈现与累计异常收益的关系。上图呈现了每个月所有非洲猪瘟疫情公告发布的情况下，所有中国生猪养殖企业的累计异常收益的分布。纵轴是累计异常收益。盒装图中，底部、中线和顶部分别表示第 25 百分位数、中位数和第 75 百分位数。深灰色表示累计异常收益在 5% 水平下显著。

2018 年生猪和能繁母猪存栏量的下跌相对平稳，但自 2019 年 1 月开始，下跌幅度明显增加。具体而言，2019 年 1 月生猪存栏量下降 12.6％，是 2018 年 12 月跌幅（4.8％）的 3 倍。作为衡量未来生猪产能的重要指标，能繁母猪存栏量的跌幅突然从 2018 年 12 月的 8.3％扩大到 2019 年 1 月的 14.8％，在 2019 年 2 月进一步扩大到 19.1％。叠加中国农历春节期间巨大的猪肉需求，农业农村部在 2019 年年初发布的生猪产能数据向中国股市投资者发出了明确的信号，即未来几个月将出现巨大的肉类短缺和更高的生猪价格，生猪养殖上市企业将从未来飙升的生猪价格中获得巨额利润。根据中国生猪养殖上市企业的 2019 年年度报告，这些企业的确在 2019 年获得了巨额利润。

企业层面的股票价格数据使我们能够进一步研究非洲猪瘟疫情公告对生猪养殖企业的异质性影响。图 2-16 进一步显示在 4 个子样本期，中国 10 家生猪养殖企业的累计异常收益的分布以及显著性。由图 2-16 可知，在非洲猪瘟暴发初期（2018 年 8），大多数企业的累计异常收益都为负，这与食品召回研究的结论基本一致。同样，随着非洲猪瘟的蔓延，大多数企业的累计异常收益由负转正，并且在 2019 年 1 月至 2 月达到最高值。图 2-16（c）显示，中国部分生猪养殖企业的累计异常收益高达 20％～40％，这与我们之前的论证相呼应，即积极的股票收益反映了投资者对未来猪肉供应短缺的预期。我们还注意到，之前的食品召回和动物疾病暴发研究中，股票累计异常收益往往低于 5％，远远低于非洲猪瘟对中国生猪养殖上市企业的影响程度。

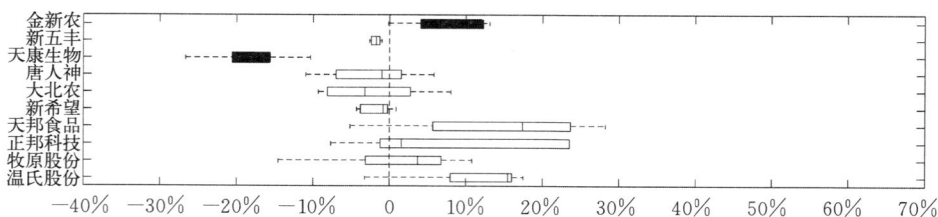

(a) 2018年8月

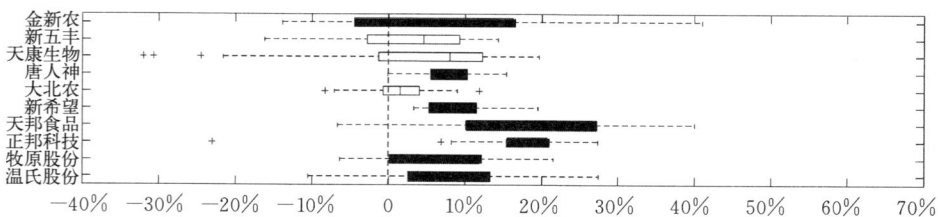

(b) 2018年9月至2018年12月

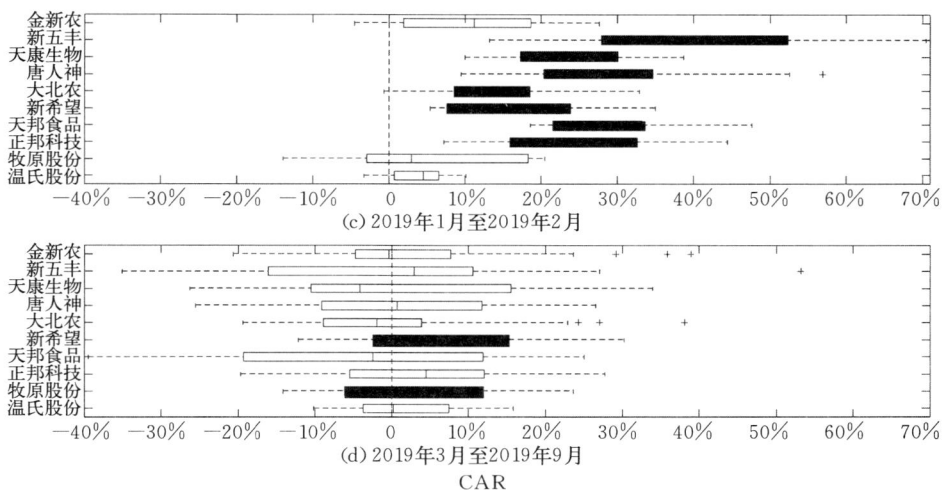

图 2 - 16　中国生猪养殖企业的累积异常收益

(a) 2018 年 8 月；(b) 2018 年 9 月至 2018 年 12 月；

(c) 2019 年 1 月至 2019 年 2 月；(d) 2019 年 3 月至 2019 年 9 月

注：上图呈现了每个月所有非洲猪瘟疫情公告发布的情况下，中国 10 家生猪养殖企业的累计异常收益的分布。纵轴是累计异常收益。盒装图中，左边、中线和右边分别表示第 25 百分位数、中位数和第 75 百分位数。黄色表示累计异常收益在 5% 水平下显著。

（3）国际生猪养殖企业的事件研究法结果

图 2 - 17 显示，在 4 个子样本期，所有主要的国际生猪养殖企业都受益于中国国内生猪供应的严重短缺以及由此引发的猪肉和肉类进口需求激增。此

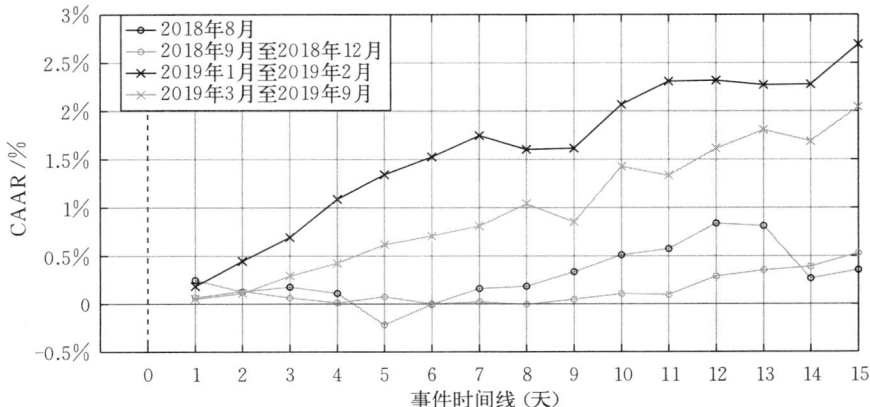

图 2 - 17　国际生猪养殖企业的累计平均异常收益

注：纵轴表示非洲猪瘟暴发以来的累计平均异常收益，横轴表示非洲猪瘟暴发后的交易日天数。对于每个子样本期，每个数据点分别是自非洲猪瘟暴发后的第 1 天、第 2 天内的累计平均异常收益，依此类推至 15 天。

外，国际生猪养殖企业的股票在中国农历春节期间的涨幅最大。但是，国际生猪养殖企业的累计平均异常收益远低于中国生猪养殖企业，在非洲猪瘟疫情公告发布后的 15 个交易日，国际生猪养殖企业获得 1％～3％ 的累计异常收益。主要原因是，尽管中国的猪肉进口在非洲猪瘟疫情暴发后大幅增加，但中国每年的猪肉进口总量占国内猪肉消费量的比重较小，2019 年约为 6％。

（4）累计异常收益的回归结果

累计异常收益的回归结果如表 2－4 所示。由表 2－4 可知，非洲猪瘟疫情公告发布后，股票市场交易量较大的生猪养殖企业享有更高的股票收益。此外，公众对非洲猪瘟的认识与企业的股票收益有显著的正向影响关系。仔猪价格是生猪养殖成本的一个重要指标，其与累计异常收益显著正相关。最后，感染猪数量和企业生猪养殖收入占比对累计异常收益未产生显著影响，表明它们不是非洲猪瘟事件中累计异常收益变化的预测因子。

表 2－4　中国生猪养殖企业累计异常收益的回归结果

	2018 年 8 月	2018 年 9 月至 2018 年 12 月	2019 年 1 月至 2019 年 2 月	2019 年 5 月至 2019 年 9 月	2018 年 8 月至 2019 年 9 月
累计异常收益$_{t-1}$	1.055 4***	0.997 6***	0.912 5***	0.961 7***	0.975 9***
	(0.011 8)	(0.004 1)	(0.014 8)	(0.006 4)	(0.003 6)
交易量	0.841 1**	0.585 1***	0.914 5***	0.441 5***	0.530 0***
	(0.471 7)	(0.083 2)	(0.093 6)	(0.041 9)	(0.035 1)
交易量$_{t-1}$	−0.631 0	0.213 9**	−0.354 4***	−0.228 5***	−0.282 0***
	(0.482 8)	(0.102 7)	(0.099 3)	(0.043 0)	(0.035 7)
百度搜索指数	0.007 1***	0.001 7*	0.012 1*	0.002 3	0.002 4***
	(0.001 9)	(0.000 9)	(0.006 2)	(0.005 0)	(0.000 8)
百度搜索指数$_{t-1}$	−0.004 2**	0.002 8***	−0.038 5***	0.000 3	0.000 3
	(0.001 8)	(0.000 9)	(0.006 1)	(0.005 0)	(0.000 8)
仔猪价格	−0.003 4	−0.001 3	0.023 1***	0.004 5***	0.007 7***
	(0.016 4)	(0.002 3)	(0.003 0)	(0.001 1)	(0.001 0)
仔猪价格$_{t-1}$	−0.004 9	0.001 7	−0.030 2***	−0.004 8***	−0.008 9***
	(0.015 1)	(0.002 3)	(0.003 1)	(0.001 1)	(0.001 0)
生猪养殖收入占比	0.004 3*	0.000 7	−0.009 2***	0.000 7	0.000 9
	(0.002 5)	(0.000 6)	(0.003 2)	(0.001 6)	(0.000 6)
是否在规模养猪场发现疫情？	−0.000 7	−0.000 7	0.002 8	−0.005 9	−0.001 4**
	(0.002 0)	(0.000 5)	(0.003 2)	(0.003 7)	(0.000 6)
感染猪数量	0.002 2	−0.000 6	0.001 6	0.001 7*	0.000 3
	(0.001 7)	(0.000 4)	(0.001 7)	(0.000 9)	(0.000 4)

（续）

	2018 年 8 月	2018 年 9 月至 2018 年 12 月	2019 年 1 月至 2019 年 2 月	2019 年 5 月至 2019 年 9 月	2018 年 8 月至 2019 年 9 月
这家企业的养殖场和疫情暴发的地方在同一个县吗？	−0.000 1 (0.002 2)	0.001 6** (0.000 6)	−0.003 3 (0.003 0)	0.003 2* (0.001 8)	0.001 6** (0.000 6)
截距 t	0.161 9 (0.293 5)	−0.052 4*** (0.007 4)	0.366 4*** (0.043 3)	−0.017 8* (0.009 7)	−0.017 2*** (0.005 6)
观测值	700	11 900	1 540	5 180	19 320
调整后的 R^2	0.954	0.911	0.897	0.853	0.889
企业数量	10	10	10	10	10
非洲猪瘟疫情公告数量	5	85	11	37	138
日虚拟变量	Yes	Yes	Yes	Yes	Yes
月虚拟变量	No	No	No	No	Yes
年虚拟变量	No	No	No	No	Yes
Kao 统计检验	−7.911 9	−32.325 0	−13.438 9	−27.292 6	−47.022 7
Hadri LM 检验的 Z 统计量	−0.525 6	0.027 9	−0.250 4	−3.938 4	−1.848 8

注：***、**、* 分别表示在 1%、5% 和 10% 的统计水平上显著。

与中国生猪养殖企业的结果相似，表 2-5 显示，在非洲猪瘟事件后，更大的股票交易量与正向的股票收益显著相关。同样，以感染猪数量衡量的非洲猪瘟严重程度不能解释国际生猪养殖企业股票收益的变动。此外，在非洲猪瘟暴发初期（2018 年 8 月），贸易成本较高的出口商与累计收益的下降有关。当非洲猪瘟在 2019 年年初逐渐恶化时，交易成本较高的企业开始享受正向的累计异常收益，因为贸易商可能预计这些企业对中国出口更多的猪肉。事实表明，在中国暴发的非洲猪瘟对国际生猪养殖企业的股票市场未产生明显的影响，因为这些企业也向中国以外的国家出口猪肉。

表 2-5　国际生猪养殖企业累计异常收益的回归结果

	2018 年 8 月	2018 年 9 月至 2018 年 12 月	2019 年 1 月至 2019 年 2 月	2019 年 5 月至 2019 年 9 月	2018 年 8 月至 2019 年 9 月
累计异常收益$t-1$	1.015 9*** (0.014 8)	0.994 8*** (0.005 6)	0.958 7*** (0.013 4)	1.011 1*** (0.006 2)	0.995 1*** (0.004 1)

（续）

	2018 年 8 月	2018 年 9 月至 2018 年 12 月	2019 年 1 月至 2019 年 2 月	2019 年 5 月至 2019 年 9 月	2018 年 8 月至 2019 年 9 月
交易量	0.037 7 (0.421 2)	0.779 6*** (0.167 5)	0.040 9 (0.070 4)	0.244 5* (0.144 5)	0.591 6*** (0.156 3)
交易量$_{t-1}$	0.362 9 (0.469 7)	−0.199 5 (0.133 8)	0.536 7*** (0.177 2)	0.321 2** (0.140 1)	−0.011 2 (0.116 8)
谷歌搜索指数	2.86E−5 (2.83E−5)	−2.53E−5*** (9.15E−6)	−1.29E−5 (2.36E−5)	−7.81E−6 (1.14E−5)	−1.85E−5*** (6.77E−6)
谷歌搜索指数$_{t-1}$	−2.28E−5 (2.58E−5)	−2.4E−5*** (8.83E−6)	−9.16E−6 (2.58E−5)	−2.1E−5* (1.15E−5)	−2.33E−5*** (6.61E−6)
感染猪数量	4.04E−6 (0.000 9)	−0.000 2 (0.000 3)	0.000 3 (0.000 5)	0.000 6 (0.000 4)	−0.000 1 (0.000 2)
出口商对中国的 贸易成本	−0.000 1** (2.29E−5)	−4.65E−5*** (1.18E−5)	0.000 1*** (2.37E−5)	4.52E−5*** (1.39E−5)	−1.6E−5 (9.87E−6)
截距	0.005 3 (0.004 0)	0.003 9*** (0.001 6)	−0.005 4* (0.003 2)	−0.006 1*** (0.001 9)	0.003 9** (0.001 6)
观测值	983	14 907	2 015	6 332	24 237
调整后的 R^2	0.899	0.897	0.840	0.913	0.898
企业数量	15	15	15	15	15
非洲猪瘟疫情 公告数量	5	85	11	37	138
日虚拟变量	Yes	Yes	Yes	Yes	Yes
月虚拟变量	No	No	No	No	Yes
年虚拟变量	No	No	No	No	Yes
Kao 统计检验	−4.677 2	−26.884 8	−13.296 9	−18.794 7	−34.904 2
Hadri LM 检验的 Z 统计量	0.192 4	0.060 5	0.305 8	0.270 6	0.939 1

注：***、**、* 分别表示在 1%、5% 和 10% 的统计水平上显著。

非洲猪瘟疫情对中国和全球生猪产业产生了深远且持久的影响。国际生猪养殖企业获得正向累计异常收益与中国不断飙升的肉类进口需求是一致的。例如，2019—2020 年美国对中国的猪肉出口达到了 10 年来的最高水平，随着中美第一阶段贸易协议的达成，这一势头正在进一步增强。尽管中国目前猪肉产能大幅削减，但中国生猪产业可能因祸得福，因为非洲猪瘟为生猪产业的纵向整合和现代化提供了重要的机会。

第一，非洲猪瘟的暴发为中国未来肉类生产的生物安全和效率提升提供了重要机会。非洲猪瘟对小规模养殖户的影响尤为严重，而这些小规模生产者往往效率低下。因为政府没有对被扑杀的猪或病猪进行补贴，也没有支付兽医费用或对在现有设施中采取其他生物安全措施进行补贴。所以，小规模养殖户在非洲猪瘟暴发后遭受更大损失。此外，新的生物安全要求成为小规模养殖户进入生猪养殖市场的障碍，从而使得大公司收益。因此，生猪产业的规模化将提升并更加依赖大型养殖场。与 2017 年相比，2018 年生猪出栏量在 49 头以下、50～99 头、100～499 头的养殖场数量分别减少了 16.4%、18.7% 和 12.5%。相反，年出栏 5 万头以上的养殖场数量增长了 8.85%。此外，2020 年 12 月 16 日，农业农村部预计 2020 年生猪养殖的规模化程度将达到 57% 左右，比 2019 年高出 4%，远高于往年 2% 的平均增长率。这一点与俄罗斯的经验一致。在遭受非洲猪瘟疫情冲击后，俄罗斯商业生猪养殖场的猪肉产量占比从 2007 年的 42% 增加到 2018 年的 86%，猪肉总产量也从 2007 年的 164 万吨增加到 2018 年的 316 万吨。本研究中分析的中国生猪养殖企业，都加快了对生猪养殖场的投资和收购。例如，中国最大的生猪养殖企业温氏食品集团于 2019 年 11 月宣布，它已在中国中部收购了一个大型养猪场，年出栏 2.8 万头母猪和 70 万头生猪。

第二，非洲猪瘟将导致生猪养殖企业进一步利用基因组选择技术和升级养猪场基础设施，从而提升中国的生猪养殖效率。例如，牧原食品在遗传改良方面投入了大量资金，目前拥有 800 多名专业育种研究人员，拥有国际先进的猪遗传评价系统和专业的肉质检测设备。牧原食品养殖效率的提高与美国的经验是一致的。在过去的 30 年，美国的能繁母猪存栏量有所减少，但由于育种和遗传研究方面的技术创新以及营养和畜舍管理实践的改进，2020 年美国的猪肉产量比 1990 年高出 60%。规模化养殖场比散户的养殖效率更高，后者在非洲猪瘟暴发前占中国生猪存栏量的 40%。此外，上游和中游市场集中度持续增加，也有助于提高效率和质量控制。

第三，通过积极的股票收益获得的资本收益使得生猪养殖企业能够进行持续投资。猪肉严重短缺导致 2019 年猪肉价格飙升，使得生猪养殖企业在 2019 年第三和第四季度获得了创纪录的利润。例如，中国第二大生猪养殖企业牧原食品公司表示，由于生猪供应暴跌导致生猪价格创纪录，2019 年全年利润飙升逾 1 000%，达到 61 亿元。创纪录的利润将为企业提供充足的现金储备，用于投资生物安全和兼并具有先进生产技术的大型养猪场，如养殖自动化、独立通风和基于人工智能的猪疾病预测模型等。这些创新可能使中国生猪养殖企业变得更高效、更具全球竞争力。

第四，非洲猪瘟疫情推动了中国食品行业供应链深度整合和结构转型。中国生猪养殖企业开始进入屠宰和加工领域，部分原因是认识到 70％ 的非洲猪瘟疫情与中国大量使用的活体动物运输系统有关。中国消费者长期以来偏爱新鲜猪肉，这使得生猪活体运输在中国得以普及。非洲猪瘟的暴发促使生猪养殖企业进入屠宰环节。2018 年 12 月，广东省两个城市停止供应鲜肉，转而只提供冷鲜和冷冻猪肉。此外，生猪养殖企业也在增加对饲料行业的投资。

2.3.4　总结

在中国、菲律宾、德国和其他几个国家暴发的非洲猪瘟疫情是全球农业部门最严重的事件之一。非洲猪瘟已导致全球生猪存栏减少了大约 20％，对全球粮食生产产生了重大影响，而且远未结束。通过量化非洲猪瘟引起的股票异常收益，我们首次系统评估了非洲猪瘟疫情对中国和国际生猪养殖企业的经济影响。我们发现，与传统观点相反，平均而言，非洲猪瘟疫情公告为中国和国际生猪养殖企业带来了积极而显著的股票收益。这与过去关于动物疾病暴发和食品召回的研究存在两个方面的不同。首先，只在非洲猪瘟暴发初期，中国生猪养殖企业的股票收益率出现了下降。其次，在 2019 年中国农历春节期间，中国生猪养殖企业在非洲猪瘟疫情公告发布后的 15 个交易日内，平均享有 10％～40％ 的累计异常收益，这是已有食品召回研究估计的累计异常收益的 10 倍。本研究具有重要的政策意义。与其他食品安全问题相比，对供应减少和短缺的担忧导致了显著的、积极的股票收益，而不是由于对召回或被禁食品的需求减弱而导致的股价下跌。虽然中美贸易战中的关键事件可以解释一些股票收益的变动，但我们的总体发现是，国际生猪养殖企业的收益相对温和而积极。生猪供应短缺导致的股票收益与中国肉类进口激增的结果是一致的，这表明生猪养殖企业迎来了巨大的发展机遇，这将导致中国生猪产业的规模化提速。

2.4　非洲猪瘟疫情下新闻文本情绪对生猪养殖企业股价的影响研究①

2.4.1　研究背景与研究动机

我国生猪生产一直处于全球领先地位，同时猪肉消费也居世界前列。猪肉市场的稳定对生猪产业发展至关重要，也与居民的切身利益息息相关（盛芳芳

---

① 本节主要内容来源于：吴李花，非洲猪瘟疫情下新闻文本情绪对生猪养殖上市公司股票价格的影响研究［D］. 武汉：华中农业大学，2023. 导师：熊涛.

等，2020）。近年来，我国政府对于生猪产业的发展给予了高度重视，先后出台了一系列政策措施，以确保猪肉市场顺畅运转。但是，诸如非洲猪瘟等重大事件仍然对相关企业发展以及市场稳定造成了巨大冲击。

2018 年 8 月，中国辽宁省沈阳市报告了首例非洲猪瘟疫情。随后，疫情在各省份陆续暴发（张喜才，汤金金，2019）。据农业农村部数据显示，截至2019 年 9 月，中国 31 个省份累积发生 150 起疫情，生猪存栏量从 4.19 亿头下降到 3.01 亿头，损失高达 26.86%。同时，能繁母猪存栏量也从 3 145 万头下降到 1 924 万头，损失了近 39.17%。伴随着疫情的持续发酵，市场上猪肉供应急剧减少，助推猪肉价格飙升（苏贵芳 等，2021）。2019 年 10 月，猪肉价格比非洲猪瘟暴发前翻了一番，高达 55.59 元/千克。

自非洲猪瘟疫情暴发以来，中国生猪产业经历了巨大变化。在非洲猪瘟暴发初期，大量生猪被扑杀，许多中小规模养殖企业由于防疫意识低下、养殖环境差等多重因素，逐渐退出市场，大型养殖企业利润也遭受重创。然而，随着国内猪肉供应的急剧减少，猪肉价格由下滑趋势转为急速攀升，生猪养殖企业股票收益创新高。例如，相比非洲猪瘟疫情暴发前，新希望公司股价涨幅最高达 10 倍。尽管有关部门采取了严禁活猪跨省运输等多项政策，以减少疫病的传播和缩小疫情对市场的冲击。但猪肉价格仍保持高位运行，非洲猪瘟疫情对市场的影响仍在持续发酵。评估非洲猪瘟疫情对生猪养殖企业的影响，有助于企业更好理解疫情发展规律，制定更有效的应对策略和更合理的生产决策，从而稳定生猪产品供应。

基于以上背景，本文提出以下问题：非洲猪瘟疫情对生猪养殖企业股票收益的影响有多大？这种影响在疫情发展的不同时期、股票收益的不同分位点上，是否存在差异？具体而言，在生猪价格处于平稳期时，疫情加剧会引起企业股票收益的下跌；但随着猪肉价格的上涨，这种影响是否会发生反转？为了进一步探究非洲猪瘟疫情如何传导至生猪养殖企业股票收益上，本文引入了投资者情绪来进行分析。由于统计口径等问题，非洲猪瘟疫情真实规模难以准确统计和核实。在信息时代，及时公开的新闻媒体报道是公众获取各类信息的重要渠道（曾华盛 等，2019；Fan et al.，2021）。新闻文本情绪在反映非洲猪瘟疫情真实情况方面发挥着重要作用（Soon，Kim，2022）。因此，本文选用非洲猪瘟新闻文本情绪来衡量非洲猪瘟疫情。

生猪养殖在我国畜牧业生产中占据着举足轻重的地位，其可持续发展对于稳步推进畜牧业健康发展以及保障民生具有重大意义。本节研究目的为：第一，根据生猪价格走势将非洲猪瘟暴发后的时期划分三个子样本期，并结合分位数回归模型，考查不同样本期非洲猪瘟新闻文本情绪对不同分位点股票收益影响的差异性，以深入分析非洲猪瘟对生猪养殖企业的影响；第二，引入投资者情绪这一中介变量，探究疫情对生猪养殖企业股票收益的内在影响机制，以深入了解内在作用机制；第三，结合本文的研究结果，分别对政府、生猪养殖企业以及投资者给出有针对性的建议，以便在面对诸如非洲猪瘟等动物疫情时做好疫情防控，以减轻疫情对生猪养殖企业的影响。

猪肉价格的稳定对于提高农民收入、促进农业稳步发展以及保障宏观经济稳定运行等多方面都具有十分重要的意义。然而，非洲猪瘟疫情传播速度快、影响范围广并且具有极高的致死率，这不仅给我国消费者造成极大福利损失，同时也对我国生猪养殖业的健康发展构成了严重威胁。尽管非洲猪瘟疫情短期内给生猪养殖企业带来巨大损失，但同时也为其提供了新机遇，并加快了生猪养殖业规模化进程。本文围绕生猪养殖企业在非洲猪瘟疫情冲击下面临的实际问题展开研究，用非洲猪瘟新闻文本情绪衡量非洲猪瘟疫情，评估其对生猪养殖企业股票收益的影响，进而分析生猪养殖业在疫情下遭受的冲击。这有助于企业在面对诸如此类动物疫情时制定更有效的应对策略和更合理的生产决策，保持国内生猪供应的稳定。该研究结果也可以为政府及时制定、调整和落实相关政策提供科学依据和指导，最大限度减轻疫情带来的负面影响和损失。此外，分析疫情对股票市场的影响有助于增强投资者对金融市场的认知水平，以更理性地看待动物疫情对金融市场的冲击，避免情绪过高或过低。在未来应对诸如此类突发事件时，制定科学的投资决策。

2.4.2 非洲猪瘟疫情暴发前后生猪市场变化情况

（1）生猪及猪肉价格变化情况

猪肉作为我国居民饮食中不可或缺的组成部分，其供应的短缺影响深远。疫情暴发后，猪肉供给量发生剧烈变化，而短期内猪肉消费需求较为稳定，供需矛盾下加剧了猪肉和生猪价格的波动。图 2-18 反映了疫情暴发前后我国生猪及猪肉价格变化趋势。数据显示，我国生猪及猪肉价格走势在疫情前周期性明显，分别在 15 元/千克和 25 元/千克上下浮动。在疫情暴发初期，大量生猪被感染，养殖户大举抛售生猪，导致生猪和猪肉价格在 2018 年 8 月至 2018 年 12 月期间出现短暂下跌态势。然而，伴随着疫情的持续扩散，生猪及猪肉供应急剧下跌，生猪及猪肉价格自 2019 年 3 月后开始飙升，增长幅度远超历史水平。2019 年 10 月，生猪和猪肉价格涨至阶段高点，分别为 37.71 元/千克和 55.59 元/千克，是非洲猪瘟暴发前价格水平的两倍以上。

（2）猪肉进口量变化情况

自 2010 年以来，我国猪肉的产量和消费量均已超过 5 000 万吨，并呈现稳步增长态势。2017 年，国内猪肉供应 5 452 万吨，满足国内高达 97.68% 的需求。同年，猪肉进口量仅为 150 万吨，与国内供应量的差距极大。然而，由

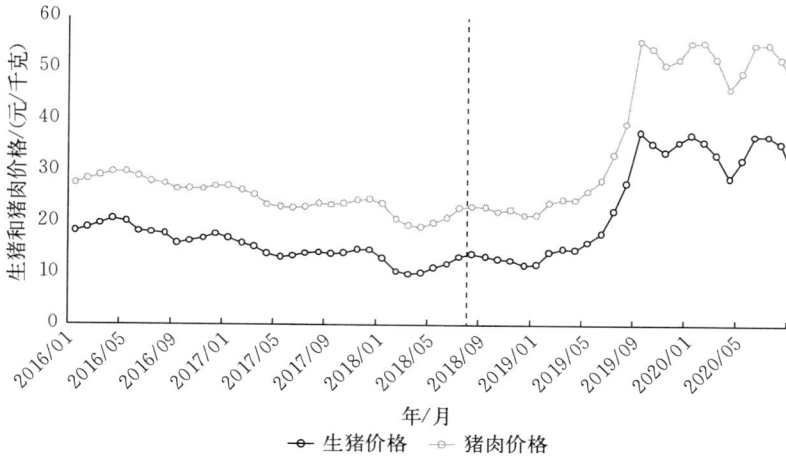

图 2-18　生猪和猪肉价格走势

于非洲猪瘟疫情的持续暴发及扩散，国内猪肉供应严重短缺，迫使我国不得不从全球市场进口大量猪肉，进口猪肉量也由此激增。由图 2-19 可知，与 2018 年 8 月相比，2020 年 4 月中国猪肉进口量激增 420%，从 9 万吨增至 39 万吨。

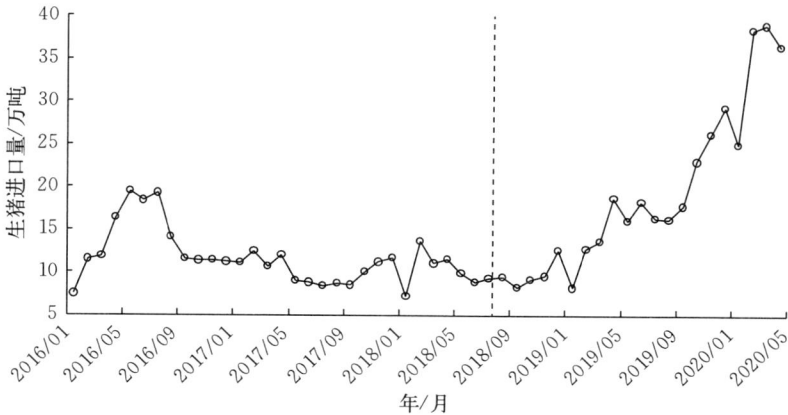

图 2-19　猪肉进口量走势

（3）生猪养殖业规模化比例变化情况

中国生猪养殖长期以来一直是以中小养殖户为主，行业集中度相对较低。据《中国畜牧兽医年鉴》统计，2017 年，年出栏 5 万头以上生猪的养殖户仅占生猪养殖户总数的 0.001 1%，共计 407 家。然而，非洲猪瘟疫情暴发后，中小养殖户面临多重困难，如防疫意识比较低下、养殖设备较差等问题，进一步加快了其退出生猪养殖市场的速度。由图 2-20 可知，2020 年小规模养殖户（年出栏量低于 500 头）仅剩下 2 062 万户，相比 2017 年的 3 753 万户减少了 45.07％。具体来说，年出栏 1～49 头、50～99 头和 100～499 头猪的养猪户数量分别下降了 45.44％、41.25％和 31.09％。与此同时，规模化养殖户凭借在养殖技术、防控能力、管理水平等方面的优势，加快生猪养殖扩张步伐，并推动了生猪养殖的规模化进程。根据图 2-21 可看出，与 2017 年相比，2020 年年出栏数超过 5 万头的养殖户数量增长了 36.12％。由此可见，非洲猪瘟疫情加速了中国生猪养殖行业的集中度和规模化进程。大型养殖企业在技术优势的帮助下，逐渐加强了市场地位。相比之下，中小养殖户则面临较大的市场挑战和生存压力。同时，行业集中度的提升也为养猪企业的规模化、标准化和智能化转型提供了机遇。

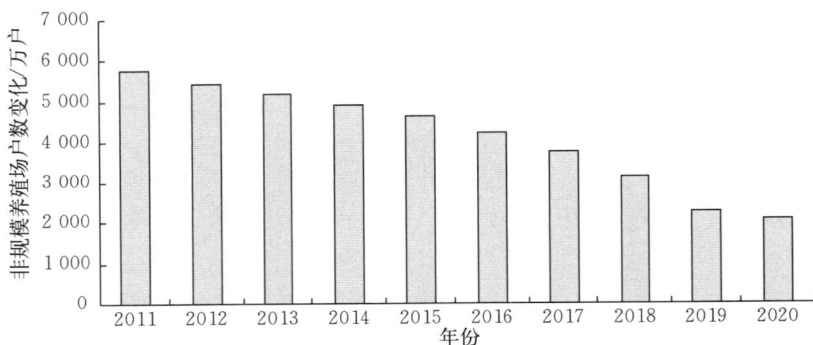

图 2-20　小规模养殖场户数变化情况

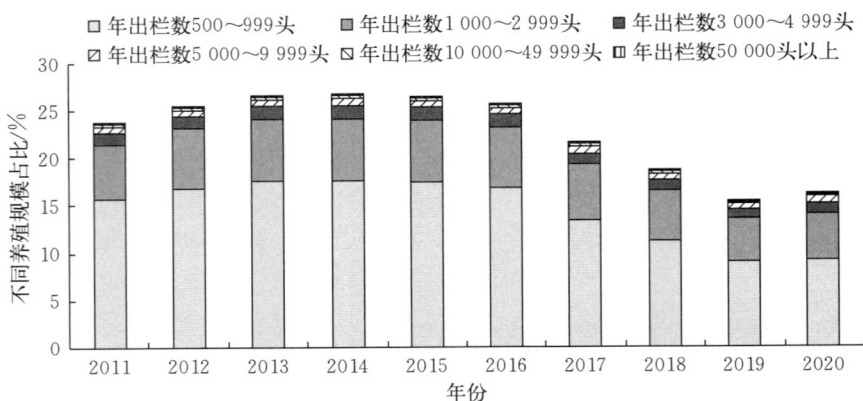

图 2-21　不同规模养殖主体占比变化情况

（4）前十大养猪上市公司出栏量变化情况

图 2-22 描述了 2015—2020 年我国前十大生猪养殖上市企业年出栏生猪

数量变化趋势。由图可知，非洲猪瘟暴发前，养殖企业持续提升生猪产能。但在疫情冲击下，前10大生猪养殖企业生猪出栏量明显下滑。2019年，年总出栏量仅为4 490万头，同比下降4.67%。同时，不同企业间增速也呈现不同程度的分化。具体来看，疫情暴发前，温氏股份一直稳居中国养猪企业年出栏量的榜首。2017年，温氏股份生猪年出栏量为1 904万头，同比增长11.18%；与之相比，作为第二大生猪养殖企业的牧原股份，生猪年出栏量为723万头，不到温氏股份的一半。但就年增长率而言，牧原股份在过去3年中均已超过了50%。正邦科技作为第三大生猪企业，生猪年出栏量仅342万头，不到温氏股份的1/5。剩余7家的生猪年出栏量均不超过200万头。疫情暴发后，前10大生猪养殖企业开始扩张升级。温氏股份主要通过养猪产业链的垂直扩张加速发展。疫情暴发后，生猪出栏数量持续下降，从2018年的2 230万头下降到2020年的955万头，下降了57.19%。然而，牧原股份和正邦科技聚焦于横向扩张，持续加大对养猪业务的投入，生猪产能快速增长，2020年生猪年出栏量分别达到1 812万头和956万头，均超过之前一直占据领先地位的温氏股份。其他公司也呈现不同程度的扩张。2020年，年出栏量超过200万头生猪的上市企业数量增至5家，除了前三大企业还新增了新希望集团和天邦股份。

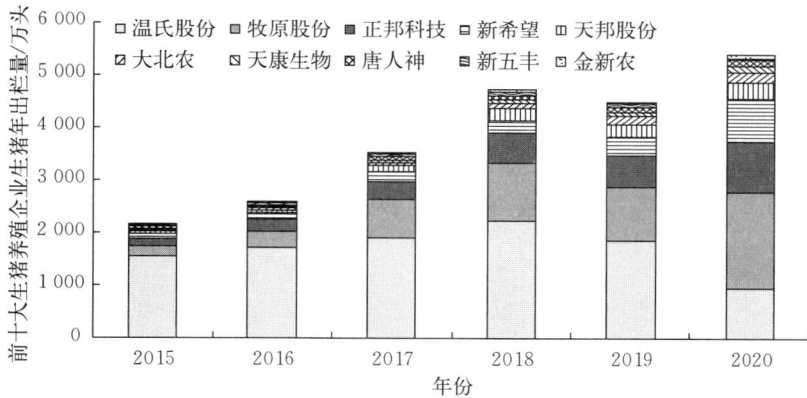

图2-22 前十大生猪养殖上市企业生猪年出栏量

（5）前十大养猪企业养殖利润的变化情况

从生猪养殖上市企业经营指标来看，温氏股份在收入和净利润方面远远高于牧原股份和正邦科技。具体来说，2017年，温氏股份养猪收入为35.05亿元，净利润60.91亿元，分别是牧原股份和正邦科技企业净利润的2.91倍和10.94倍。但是，受疫情影响，2018年生猪养殖企业遭受巨大亏损。前三大养猪企业的利润率分别同比下跌52.13%、56.4%和23.87%。唐人神、新五丰和金新农遭受的损害更为严重，分别同比下降了87.86%，70.46%和

77.78％。不过，伴随着市场上猪肉供应持续紧张，猪肉价格急剧飙升，再加之企业在此期间一直不断扩大生猪养殖规模，利润大幅增加。2020 年，牧原股份、正邦科技利润分别高达 342.14 亿元、5.52 亿元，是 2017 年利润的 10倍以上。此外，天康生物和天邦股份生猪养殖利润也大幅提升，同比增长率高达 837.52％和 705.95％。其他生猪养殖上市企业也呈现出不同程度的增长，温氏股份、新希望集团、大北农集团、唐人神、新五丰和金新农分别同比增长17.56％、98.66％、334.12％、329.32％、174.52％和 284.06％。

2.4.3 实证研究

（1）数据来源与说明

在时间粒度的选择上，过往学者一般用年、月或周为时间跨度，对该时段内的情绪值进行累加或求平均，以得到情绪指标。然而，鉴于新闻报道具有及时更新和快速传播的特性，一篇报道往往在发布当天就能引起大量公众的关注和讨论，并且随着新闻信息饱和度的增加，相关效应也会在短时间内逐渐消退（熊凌宇，2021）。因此，为了更好地捕捉短时间内的情绪效应，本文选择以日为时间粒度。本文将我国非洲猪瘟初次暴发时间（2018 年 8 月 3 日）设为研究样本期的起点，以 2020 年 5 月 31 日设为截止点。

东方财富网是目前国内访问量最大的证券门户类网站之一，在证券财经领域长期处于领先地位。该网站提供了丰富的新闻信息，其中包括股票、基金、期货等多种金融产品，是我国投资者非常喜爱的信息获取平台之一。同时，东方财富网在数据获取方面难度较低。考虑到文本数据的可获取性，本节使用Python 编写获取该网站资讯板块中非洲猪瘟新闻文本数据的爬虫代码。在该网站，我们可以根据标题或正文中包含的关键词进行搜索。然而，仅凭正文中是否包含"非洲猪瘟"关键词进行检索，可能会搜集到许多与非洲猪瘟事件无关的新闻。相比之下，根据标题中是否出现"非洲猪瘟"关键词进行检索更为精准，能够筛选出与非洲猪瘟事件密切相关的新闻报道。因此，为了获得更具有代表性的非洲猪瘟新闻，本文仅收集了东方财富网上标题包含"非洲猪瘟"关键词的新闻。

根据上述方法，共获取到 2 165 条非洲猪瘟相关的新闻数据，但是在整理数据时发现，12 条新闻只存在标题但没有正文文本。为减少测量误差，剔除了这 12 条新闻，最终使用剩下的 2 153 条数据进行后续研究。

在生猪养殖户的选择上，鉴于股票数据的原因，选择生猪养殖上市企业。但在生猪养殖上市企业中，除了前几大生猪养殖企业，其他生猪养殖企业生猪养殖并非主营业务。由此，本文根据 2019 年生猪出栏量排名，选取前十大生猪养殖企业（表 2-6）作为代表进行研究。

表 2 - 6 前十大生猪养殖企业

股票代码	公司名称	英文简称	交易所	生猪出栏量
300498	温氏食品集团股份有限公司	Wens	SHSE	18.52
002714	牧原食品股份有限公司	Muyuan	SZSE	10.25
002157	江西正邦科技股份有限公司	Zhengbang	SZSE	5.78
000876	新希望集团有限公司	New Hope	SZSE	3.55
002124	天邦食品股份有限公司	Tech - Bank	SZSE	2.44
002385	北京大北农科技集团股份有限公司	DBN Group	SZSE	1.63
002100	天康生物股份有限公司	TECON	SZSE	0.84
002567	唐人神集团股份有限公司	TRS	SZSE	0.84
600975	湖南新五丰股份有限公司	NWF	SHSE	0.64
002548	深圳市金新农科技股份有限公司	KINGSINO	SZSE	0.40

注：生猪出栏量单位为百万头，SHSE 表示上海证券交易所，SZSE 表示深圳证券交易所。

（2）变量选取与模型构建

股票市场常被视为企业发展的晴雨表。因此，通过生猪养殖上市企业股价收益的表现可以反映出该企业的具体情况。目前，股票收益率计算方法主要有两种，一种是简单收益率，即用股票价格变化量除以股票初期价格；另一种是对数收益率，即股票价格的对数变化量。相比简单收益率，对数收益率具有可加性，比简单收益率适用范围更广。本文采用对数收益率来计算各公司的股票收益率：

$$R_{i,t} = \ln \frac{P_{i,t}}{P_{i,t-1}} \qquad (2 - 18)$$

其中，$R_{i,t}$ 表示企业 i 在 t 日的股票收益率，$P_{i,t-1}$ 表示企业 i 在 $(t-1)$ 日的收盘价，$P_{i,t}$ 表示企业 i 在 t 日的收盘价。本文所涉及的股票数据均取于万得数据库。

在当前信息时代，新闻媒体报道是公众获取各类信息的重要来源之一。因此，本文采用非洲猪瘟新闻文本情绪来刻度非洲猪瘟疫情的严重程度，并将其作为额外的风险因素来解释生猪养殖企业股票收益的变动。相比疫情暴发数据，非洲猪瘟新闻文本情绪在反映非洲猪瘟疫情的真实情况方面具有很强的可靠性和有效性。这一方面得益于当今信息时代下新闻媒体报道的广泛传播和及时发布，同时也归功于文本情感分析技术的不断提升。通过运用情感词典等方法，可以对新闻文本进行深入分析，准确地抽取其中所蕴含的主观情感信息，从而得出非洲猪瘟新闻文本情绪。因此，非洲猪瘟新闻文本情绪不仅能反映疫情的严重程度，还可以为投资者提供信息，并作为重要决策参考。

本文的控制变量及其数据来源详见表 2-7。考虑到新闻文本情绪处于极端情绪下比起处于中性情绪时对股票收益影响要更大，为减少极端情绪的影响，本文将新闻文本情绪平方项引入本文的控制变量。新闻文本信息往往具有一定的滞后性，本文参照游家兴，吴静（2012），将解释变量滞后项加入控制变量。由于信息传播需要时间，加上投资者决策反映到股票市场上也需要一定时间，本文将新闻文本情绪滞后 3 项均纳入控制变量。此外，本文还将其他会影响到企业股票价格的变量加入到控制变量中。第一，Fama 三因子，用以衡量整个股票市场行情。三因子分别为 MKT、SMB 和 HML。第二，仔猪价格，用以衡量生猪养殖企业生猪养殖成本。第三，股票每日交易量，用来衡量生猪养殖企业的养殖能力。第四，公司总资产，用以衡量公司规模，不同规模的企业受疫情影响存在差异。相比规模比较小的企业，生猪养殖规模大的企业抵御疫情能力更强，受疫情影响更小。第五，生猪养殖收入占比，该数据为半年度数据，指的是企业的养猪收入占公司总收入的比重，生猪养殖比重越高的企业，受非洲猪瘟影响越大，公司股票收益变化越剧烈。此外本文还引入了年和月两个虚拟变量，以控制宏观经济波动和季节效应对生猪养殖企业股票收益的影响。

表 2-7　控制变量介绍

变量名称	变量简称	数据来源
仔猪价格	Piglet price	布瑞克
公司资产（季度）	Assets	公司季报
每日股票交易量	Tradevolume	万得
生猪养殖收入占比	Proportion	公司半年报
市场因子	MKT	CSMAR
市值因子	SMB	CSMAR
账面市值比因子	HML	CSMAR
年	$Year$	设定
月	$Month$	设定

分位数回归是由普通最小二乘回归扩展而来的方法，由 Koenker 和 Bassett 提出。普通最小二乘回归是一种经典的回归方法，用于估计因变量与自变量之间的关系。然而，它只能估计这种关系的平均效应，而且需要回归数据满足正态性、独立性等假设条件。因此其适用范围受到一定的限制。相比之下，分位数回归能够更全面地描述自变量对因变量在不同分位数下的分布特征，并且受极端值的影响更小，结果也更为稳健。就本研究而言，分位数回归能够更

全面描述股票收益率条件分布形状，捕捉新闻文本情绪对股票收益尾部分布的影响。在探究非洲猪瘟疫情对生猪养殖企业股票收益时，本文将新闻文本情绪作为解释变量，股票收益作为被解释变量，建立以下回归模型：

$$R_{i,t} = \alpha_0 + \alpha_1 S_{i,t} + \sum_{q=1}^{3} \alpha_{i,s_q} S_{t-q} + \alpha_{i,s_t^2} S_t^2 +$$

$$\sum_{n=2}^{8} \alpha_n Z_n + u_0 + u_{i,t} \qquad (2-19)$$

其中，$R_{i,t}$ 为股票收益率，作为被解释变量，$S_{i,t}$ 表示新闻文本情绪，作为解释变量，S_{t-q} 为新闻文本情绪的滞后第 q 项，S_t^2 为新闻文本情绪的平方项，Z_n 为本文所有控制变量，包括了 Fama 三因子、仔猪价格、股票每日交易量、公司总资产、生猪养殖收入占比。u_0 为固定效应，控制了年和月。$u_{i,t}$ 表示误差项。

根据以上模型，本文在后面实证分析部分用普通最小二乘回归和分位数回归分别进行分析。其中，在分位数回归中，选取了 5 个分位点，分别为 5%、25%、50%、75% 和 95%，用以研究新闻文本情绪对不同分位点股票收益率的影响差异性。

（3）新闻文本情绪指标的构建

在进行实证分析之前，本文需要先构建非洲猪瘟疫情测度指标，即非洲猪瘟新闻文本情绪。本小节先介绍目前常用的一些新闻文本情绪测度方法，并说明本文选用的是基于情感词典的文本分析法。然后介绍构建该指标的流程，包括如何构建情感词典以及计算新闻文本情绪的具体方法。最后，对新闻文本情绪以及其他变量进行描述性统计分析。为了验证非洲猪瘟新闻文本情绪是否可以准确地捕捉非洲猪瘟疫情，本节对比分析了新闻文本情绪与非洲猪瘟疫情趋势。

随着互联网技术的快速发展，大量文本数据，如新闻报道、社交平台评论等变得更容易获取，这引起了研究者的广泛关注，之前的测度方法使用频率逐渐降低。新闻报道是投资者获取信息的重要渠道。以往学者们通常采用新闻数量等指标来衡量新闻报道的态度。但随后研究发现，直接从新闻文本中提取情绪可以更好刻画新闻媒体对事件的观点。相比其他传统数据，新闻文本可以直接测度情绪指标。此外，新闻文本数据量很大，有利于减少测度误差。

目前，采用文本分析法提取文本情绪已经成为了金融领域研究的热点。现有文献中，用文本分析法测算文本情绪主要包括情感词典法和机器学习法。根据前文所述，相比机器学习法，情感词典法更容易理解，人工成本和时间成本更低，其准确率也不逊色于机器学习法。本文搜集的新闻文本中，内容多为常用词汇，语言比较规范，采用情感词典法就可以提取到有效的情感信息。鉴于上述原因，本文采用基于情感词典的文本分析法来测度新闻文本情绪。

文本分析的关键是对文本进行分词。分词是指按照语法将一句话或一段话切分为独立的词汇。文本分词效果的好坏取决于分词工具的选择，不同的分词工具基于不同的分词算法，因此具有不同的分词效果。Github 是一个开源代码储存库，内含多种分词工具的源代码。在该库中，可以根据 Star 值来了解不同分词工具的受欢迎程度。图 2-23 展示了目前比较受欢迎的分词工具的受喜爱程度（Star 值）。从图可知，jieba 分词是目前受欢迎程度最高的分词工具。为此，本文接下来用其对搜集到的新闻文本数据进行分词处理。

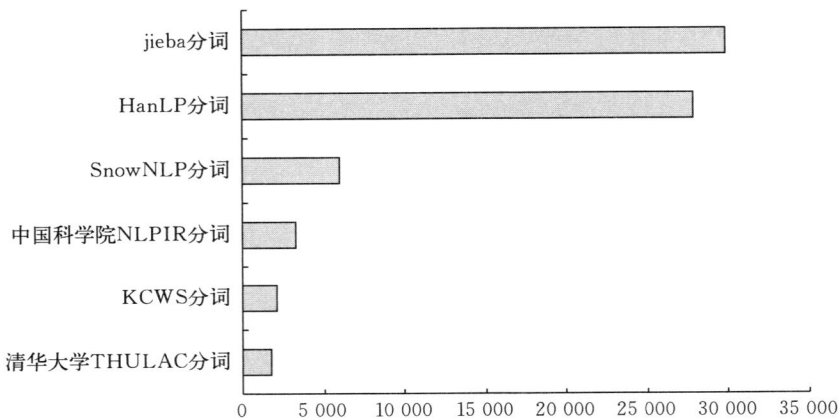

图 2-23 分词工具受喜爱程度对比

分词只是文本分析的第一步。随后，需要对分词后的词语进行去除停用词处理。停用词是指文本中出现的一些缺乏实际意义的词，比如"着""的""了"等。若不剔除这些词汇，可能会降低新闻文本情绪提取的效果。随后，将已经去除停用词的剩下词语与之前构建的情感词典进行匹配获取情感得分，最后计算出整篇新闻的文本情绪得分，具体流程如图 2-24。

图 2-24 基于情感词典的文本分析流程

词语是构成句子和篇章的最小单位。词语的不同组合和排列方式可以反映出句子和篇章的不同情感。在识别句子或篇章的情感时，准确识别词

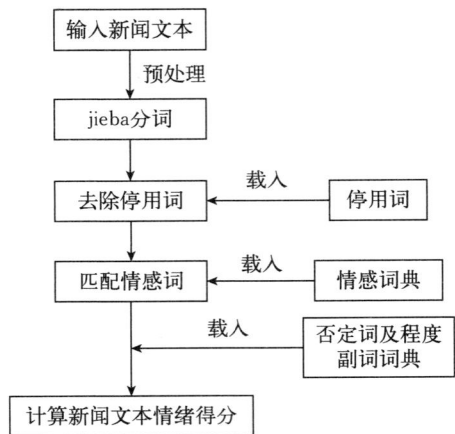

语的情感极性非常重要，这就需要一个质量高的情感词典。根据文本分析流程可知，在对新闻文本去除停用词后，需要将处理后的新闻文本与情感词典进行匹配，用于之后新闻文本情绪得分的计算。为了分析文本中的情感倾向，本文构建了本文所需的情感词典。该词典包括情感词词典、程度副词词典以及否定词词典这三大类。

情感词词典已有大量研究者进行了整理，并得到了很多不同的情感词词典。本文将常用的三大情感词词典进行汇总整合，以获得本研究所用的情感词词典。三大词典介绍如下：知网情感词典在学术界已经得到了广泛应用。该词典是由董振东和董强两人共同创建的大型语言知识库，分为中文和英文两个部分。中文和英文的情感词典均包含以下 6 类词典，分别为正面和负面评价词语、正面和负面情感词语、程度级别词语和主张词语。该词典经过累积 30 余年的标注，已被广泛应用于各领域的情感分析和舆情分析。本文选取了中文情感词典中的正负面评价词语和情感词语这四部分，共包含了 4 566 个积极情感词语和 4 370 个消极评价词语。台湾大学情感词典，简称为 NTUSD 词典，由台湾大学研究者整理发布。其也是将情感词语分成正负两个极性，并且里面包含两个版本：中文简体和繁体词典。本文使用的是其中简体中文部分，共涵盖了 11 086 个情感词语。大连理工情感词典是由林鸿飞教授团队合作完成的中文本体资源，也是目前很受欢迎的情感词典之一。该词典从词性、情感极性和强度等多个角度描述一个中文词汇，同样也是划分为正面和负面两个极性。最后一个是由清华大学李军整理的中文褒贬义词典。该词典是在其他学者研究基础上编制而成，共分为两部分：一个是褒义词，共 5 568 个；另一个是贬义词，共 4 470 个。褒义词与前两种词典的正向情感词合并，而贬义词与负向情感词合并。

本文最后将这些不同来源的词典正向和负向词汇分别进行合并和去重处理，最终获得本文所需的情感词词典，共 45 847 个词汇，其中积极词汇有 21 386 个，消极词汇有 24 461 个。表 2-8 截取了部分情感词作为示例。

表 2-8　情感词分类及分值

情感词分类	情感词（部分）	权值大小
积极	好、支持、信心、稳定	1
消极	严峻、感染、死亡、复杂	-1

程度副词用于强化或减弱情感词的强度，从而对其进行修饰。按照修饰程度，可以对程度副词进行分类并赋予权重，以反映它们对情感倾向的影响程度。例如"非洲猪瘟疫情十分严峻"和"非洲猪瘟疫情比较严峻"这两句话

中，"严峻"属于负向情绪词，被赋予的是消极情绪。很显然，"十分"和"比较"对"严峻"修饰的程度不同。"十分"表达程度要强于"比较"。因此，为了能更准确刻画出句子的情感倾向，本研究整理了知网程度副词词典，累积获得219个程度副词。本研究参照 Zhang 等（2018）将程度副词分成6个级别并赋予相应的权值，详见表2-9。

表2-9 程度副词级别分类及其权值分配

程度级别	程度副词（部分）	权值大小
超（over）	超额、过甚、过分、过度	3
最（most）	百分之百、倍加、极其、十分	2.5
很（very）	颇为、格外、甚、实在、特别	2
较（more）	较、更、愈、还要、足足	1.5
稍（slightly）	或多或少、略加、一点、稍微	0.75
微（insufficiently）	不怎么、没怎么、不大、半点	0.5

否定词也是用来修饰情感词，但其功能是反转语句情绪方向，即把积极情绪转成消极情绪。此外，还有双重否定作用。具体来说，若两个否定词同时修饰一个情感词，则该情感语句情绪方向保持不变。通过筛选和整理，最终得到58个否定词，以构成本文的否定词词典。部分否定词汇示例见表2-10。

表2-10 否定词示例

否定词示例	权值大小
不、否、毫无、非、别、勿、不及、几乎不	-1

本文运用情感单元法计算新闻文本情绪得分。一篇文章或者一段话都可以包含多个情感单元。情感词是情感单元中最基本的元素之一，用于表示情感色彩。此外，情感单元中也可以含有程度副词、否定词等修饰语，用以影响情感强度和极性。具体组成方式有四种：情感词、"否定词＋情感词""程度副词＋情感词"以及"否定词＋程度副词＋情感词"。其中，第 i 个情感单元的识别方法如图2-25所示，具体可以描述为：从第（$i-1$）个情感词末尾逐词检索，直到找到第 i 个情感词，然后统计两者之间否定词和程度副词出现的次数，分别记为 m_i 和 c_i，并判断所有程度副词的权重。第 i 个情感单元情绪计算方法如式（2-20）所示。在式（2-20）中（-1）^{m_i} 代表否定指数，若 m_i 为奇数，说明情感单元情绪发生反转，若 m_i 为偶数，则属于双重否定，情感单元情绪不发生变化；第 n 个程度副词权重记为 $Degree_{i,n}$，根据式（2-21）计算公式可得程度副词权重总和 $weight(Degree_i)$。$weight(word_i)$ 表示情

绪词的情绪方向，详见式（2－22）。最后，将一篇新闻文本中所有情感单元情绪得分加总再除以该篇新闻文本中所有的情感单元总数，就是此篇新闻文本情绪最终得分。若新闻文本情绪小于 0，说明该篇新闻对非洲猪瘟疫情持消极态度；但若新闻文本情绪大于 0，则表明此新闻对疫情持积极态度。

$$tone_i = (-1)^{m_i} \times weight\ (Degree_i) \times weight(word_i) \quad (2-20)$$

$$weight(Degree_i) = \sum_{n=1}^{c_i} Degree_{i,n} \quad (2-21)$$

$$weight(word_i) = \begin{cases} 1, & \text{若 } word_i \text{ 是积极情感词} \\ -1, & \text{若 } word_i \text{ 是消极情感词} \end{cases} \quad (2-22)$$

第 i 个情感单元

| 第(i－1)个情感词 | m_i 个否定词 | c_i 个程度副词 | 第 i 个情感词 |

图 2－25　情感单元图式

（4）变量描述性统计结果

按照前文所述的指标计算方法和数据处理方式，本文对每日非洲猪瘟新闻文本情绪进行了测算。表 2－11 报告了非洲猪瘟新闻文本情绪在各个时期内的平均值和标准差。由表可知，相比生猪价格处于上升期和波动期，非洲猪瘟新闻文本情绪在平稳期更加消极，平均值为负，并且标准差更小。这可能是由于当生猪价格在平稳期时，非洲猪瘟疫情处于暴发频繁期，与非洲猪瘟相关的新闻报道多聚焦于负面信息中。然而，在后两个时期，非洲猪瘟疫情得到有效控制，暴发数量显著放缓，有时候甚至一个月都没有一起疫情。在该阶段有关疫情新闻是积极和消极交错报道，导致标准偏差较大。

表 2－11　非洲猪瘟新闻文本情绪的描述性结果

	整个时期	平稳期	上升期	波动期
平均值	0.065 2	－0.017 8	0.117 2	0.151 6
标准差	0.412 1	0.331 2	0.445 3	0.480 8

为了考察非洲猪瘟新闻文本情绪是否能反映非洲猪瘟疫情，本研究将月度非洲猪瘟新闻文本情绪与每月非洲猪瘟暴发起数进行了比较。疫情暴发初期，非洲猪瘟暴发数量呈急剧增加趋势，从 2018 年 8 月的 5 起增加至 11 月的 26 起。与此同时，非洲猪瘟新闻文本情绪出现明显下降。2018 年 12 月后，疫情传播速度放缓，暴发起数显著下降，非洲猪瘟新闻文本情绪也随之上升。2019 年 4 月，疫情突然反弹，非洲猪瘟新闻文本情绪立刻发生反转，从积极情绪转

向消极情绪。同年 6 月之后，疫情得到有效控制，非洲猪瘟的新闻文本稳定在正面情绪上下波动。总体来说，非洲猪瘟新闻文本情绪可以较为准确地捕捉非洲猪瘟疫情，描绘疫情各时期的变化趋势。此外，本文计算出它们之间的相关系数为－0.76，进一步证实了上述结果。

表 2－12 汇总了股票收益率和其他控制变量的描述性统计信息，包括均数、标准差和最值。由表可知，生猪养殖企业股票收益率平均值为 0.46%，最大值为 9.62%，最小值为 10.64%。结果表明，总体而言，股票收益为正。但在样本期间，该行业的股票收益率存在较大的波动。具体而言，样本期间，最大值和最小值分别达到 9.62% 和－10.64%，非常接近我国每日股票涨跌停板上下限。其中，公司资产（Assets）和每日股票交易量（Trade volume）由于数值过大，本文采用对数变换对这两个变量进行了处理，并使用在后续的研究中。

表 2－12　被解释变量和控制变量的描述性统计

变量	样本数	均值	标准差	最大值	最小值
Rate	2 960	0.004 6	0.033 8	0.096 2	－0.106 4
Piglet price	2 960	46.099 7	33.675 6	134.180 0	16.060 0
ln（*Assets*）	2 960	4.882 6	1.130 4	6.816 7	2.729 2
ln（*Trade volume*）	2 960	16.715 2	1.684 5	0.000 0	20.500 7
Proportion	2 960	0.371 0	0.305 5	0.990 5	0.035 4
MKT	2 960	0.000 5	0.012 4	0.056	－0.053 0
SMB	2 960	0.000 0	0.007 9	0.020 6	－0.036 9
HML	2 960	－0.000 4	0.004 8	0.011 9	－0.016 4

（5）实证结果

本文对 2018 年 8 月至 2020 年 5 月的整个时期进行了实证分析，旨在量化非洲猪瘟新闻文本情绪对生猪养殖企业股票收益率的影响（情绪效应）。新闻文本情绪越消极意味着非洲猪瘟疫情越严重。为了控制残差自相关问题，本文进行的所有回归分析皆在企业层面进行聚类回归。表 2－13 显示了普通最小二乘回归（OLS）和分位数回归（QR）的结果。

表 2－13　整个期间（2018 年 8 月至 2020 年 5 月）的回归结果

	OLS	QR				
		5%	25%	50%	75%	95%
Sentiment	0.007 5***	0.004 8	0.006 4**	0.005 0***	0.003 5	0.004 2
	(0.001 3)	(0.004 4)	(0.002 9)	(0.001 6)	(0.002 9)	(0.004 1)

（续）

	OLS	QR				
		5％	25％	50％	75％	95％
$Sentiment^2$	−0.019 1***	−0.022 3**	−0.014 5***	−0.018 8**	−0.021 5***	−0.019 8***
	(0.005 5)	(0.011 1)	(0.005 1)	(0.007 4)	(0.004 1)	(0.004 7)
$Sentiment_{t-1}$	0.001 1	0.009 1***	0.004 2*	−0.002 4	−0.003 4	−0.001 7
	(0.001 2)	(0.003 4)	(0.002 4)	(0.001 8)	(0.002 2)	(0.002 7)
$Sentiment_{t-2}$	−0.001 7	0.000 8	0.000 8	0.003 3*	−0.000 5	−0.000 3
	(0.001 7)	(0.005 5)	(0.003 2)	(0.001 9)	(0.003 1)	(0.003 0)
$Sentiment_{t-3}$	0.005 1**	0.004 1	0.006 0***	0.005 5**	0.006 4**	0.004 2
	(0.001 8)	(0.004 1)	(0.002 0)	(0.002 3)	(0.002 8)	(0.004 7)
$Piglet\ price$	−0.000 9***	−0.000 7***	−0.000 9***	−0.000 6***	−0.000 4**	−0.001 0***
	(0.000 1)	(0.000 2)	(0.000 1)	(0.000 2)	(0.000 2)	(0.000 3)
$\ln（Assets）$	−0.000 4	0.005 4***	0.002 3**	−0.000 8**	−0.002 8*	−0.005 2
	(0.000 7)	(0.001 5)	(0.001 2)	(0.000 3)	(0.001 5)	(0.004 0)
$\ln（Tradevolume）$	0.005 1***	−0.007 1***	−0.000 4	0.005 1***	0.008 4***	0.010 8***
	(0.001 1)	(0.001 2)	(0.000 9)	(0.001 2)	(0.002 0)	(0.002 3)
$Proportion$	0.005 2	−0.010 2***	0.001 3	0.005 0*	0.009 4**	0.017 5***
	(0.003 0)	(0.003 9)	(0.003 6)	(0.002 7)	(0.003 7)	(0.006 7)
MKT	0.561 3***	0.781 6***	0.695 3***	0.530 6***	0.380 1***	0.522 5**
	(0.086 3)	(0.103 6)	(0.140 0)	(0.084 7)	(0.130 6)	(0.205 4)
SMB	0.940 5***	0.688 3***	0.939 1***	0.782 8***	0.819 8***	0.281 9
	(0.163 6)	(0.141 3)	(0.244 0)	(0.107 4)	(0.178 6)	(0.215 7)
HML	−0.119 5	−0.176 2	−0.097 8	−0.179 3	−0.426 0**	−0.442 2
	(0.237 1)	(0.313 9)	(0.181 9)	(0.137 5)	(0.186 0)	(0.348 3)
常数项	−0.083 5***	0.046 6*	−0.023 3	−0.071 7***	−0.097 9***	−0.110 2***
	(0.013 7)	(0.026 9)	(0.016 8)	(0.017 2)	(0.029 0)	(0.021 8)
样本量	1 012	—	—	—	—	—
R^2	0.337 2	—	—	—	—	—
Pseudo R^2	—	0.358 4	0.183 5	0.165 6	0.239 1	0.393 8
Month	控制	控制	控制	控制	控制	控制
Year	控制	控制	控制	控制	控制	控制

注：***、**、*分别表示在1％、5％和10％的统计水平上显著。括号中的数值为标准误。

普通最小二乘回归结果显示，在整个时期非洲猪瘟新闻文本情绪对股票收益率产生了显著的正向影响，即生猪养殖企业股票收益率会随着非洲猪瘟新闻文本情绪的恶化而降低。此外，在5%置信水平下新闻文本情绪滞后三项对生猪养殖企业股票收益影响显著为正。这意味着，当新闻对非洲猪瘟进行负面报道时，生猪养殖企业会受到其影响，并且这种影响大致会持续3天。

分位数回归结果表明，情绪效应仅在较低分位数（25%和5%）的股票收益率有显著的正向影响，而对其他分位数的影响不显著，即情绪效应具有不对称性。这可以解释为，在股票处于下行时，投资者更关注新闻，并更容易受负面新闻的影响。Gino等（2012）发现焦虑的人更愿意寻求和依赖建议，这表明投资者在股市负面时期更容易情绪化，进一步证实了情绪效应的不对称性。具体来说，在整个样本期内，当生猪养殖企业的股票收益率处于较低水平时，投资者对公司的股票价格处于担忧状态。因此非洲猪瘟疫情恶化的新闻无疑是给生猪养殖企业"雪上加霜"，并会进一步激发看跌情绪。叠加投资者的"羊群效应"，生猪养殖企业股票收益率进一步下跌。但是当生猪养殖企业股票收益率处于较高水平时，投资者对生猪养殖企业抱有信心，从而减弱了疫情给生猪养殖企业带来的影响。综上所述，情绪效应在生猪养殖企业股票收益率中的作用是动态和非线性的，它们对较低水平的股票收益率产生更严重的负面影响。

本节旨在探讨非洲猪瘟新闻文本情绪对不同时期股票收益的影响。根据生猪价格走势，本文将样本分为三个时期，分别为猪肉价格平稳期（2018年8月至2019年2月）、猪肉价格上升期（2019年3月至2019年10月）和猪肉价格波动期（2019年11月至2020年5月）。

表2-14列出了2018年8月至2019年2月平稳期普通最小二乘回归（OLS）和分位数回归（QR）的结果。普通最小二乘回归在此子样本中的结果与整个期间的结果相同。两者结果均表明，新闻文本情绪的加重会导致养猪企业的股票收益率下降。这可能是由两个原因引起的。从需求方面来看，在疫情初期，非洲猪瘟疫情信息通过主流媒体工具传播开来，并引起消费者恐慌（Zhuo et al.，2021）。Chenais等（2019）调查了家庭是否愿意食用受非洲猪瘟感染的猪肉时，发现受访者通常不想食用。因为消费者认为受感染的生猪通过烹饪无法灭活病毒，如果食用会传染给人。因此，在疫情暴发初期，在一定程度上降低了人们对猪肉的消费，进而导致猪肉价格一定程度的下跌，并对生猪养殖企业的股票收益产生负面影响。从供应方面来看，疫情加重会增加生猪的感染数和死亡数，从而引发生猪养殖户恐慌性销售行为（Dione et al.，2017），生猪养殖企业也由此遭受较为严重的冲击。

表 2 - 14　平稳期（2018 年 8 月至 2019 年 2 月）的回归结果

	OLS	QR				
		5%	25%	50%	75%	95%
Sentiment	0.009 1***	0.004 9	0.003 4	0.008 3**	0.004 7	0.004 5
	(0.002 4)	(0.004 3)	(0.003 5)	(0.004 0)	(0.003 6)	(0.006 5)
Sentiment^2	−0.019 8**	−0.042 8***	−0.016 5***	−0.017 9	−0.011 1***	−0.005 3
	(0.006 4)	(0.011 9)	(0.005 7)	(0.012 3)	(0.003 7)	(0.005 8)
Sentiment$_{t-1}$	0.000 2	0.013 2***	0.004 0	−0.000 6	−0.002 7	−0.000 4
	(0.002 9)	(0.004 0)	(0.003 0)	(0.002 5)	(0.002 9)	(0.004 3)
Sentiment$_{t-2}$	0.007 5**	0.018 3***	0.005 4	0.007 8**	0.007 6*	0.010 1*
	(0.002 4)	(0.005 0)	(0.003 7)	(0.003 3)	(0.004 1)	(0.005 4)
Sentiment$_{t-3}$	0.010 1***	0.013 8***	0.007 4	0.009 2***	0.008 8**	0.014 2***
	(0.002 2)	(0.004 3)	(0.004 5)	(0.003 4)	(0.003 6)	(0.003 9)
Piglet price	0.004 3	0.003 1	0.002 2	0.004 5**	0.002 7	0.012 0***
	(0.002 6)	(0.002 3)	(0.002 0)	(0.002 0)	(0.002 6)	(0.002 7)
ln (Assets)	−0.001 4	0.004 6***	0.001 1	−0.001 2	−0.004 6***	−0.008 1***
	(0.001 0)	(0.001 7)	(0.001 6)	(0.001 0)	(0.001 8)	(0.002 9)
ln (Tradevolume)	0.004 6**	−0.007 2***	0.000 4	0.004 6**	0.009 4***	0.009 1***
	(0.001 5)	(0.001 6)	(0.001 4)	(0.002 0)	(0.002 1)	(0.002 5)
Proportion	0.006 1**	−0.008 9*	0.000 0	0.006 2**	0.009 1***	0.024 6***
	(0.002 6)	(0.004 8)	(0.003 0)	(0.002 6)	(0.003 4)	(0.004 6)
MKT	0.453 6***	0.404 0***	0.656 2***	0.522 9***	0.452 6***	0.687 8***
	(0.089 0)	(0.136 8)	(0.125 5)	(0.059 1)	(0.091 8)	(0.102 6)
SMB	0.724 1***	1.133 6***	0.673 9***	0.661 9***	0.681 8***	0.268 9*
	(0.138 1)	(0.189 6)	(0.212 1)	(0.109 6)	(0.120 3)	(0.140 6)
HML	−0.037 2	0.863 1**	−0.034 3	−0.068 8	0.064 5	0.402 8
	(0.261 5)	(0.406 6)	(0.306 3)	(0.195 9)	(0.208 6)	(0.254 2)
常数项	−0.133 3**	0.030 6	−0.051 4	−0.143 1***	−0.161 2***	−0.272 8***
	(0.043 5)	(0.049 7)	(0.038 8)	(0.039 1)	(0.057 6)	(0.035 1)
样本量	662	—	—	—	—	—
R^2	0.270 9	—	—	—	—	—
Pseudo R^2	—	0.348 1	0.166 8	0.154 7	0.154 7	0.366 3
Month	控制	控制	控制	控制	控制	控制
Year	控制	控制	控制	控制	控制	控制

注：***、**、* 分别表示在 1%、5% 和 10% 的统计水平上显著。括号中的数值为标准误。

分位数回归结果表明，仅当股票收益处于中分位数（50%）时，新闻文本情绪对生猪养殖企业股票收益存在正向影响。这可能是因为，生猪价格处在平稳期时，猪肉价格下跌幅度并不是特别大，生猪养殖企业股票收益多在中分位数上下浮动，变化幅度较小。此时，市场对非洲猪瘟疫情的风险意识相对较低，投资者容易被新闻情绪所影响，疫情的加剧会带给投资者看跌情绪，进而导致生猪养殖企业股票收益率下跌。而在其他分位数上，样本数量相对比较少，所以情绪效应不显著。

上升期（2019年3月至10月）回归结果如表2-15所示。普通最小二乘回归结果表明，生猪价格处于上升期时，非洲猪瘟新闻文本情绪对股票收益率产生负面影响，与平稳期结果相反。随着非洲猪瘟疫情的加剧，猪肉供应面临短缺，生猪价格急剧上涨。投资者意识到猪肉短缺的现状，认为生猪养殖企业的未来业绩将会受益于猪肉价格的上涨，从而产生看涨情绪。由此疫情的加剧反而会给生猪养殖企业带来更高的股票收益（Xiong et al.，2021）。此外，为了降低疫情的冲击，政府采取了生猪产能重建、豁免税费等措施，帮助生猪养殖企业恢复生产，缓解经营压力。叠加这一时期疫情并没有初期那么严重，投资者淡化了疫情的负面冲击，从而进一步推动了股价的上涨。

表 2-15　上升期（2019年3月至2019年10月）的回归结果

	OLS	QR				
		5%	25%	50%	75%	95%
Sentiment	−0.015 8***	−0.026 9	−0.014 2**	−0.014 4	−0.004 6	−0.025 3***
	(0.004 3)	(0.022 5)	(0.006 1)	(0.014 0)	(0.008 7)	(0.009 4)
Sentiment^2	−0.067 4***	−0.104 0**	−0.037 0**	−0.058 1*	−0.054 3**	−0.110 8***
	(0.013 4)	(0.047 9)	(0.017 5)	(0.030 2)	(0.021 6)	(0.024 1)
Sentiment$_{t-1}$	0.015 0**	0.021 9	0.018 5***	0.013 4	0.004 3	−0.001 2
	(0.005 2)	(0.016 4)	(0.005 7)	(0.008 7)	(0.005 6)	(0.013 3)
Sentiment$_{t-2}$	−0.013 6**	−0.008 6	−0.009 6	−0.013 1***	−0.010 6***	−0.001 8
	(0.004 3)	(0.017 9)	(0.006 1)	(0.004 6)	(0.002 7)	(0.009 9)
Sentiment$_{t-3}$	0.009 5**	0.035 0**	0.016 7***	0.009 6*	0.006 6	−0.000 4
	(0.003 8)	(0.016 1)	(0.005 0)	(0.005 3)	(0.005 2)	(0.002 9)
Piglet price	−0.003 9***	−0.008 3***	−0.003 5***	−0.002 6*	−0.003 0***	−0.000 6
	(0.000 6)	(0.003 2)	(0.001 0)	(0.001 5)	(0.001 1)	(0.001 4)
ln（*Assets*）	0.001 9	0.007 6**	0.006 2**	0.001 9	−0.000 2	−0.002 7
	(0.001 2)	(0.003 5)	(0.002 4)	(0.001 8)	(0.002 2)	(0.005 1)

（续）

	OLS	QR				
		5%	25%	50%	75%	95%
ln（*Tradevolume*）	0.008 3**	−0.005 3	0.000 5	0.005 9	0.011 6***	0.014 7
	(0.002 7)	(0.006 1)	(0.003 3)	(0.004 4)	(0.003 2)	(0.009 0)
Proportion	0.005 7	0.000 1	0.004 5	0.001 5	0.010 7	0.011 2
	(0.006 8)	(0.010 8)	(0.006 1)	(0.008 7)	(0.008 9)	(0.013 9)
MKT	1.210 6***	1.393 2***	1.365 4***	1.178 3***	1.142 6***	1.295 5***
	(0.161 0)	(0.518 0)	(0.366 1)	(0.354 6)	(0.300 1)	(0.235 2)
SMB	1.020 7**	−0.090 8	1.565 3***	1.459 4***	0.420 4	0.696 0
	(0.338 3)	(0.607 9)	(0.285 0)	(0.528 0)	(0.327 5)	(0.625 0)
HML	0.422 7	−0.882 9	0.711 4	−0.282 5	−0.236 9	−0.280 4
	(0.451 8)	(1.173 4)	(0.553 0)	(0.830 4)	(0.627 5)	(0.736 4)
常数项	−0.033 3	0.250 3*	0.028 5	−0.034 1	−0.068 8	−0.133 7
	(0.049 2)	(0.128 6)	(0.060 6)	(0.092 2)	(0.062 9)	(0.127 7)
样本量	290	—	—	—	—	—
R^2	0.451 3					
Pseudo R^2	—	0.449 7	0.266 4	0.266 4	0.350 7	0.390 7
Month	控制	控制	控制	控制	控制	控制

注：***、**、*分别表示在1%、5%和10%的统计水平上显著。括号中的数值为标准误。由于上升期的样本都是2019年，因此没有控制*Year*。

　　分位数回归结果发现，在25%和95%分位数上，新闻文本情绪均与生猪养殖企业股票收益显著负相关，即非洲猪瘟疫情的恶化反而会提高生猪养殖企业股票收益率。当生猪价格处于上升期，同时股票收益率处于25%和95%这两个分位数时，企业的盈利能力可能过高或者过低，更容易得到投资者的关注。非洲猪瘟疫情的恶化，进一步加剧了市场生猪供应的紧缺，猪肉价格上涨，生猪养殖企业的盈利水平也上升，这些关键信息被投资者察觉，从而推动了生猪养殖企业股票收益率的上涨。

　　表2-16给出了最后一个数据集（2019年11月至2020年5月）的普通最小二乘回归和分位数回归的结果。当生猪价格在高位波动时，普通最小二乘回归和分位数回归结果均表明，在1%置信区间下，非洲猪瘟新闻文本情绪对股票收益率存在显著的负向影响。这意味着非洲猪瘟疫情的加重会带给生猪养殖企业股票收益的增加。疫情后期，政府不断加强宣传引导，消费者对猪肉消费的信心得到重建，猪肉需求持续增加（Li et al.，2021），但此时市场上的猪

肉仍处于较紧张的状态，供需失衡使得生猪价格处在高位运行，生猪养殖企业也处于较高盈利水平。此时，投资者十分关注这些生猪养殖企业的市场表现，特别是在疫情恶化以及生猪供应紧缺的情况下，投资者预期未来猪价会进一步上涨，进而增强了投资者对生猪养殖企业的看涨情绪，从而推动了这些企业股票收益率的上涨。

表 2 - 16　波动期（2019 年 11 月至 2020 年 5 月）的回归结果

	OLS	QR				
		5％	25％	50％	75％	95％
$Sentiment$	−0.566 5***	−0.444 8***	−0.527 6***	−0.640 1***	−0.693 3***	−0.532 4***
	(0.079 4)	(0.019 2)	(0.158 1)	(0.124 2)	(0.095 5)	(0.042 8)
$Sentiment^2$	−2.671 0***	−2.203 7***	−2.523 2***	−2.884 3***	−3.194 2***	−2.642 6***
	(0.332 7)	(0.092 6)	(0.679 7)	(0.479 5)	(0.404 0)	(0.206 0)
$Sentiment_{t-1}$	−0.299 1***	−0.260 0***	−0.294 4***	−0.327 3***	−0.347 5***	−0.294 8***
	(0.039 0)	(0.010 3)	(0.073 4)	(0.050 4)	(0.042 2)	(0.023 1)
$Sentiment_{t-2}$	0.312 9***	0.287 4***	0.307 6***	0.327 9***	0.366 3***	0.318 7***
	(0.036 7)	(0.011 3)	(0.075 9)	(0.048 2)	(0.044 3)	(0.024 9)
$Sentiment_{t-3}$	−0.562 4***	−0.479 4***	−0.545 4***	−0.588 6***	−0.664 6***	−0.575 9***
	(0.066 8)	(0.021 0)	(0.139 2)	(0.088 3)	(0.085 9)	(0.046 7)
$\ln(Assets)$	0.000 0	−0.002 9***	0.001 2	0.002 9	0.002 0	−0.004 9***
	(0.001 9)	(0.000 4)	(0.001 8)	(0.001 8)	(0.001 7)	(0.000 8)
$\ln(Tradevolume)$	0.000 9	−0.004 2***	−0.006 4**	−0.007 3**	−0.001 7	0.014 1***
	(0.003 6)	(0.000 6)	(0.002 5)	(0.003 2)	(0.005 1)	(0.001 2)
$Proportion$	0.005 1	0.007 2***	−0.000 7	0.002 3	0.000 7	0.017 6***
	(0.007 9)	(0.001 5)	(0.008 5)	(0.006 0)	(0.008 0)	(0.003 1)
常数项	0.318 6***	0.340 6***	0.412 3***	0.473 8***	0.429 3***	0.132 3***
	(0.075 8)	(0.018 9)	(0.096 5)	(0.086 0)	(0.095 6)	(0.040 4)
样本量	60					
R^2	0.561 4					
Pseudo R^2	—	0.486 1	0.399 1	0.405 0	0.434 2	0.571 1

注：***、**、* 分别表示在 1％、5％和 10％的统计水平上显著。括号中的数值为标准误。由于多重共线性，剔除了 $Piglet\ price$，MKT，SMB，HML，仔猪价格，$Month$ 和 $Year$ 等 6 个变量。

通过比较不同时期的回归结果，可以看出情绪效应在不同时期呈现出明显差异。具体来说，在平稳期，非洲猪瘟新闻文本情绪与股票收益率呈正相关，但在上升期和波动期两者呈负相关。此外，与前两个样本期（平稳期和上升期）相比，波动期的情绪效应更为显著（Allen et al.，2019）。这可能是因为，当生猪价格在高位波动时，生猪价格远超过疫情前，生猪养殖企业盈利能力处于高位，并一直作为热点话题被关注着，投资者对养猪企业发展前景有信心。综上，在该时期疫情的暴发对生猪养殖企业股票市场上的表现更加敏感。

（6）稳健性检验

为了检验结果的稳健性，本文将更换企业股票收益率的计算方法。在前面的实证分析时，都是用对数收益率来计算企业的股票收益率，现更换成简单收益率来计算各企业的股票收益率。计算公式如下：

$$R_{i,t} = \frac{(P_{i,t} - P_{i,t-1})}{P_{i,t-1}} \tag{2-23}$$

其中，$R_{i,t}$ 表示企业 i 在 t 日的股票收益率，$P_{i,t}$ 表示企业 i 在 t 日的股票收盘价，$P_{i,t-1}$ 表示企业 i 在 $(t-1)$ 日的股票收盘价。

表 2-17 是更换股票收益率计算方式后的回归结果。根据普通最小二乘回归结果可知，新闻文本情绪的回归系数为 0.007 6，在 1% 的水平下显著为正，表明疫情的恶化会降低生猪养殖上市企业股票收益率。此外，不同时期情绪效应仍然存在差异性。在平稳期，情绪效应为正向；在上升期和波动期，情绪效应转为负向。根据分位数回归结果可知，情绪效应对较低分位数的股票收益影响更大。这些结论均与前面结果一致，进一步说明了本文结果的稳健性。

表 2-17 更改被解释变量测度方式的回归结果

| | OLS | QR | | | | |
		5%	25%	50%	75%	95%
整个时期	0.007 6***	0.003 7	0.006 2**	0.004 9***	0.003 4	0.004 1
	(0.001 3)	(0.003 6)	(0.003 1)	(0.001 6)	(0.003 3)	(0.004 0)
平稳期	0.009 1***	0.005 0	0.003 1	0.008 4*	0.004 8	0.004 7
	(0.002 4)	(0.004 6)	(0.003 6)	(0.004 3)	(0.003 7)	(0.007 3)
上升期	−0.016 4***	−0.024 7	−0.014 6*	−0.014 0	−0.000 0	−0.027 8**
	(0.004 4)	(0.022 4)	(0.008 0)	(0.010 9)	(0.008 2)	(0.013 0)
波动期	−0.565 2***	−0.436 7***	−0.524 9***	−0.652 5***	−0.697 5***	−0.522 7***
	(0.080 1)	(0.018 5)	(0.157 5)	(0.147 8)	(0.099 9)	(0.049 0)

注：***、**、* 分别表示在 1%、5% 和 10% 的统计水平上显著。括号中的数值为标准误。考虑到表格长度的原因，本文在此只汇报了新闻文本情绪这一变量的结果。

在探究非洲猪瘟疫情在不同时期对生猪养殖企业股票收益影响差异时，是根据生猪价格波动趋势进行划分的。为了验证划分时期的稳健性，现将整个样本期的数据在之前的划分区间都推迟一个月再进行实证分析。新的区间划分如下：猪肉价格的平稳期（2018 年 8 月至 2019 年 3 月），猪肉价格的上升期（2019 年 4 月至 2019 年 11 月）和猪肉价格的波动期（2019 年 12 月至 2020 年 5 月）。实证结果详见表 2 - 18。由表可见，在平稳期，情绪效应为正，疫情越严重，生猪养殖企业股票收益越低。但在上升期和波动期，情绪效应发生反转。此与主回归结果是一致的。不过在更换时期划分后，分位数回归结果显著性变低。但总体来说，本文的实证结论仍是较为稳健的。

表 2 - 18 改变整个样本区间的时期划分的回归结果

	OLS	QR				
		5%	25%	50%	75%	95%
平稳期	0.006 3**	0.005 0	0.003 8	0.004 1	0.002 1	−0.000 8
	(0.002 1)	(0.003 1)	(0.003 0)	(0.004 7)	(0.002 1)	(0.005 1)
上升期	−0.017 4***	−0.020 4	−0.013 1	−0.028 0***	−0.017 0***	−0.028 2**
	(0.004 5)	(0.030 8)	(0.015 5)	(0.004 3)	(0.005 5)	(0.012 7)
波动期	−0.081 6**	−0.059 0***	−0.063 5	−0.135 8**	−0.100 2*	−0.002 8
	(0.030 8)	(0.004 0)	(0.058 2)	(0.056 3)	(0.057 2)	(0.007 9)

注：***、**、* 分别表示在 1%、5% 和 10% 的统计水平上显著。括号中的数值为标准误。考虑到表格长度的原因，本文在此字汇报了新闻文本情绪这一变量的结果。

2.4.4 总结

本文基于有限理性理论，研究了非洲猪瘟背景下新闻文本情绪对生猪养殖企业的影响。具体而言，首先基于 2018 年 8 月 3 日至 2020 年 5 月 31 日的非洲猪瘟新闻文本数据，采用情感词典的文本分析法测算非洲猪瘟新闻文本情绪以衡量非洲猪瘟疫情。然后运用分位数回归模型考察了非洲猪瘟疫情对不同分位点股票收益的影响差异。为了进一步探究不同时期生猪养殖企业受疫情影响是否存在差异，本文根据生猪价格趋势划分了三个时期进行分析。此外，本文引入了投资者情绪这一指标进行中介效应检验，以揭示疫情如何传导至企业股票收益上。结合以上内容，本文得出以下结论：

第一，情绪效应因时期而异。在整个时期内，非洲猪瘟新闻文本情绪对股票收益率具有显著的积极影响。随着非洲猪瘟疫情暴发频率的增加，非洲猪瘟新闻文本情绪变得更消极，生猪养殖企业的股票收益率也随之降低。但情绪效应在不同时期存在较大差异。具体来说，在平稳期时，非洲猪瘟新闻文本情绪对股票收益率的影响是正向的，非洲猪瘟疫情越严重，生猪企业受到冲击越大，股票收益越低。相反，在上升期和波动期，非洲猪瘟新闻文本情绪对生猪养殖企业股票收益率的影响发生反转，疫情的加剧反而给生猪养殖企业带来巨大的正向收益。这主要是因为，市场上猪肉供应短缺和价格的飙升，使得生猪养殖企业的盈利能力不断增强，并持续扩大养殖规模和提升生猪养殖技术。在该背景下，投资者看好生猪养殖企业未来发展，并产生看涨情绪，从而推动了企业股票收益的进一步上涨。此外，研究发现，与平稳期和上升期相比，在波动期的回归结果更显著。这主要是因为在波动期生猪价格一直在高位运行，生猪养殖企业盈利能力处于高位。投资者意识到市场上生猪供应紧缺的现状，疫情加剧意味着市场上生猪供应会更加紧张。因此，在该时期下，疫情对生猪养殖企业股票市场上的表现更加敏感。

第二，情绪效应具有不对称性。根据分位数回归结果发现，非洲猪瘟新闻文本情绪对较低分位点股票收益率的影响要大于对较高分位点股票收益率的影响。这是因为，投资者更多受负面公共新闻的影响并进行投资决策，而非上涨的公共新闻。当股票收益处于较低的分位点时，投资者更加关注市场下跌风险。此时，投资者更容易通过新闻媒体报道来获取信息，并更容易受到新闻文本情绪的传染。负面新闻报道会更容易引起他们的谨慎和警惕，避免进一步亏损。相反，在股票价格处于较高分位点时，投资者意识到股票价格已高于股票价值，更加依赖技术指标或基本面分析来进行投资决策。

第三，投资者情绪在疫情对生猪养殖企业的影响传播路径中起到部分中介作用。其一，非洲猪瘟新闻文本情绪显著正向影响投资者情绪。媒体发布的消极新闻报道很容易在投资者群体中快速蔓延，并不断被重复和放大，进而形成强大的悲观倾向意见环境，在短期内强化投资者的看跌情绪；其二，投资者情绪与股票收益在短期内显著正相关，即投资者情绪越悲观，股票被投资者卖出的概率越大，叠加投资者的羊群效应，进一步导致股票收益下跌。综合来说，投资者是有限理性的，当其受到消极的非洲猪瘟新闻文本情绪传染时，会对生猪养殖企业股票产生看跌情绪并卖出股票，进一步引起企业股票收益下跌。

2.5 本章小结

生猪产业是我国农业经济发展的重要支撑，保障生猪市场供应和价格稳定事关国计民生。近年来，我国生猪价格除了有明显的周期性波动外，也受到各种外部冲击的影响，尤其以非洲猪瘟影响最为突出。2018 年暴发的非洲猪瘟，直接引发生猪产能持续性下滑，猪肉价格不断刷新历史最高值。因此，探究非洲猪瘟对我国生猪市场波动的影响具有重要的理论和实践意义。

　　本章从三个方面对此开展研究。首先探究非洲猪瘟对我国生猪产业链价格的影响，然后剖析非洲猪瘟对全球生猪养殖上市企业股价的影响，最后明晰非洲猪瘟疫情下新闻文本情绪对生猪养殖上市企业股价的影响。主要结论如下：非洲猪瘟的暴发扩大了我国肉禽市场产业链价格差；非洲猪瘟疫情公告为中国和国际生猪养殖企业带来了积极和显著的股票收益，特别是在 2019 年中国农历春节期间，中国生猪养殖企业平均享有 10%～40% 的累计异常收益。

3 非洲猪瘟疫情影响下我国生猪市场价格预测研究

3.1 引言

生猪产业在我国国民经济中占有十分重要的地位。近年来，生猪价格的超常波动严重影响了我国畜牧业生产的健康发展和人民群众的日常生活。生猪价格未来走势的研判为生猪产业从业者和相关主管部门制定决策提供了重要的参考信息。因此，对我国生猪价格进行科学准确预测具有重要现实意义。

因此，本章围绕该议题，从如下三方面开展研究。其一，基于动态模型平均理论，从猪肉供给、猪肉需求、我国经济环境和国际市场等四个方面生猪价格影响因素着手，研究并识别猪肉价格影响因素的时变特征，进而构建猪肉价格预测模型。其二，从生猪供需、疫病以及我国宏观经济环境方面选取了14个变量，进而基于6种机器学习方法的生猪价格预测模型，在考虑非洲猪瘟疫情的情况下对生猪价格走势开展预测研究。其三，提出了一个适用于生猪价格多步预测的组合预测框架，该框架整合了包含计量经济学和机器学习方法的11个单个预测模型，并采用了7种组合策略进行组合预测，在此基础上，设计了一个基于生猪价格预测信息的生猪养殖策略，以提升生猪养殖户的养殖收益。

3.2 我国猪肉价格影响因素的时变性和预测能力研究[①]

3.2.1 研究背景与研究动机

生猪产业在我国畜牧业乃至整个农业经济中占据重要地位，也是农民收入的重要来源之一。自20世纪80年代中期国家逐步放开猪肉购销价格管制以来，生猪产业快速发展。然而，2005年以来，受各种经济风险和自然风险的叠加影响，我国猪肉市场价格波动剧烈，并在一定程度上超出正常波动范围。其中，2007年3月猪肉价格从14.39元/千克迅速上涨至2008年1月的26.08元/千克，涨幅高达81%，随后价格急剧回落，跌至2009年5月的

---

① 本节主要内容来源于：熊涛，我国生猪价格的影响因素是时变的吗？基于动态模型平均的分析与预测 [J]. 华中农业大学学报（社会科学版），2021（3）：63-73.

15.46 元/千克，跌幅为 40%；经过近一年的横盘震荡后，猪肉价格又开启了新一轮上涨模式，从 2010 年 5 月的 16.04 元/千克涨至 2011 年 8 月的 30.35 元/千克，涨幅高达 89%；此后，猪肉价格呈现出高位震荡态势，并于 2016 年 5 月达到 31.29 元/千克的历史最高价，而后进入下行通道，于 2018 年 5 月跌至 19.52 元/千克。受非洲猪瘟影响，猪肉价格于 2018 年年底开始持续上行，在 2020 年 2 月涨至历史最高价 58.82 元/千克，随后呈现高位窄幅震荡。猪肉市场价格的超常波动引起了一系列连锁反应，给国民经济的健康发展带来不利影响，引起了党和国家的高度重视，并成为政策决策的重点之一。生猪产业扶持政策为稳定猪肉价格起到积极作用，猪肉价格波动幅度明显降低。但是，"过山车"式的价格波动现象依然存在。

猪肉产业链主要包括饲料供应、生猪养殖、生猪屠宰、猪肉加工及销售等环节，较长的产业链使得猪肉价格极易受到来自供给与需求的多重因素影响，而宽松的货币政策等经济环境对我国猪肉（生猪）价格也具有显著影响。随着我国生猪规模化养殖程度的提高与国内外经济环境的变化，猪肉市场内外部因素对我国猪肉价格的影响程度可能发生改变。那么，内外部因素对我国猪肉价格的影响程度是不变的？抑或时变的？如是时变的，各因素的时变程度如何？已有文献对该问题的探讨尚属少见。更进一步，猪肉价格未来运行态势的准确预测能显著提升生猪产业从业者制定相关决策的前瞻性与科学性，那么，在有效地识别出猪肉价格影响因素时变特征的情况下，如何构建猪肉价格预测模型？

为此，本文尝试引入动态模型平均理论，提出一套基于动态模型平均理论的猪肉价格影响因素与预测分析框架，该框架包含两个步骤：首先，识别出猪肉价格影响因素的时变性特征；其次，在此基础上，构建能够有效捕捉该时变性特性的猪肉价格预测模型，以期为政府制定猪肉价格调控政策提供新的参考与依据。

当前，学者基本赞同猪肉市场供求、我国经济环境和国际市场对我国猪肉价格波动存在一定影响，并在此基础上构建猪肉价格预测模型。但学者们多从猪肉供求因素等单一方面孤立地探讨猪肉价格波动，未有学者从猪肉供求、我国经济环境和国际市场等全方位地对猪肉价格影响因素进行深入分析。更为重要的是，已有研究忽视了猪肉价格影响因素的时变特征，势必降低后续猪肉价格预测建模的科学性，削弱猪肉价格波动分析与预测的实际应用价值。随着我国生猪规模化养殖程度的提高与国内外经济环境的变化，猪肉市场内外部因素对猪肉价格的影响程度可能发生改变。如何准确及时地捕捉猪肉价格影响因素的时变特征，进而以此为基础构建猪肉价格预测模型，对于提升生猪市场政策制定的科学性和准确性至关重要。

Raftery 等（2010）初创性地提出动态模型平均（Dynamic model averaging，DMA）理论，以解决包含大量解释变量（影响因素）的多变量时间序列分析与预测问题。动态模型平均理论能够根据预测表现动态选择解释变量和系数时变程度，在有效控制模型和系数不确定性的同时，最大限度地综合利用各种内外部信息（郭永济等，2015）。目前，动态模型平均理论已被成功地应用于通货膨胀（郭永济等，2015；崔百胜，2012；Di Filippo，2015；Koop，Korobilis，2012）、外汇市场（De Bruyn et al.，2015；Gupta et al.，2014）和商品市场（Bork，Møller，2015；Buncic，Moretto，2015）等分析与预测场景。动态模型平均理论有效地解决了解释变量和回归系统的动态性问题，对于猪肉市场价格这类具有复杂波动特征和影响因素多元化的分析与预测问题，动态模型平均能准确地刻画猪肉价格影响因素的时变特征，进而显著提升猪肉价格预测准确度。

3.2.2　基于动态模型平均理论的猪肉价格预测模型

自 Raftery 等提出动态模型平均理论以来，该理论已成为复杂经济环境下探究经济变量影响因素的时变特征及预测经济变量未来走势的重要基础性分析框架。本节对基于动态模型平均理论的猪肉价格预测模型进行简要阐述，首先从时变参数回归模型（Time varying parameter，TVP）着手，TVP 设定如下：

$$y_t = Z_{t-1}\theta_t + \varepsilon_t$$
$$\theta_{t+1} = \theta_t + \eta_t \tag{3-1}$$

其中，y_t 为猪肉价格（被解释变量），Z_{t-1} 为 $1 \times m$ 维猪肉价格影响因素向量（解释变量向量），θ_t 为 $m \times 1$ 维回归系数向量，ε_t 服从 $N(0, H_t)$，η_t 服从 $N(0, Q_t)$。TVP 允许回归系数随时间变化，能有效地捕捉各因素对猪肉价格的时变影响程度，进而提升建模与预测准确度，已被成功地应用于宏观经济预测等诸多领域（邓创，徐曼，2014；刘金全 等，2015）。然而，在经济预测实践中，经济变量中的结构突变，可能导致某些时点需要大量的影响因素而另一些时点仅需要少量的影响因素，TVP 不能解决此类影响因素的动态选择问题，也难以捕捉结构突变对预测建模的影响（Koop，Tole，2013）。此外，待估参数的增加将导致 TVP 出现过拟合现象，降低预测的推广性（Koop，Tole，2013）。

动态模型平均理论能高效地解决以上问题。假设存在 m 个猪肉价格影响因素，则将有 $K = 2^m$ 个时变参数模型（$k = 1, 2, \cdots, K$）：

$$y_t = Z_{t-1}^{(k)}\theta_t^{(k)} + \varepsilon_t^{(k)}$$
$$\theta_{t+1}^{(k)} = \theta_t^{(k)} + \eta_t^{(k)} \tag{3-2}$$

其中 $\varepsilon_t^{(k)}$ 服从 $N(0, H_t^{(k)})$，$\eta_t^{(k)}$ 服从 $N(0, Q_t^{(k)})$，以上 K 个模型包含的影响因素及其系数均不同。在 $t-1$ 时刻，$\pi_{t|t-1,k}$ 表示模型 k 是进行猪肉价格 y_t 预测的正确模型的概率。并设定 $\pi_{t|t-1}^* = \max\{\pi_{t|t-1,k}\}_{k=1}^K$ 为各时点模型选择概率的最大值，$1(\lambda)$ 为指示函数，即当 λ 为真时 $1(\lambda) = 1$，当 λ 为否时 $1(\lambda) = 0$。那么，动态模型平均的各时点最终猪肉价格预测值由以上 K 个时变参数模型

的预测值及模型选择概率的加权平均值所得，即 $\hat{y}_t^{DMA} = \sum_{k=1}^{K} \pi_{t\,|\,t-1,k} \hat{y}_t^{(k)}$；而动态模型选择的各时点最终猪肉价格预测值由各时点选择概率最大的模型的预测值所得，即 $\hat{y}_t^{DMS} = \sum_{k=1}^{K} \hat{y}_t^{(k)} 1(\pi_{t\,|\,t-1}^* = \pi_{t\,|\,t-1,k})$。要得到以上最终预测值，需解决各时变参数回归模型及其选择概率的估计问题。

针对第一个问题，可利用卡尔曼滤波更新方法，采用递归方法进行预测。设：

$$\theta_{t-1}^{(k)}\,|\,Y^{t-1} \sim N\big(\hat{\theta}_{t-1}^{(k)}, \sum_{t-1\,|\,t-1}^{(k)}\big)$$

$$\theta_t^{(k)}\,|\,Y^{t-1} \sim N\big(\hat{\theta}_{t-1}^{(k)}, \sum_{t\,|\,t-1}^{(k)}\big) \qquad (3-3)$$

其中 $\sum_{t\,|\,t-1}^{(k)} = \sum_{t-1\,|\,t-1}^{(k)} + Q_t^{(k)}$，$Y^{t-1} = \{y_1, \cdots, y_{t-1}\}$。从 $t=0$ 时刻开始，利用卡尔曼滤波更新公式（3-3），进而根据如下预测分布进行预测。

$$y_t\,|\,Y^{t-1} \sim N\big(x_{t-1}\hat{\theta}_{t-1}^{(k)}, H_t^{(k)} + x_{t-1}^{(k)} \sum_{t\,|\,t-1}^{(k)} x_{t-1}^{(k)}{}'\big) \qquad (3-4)$$

由式（3-4）可见，如上预测过程的实现需对 $Q_t^{(k)}$ 和 $H_t^{(k)}$ 进行有效估计。Raftery 等运用遗忘因子方法估计 $Q_t^{(k)}$，如式（3-5）所示：

$$\sum_{t\,|\,t-1}^{(k)} = \frac{\sum_{t-1\,|\,t-1}^{(k)}}{\lambda} \qquad (3-5)$$

或者 $Q_t^{(k)} = (1-\lambda^{-1}) \sum_{t-1\,|\,t-1}^{(k)}$

其中 λ 为遗忘因子，并满足 $0 < \lambda \leqslant 1$，其含义为在估计系数 $\theta_t^{(k)}$ 时，过去 j 期的观测值所占的预测信息权重为 λ^j。λ 值越大，表明回归系数 $\theta_t^{(k)}$ 时变速度越慢。根据 Koop，Korobilis（2012）的建议，本文设定 $\lambda = 0.99$。由于本文的研究对象猪肉价格为月度数据，$\lambda = 0.99$ 表示 10 个月之前的数据预测下月观测值的预测表现最多达到上月之前数据预测下月观测值表现的 90%。当 $\lambda = 1$ 时，回归系数不随时间变化，回归模型退化为固定系数模型 $y_t = x_{t-1}\theta + \varepsilon_t$。接下来，本文运用指数加权移动平均方法对 $H_t^{(k)}$ 进行估计：

$$\hat{H}_t^{(k)} = \frac{1-\kappa}{1-\kappa^t} \sum_{j=1}^{t} \kappa^j (y_{t-j} - Z_{t-j-1}^{(k)} \hat{\theta}_{t-j}^{(k)})^2 \qquad (3-6)$$

其中 κ 为衰减因子，比如 $\kappa = 0.97$ 表示 10 个月之前预测误差最多达到上月预测误差权重的 74%；根据 Longerstaey，Spencer（1996）的建议，本文设定 $\kappa = 0.97$。

至此，通过引入遗忘因子 λ 和衰减因子 κ，有效地解决了各时变参数回归模型的估计问题。接下来探讨模型选择概率的估计问题。设 $\pi_{t\mid t-1,k}$ 表示在 $t-1$ 时刻，$\pi_{t\mid t-1,k}$ 表示模型 k 是进行 y_t 预测的正确模型的概率。在模型 k（$k=1,\cdots,K$）的预测密度和转移概率 $p_k(y_{t-1}\mid y_{t-2},y_{t-3}\cdots y_1)$ 可知的情况下，如果采用马尔科夫链描述 K 个模型的演化过程，则得到式（3-7）：

$$\pi_{t\mid t-1,k}=\sum_{i=1}^{K}\pi_{t-1\mid t-1,k}p_{ij} \qquad (3-7)$$

其中 $\pi_{t-1\mid t-1,k}=\dfrac{\pi_{t-1\mid t-2,k}p_k(y_{t-1}\mid y_{t-2},y_{t-3}\cdots y_1)}{\sum\limits_{l=1}^{K}\pi_{t-1\mid t-2,k}p_l(y_{t-1}\mid y_{t-2},y_{t-3}\cdots y_1)}$。但是该方法的计算负担非常重，降低了其实际应用价值。鉴于此，Raftery 等（2010）将式（3-7）进行如下修正，得到式（3-8）：

$$\pi_{t\mid t-1,k}=\dfrac{\pi_{t-1\mid t-1,k}^{\alpha}}{\sum\limits_{l=1}^{K}\pi_{t-1\mid t-1,l}^{\alpha}} \qquad (3-8)$$

其中 $\alpha(0<\alpha\leqslant1)$ 为 Raftery 等（2010）引入的另一个遗忘因子，与 λ 具有相似的功能。根据 Koop，Korobilis（2012）的建议，本文设定 $\alpha=0.99$。通过式（3-9），可更方便地理解遗忘因子 α 对模型选择的影响。

$$\pi_{t\mid t-1,k}\propto\prod_{i=1}^{t-1}\left[p_k(y_{t-i}\mid y_{t-i-1}\cdots y)\right]^{\alpha^i} \qquad (3-9)$$

其中，$p_k(y_{t-i}\mid y_{t-i-1}\cdots y_1)$ 为模型 k 的预测密度，该值由卡尔曼滤波所得，用于衡量模型的预测表现。在 $t-1$ 时刻，如果模型 k 对 t 时刻的观测值预测效果较好，则对该模型 k 赋予较大的权重。

综上所述，动态模型平均需要对两个遗忘因子 λ 和 α、一个衰减因子 κ 进行赋值，基于已有研究（Koop，Korobilis，2012；Longerstaey，Spencer，1996），本文设定 $\lambda=0.99$，$\kappa=0.97$，$\alpha=0.99$。

3.2.3　实证研究

（1）数据来源

我国猪肉月度平均价格作为被解释变量，由于数据可能性的问题，时间跨度为 2000 年 1 月至 2019 年 3 月，共 231 个样本。我国猪肉价格自 2000 年以来经历了四个明显的周期性波动阶段，分别是 2003 年年底至 2006 年年初、2006 年年底至 2009 年年初、2010 年年初至 2014 年年初、2014 年年底至今。特别是自 2009 年以来，猪肉价格大周期性波动期间存在多个小周期性波动，且波动日趋复杂与频繁。

借鉴已有猪肉价格分析与预测文献，本文从猪肉供给、猪肉需求、我国经济环境和国际市场等四个方面选取 11 个经济变量用于我国猪肉价格预测。仔猪、玉米和豆粕作为生猪养殖的主要成本来源，显著影响猪肉价格（程国强等，2008），因而猪肉供给方面包括仔猪价格、玉米价格和豆粕价格。猪肉作为经济商品，居民收入和替代品（如羊肉、牛肉和鸡肉）价格必将影响猪肉价格（张立中 等，2013），因而猪肉需求方面包括城镇居民人均可支配收入、羊肉价格、牛肉价格和鸡肉价格。随着我国市场经济体制的不断完善，农产品价格波动不仅受到自身供求关系的影响，也受到宏观经济环境变化的影响（张照新 等，2011）。通过对 2000 年以来主要农产品价格的波动状况和原因进行分析，张照新等（2011）发现通货膨胀（采用居民消费价格指数来衡量）是农产品价格上涨的原因，而不是结果。此外，货币供应量的超发也将推动猪肉等农产品价格上涨（刘清泉，2012；许彪等，2014）。因而我国经济环境因素包括居民消费价格指数（CPI）、广义货币供应量（M2）和宏观经济景气指数。随着我国农产品国际贸易规模逐步扩大，国内外市场的联系日趋紧密。在成熟的期货市场，通过期货交易形成的农产品期货价格，具有真实性、预期性和权威性特征，能比较真实地反映农产品现货价格未来的变动趋势。考虑到我国目前未上市猪肉期货，美国猪肉期货早于 1964 年已上市，目前已成为全球生猪市场重要的价格指标，因而本文将美国芝加哥商品交易所上市的瘦猪肉期货价格作为国际市场因素。此外，随着我国生猪养殖规模化程度的提高和生物质能源需求的增加，能源价格通过生猪养殖成本等方面影响猪肉价格（肖小勇，2016）。考虑到美国西德克萨斯轻质（West Texas Intermediate，WTI）原油价格是全球原油定价的基准，因而本文将 WTI 原油价格也作为国际市场因素。除了以上 11 个经济变量以外，滞后 1 期至 2 期的猪肉价格也做选作解释变量，但该滞后 2 期解释变量的回归系数不随时间变化。

　　猪肉、仔猪、玉米、豆粕、羊肉、牛肉和鸡肉价格均来自由中国畜牧业协会主办的中国畜牧业信息网（www.caaa.cn），为全国月度平均价格。城镇居民人均可支配收入、居民消费价格指数（CPI）、广义货币供应量（M2）均来自国家统计局（www.stats.gov.cn），其中 CPI 和 M2 为月度数据，城镇居民人均可支配收入为季度数据，本文将各季度收入平均到所在的月份，形成月度城镇居民人均可支配收入。芝加哥商品交易所瘦猪肉期货月度价格来自万得资讯金融终端。美国西德克萨斯轻质（WTI）原油月度价格来自美国能源信息署（www.eia.gov）。以上所有变量均为月度数据，时间跨度为 2000 年 1 月至 2019 年 3 月，共 231 个样本，其中 2000 年 1 月至 2004 年 12 月作为初始样本区间（共 60 个样本），为模型预测提供先验信息。从 2005 年 1 月开始向前一步滚动预测，即根据初始样本区间估计 2005 年 1 月的猪肉价格，然后将 2005 年 1 月的猪肉价格真实值加入初始样本，估计 2005 年 2 月的猪肉价格，以此类推，可得到 2019 年 3 月的猪肉价格预测值，因此，滚动预测区间的样本量为 171。由于时变参数模型的估计要求解释变量与被解释变量均满足平稳性，因此本文首先运用 ADF 检验探究各变量的平稳性，进而对非平稳变量进行相应的平稳性转换。平稳性检验结果见表 3-1。由表 3-1 可知，在 0.01 的显著性水平下，所有 12 个变量的原始序列均为非平稳序列，而一阶差分序列均为平稳序列。因此，本文对各变量进行一阶差分变换，以保证解释变量与被解释变量均满足平稳性。

表 3-1 变量的平稳性检验结果

变量类型	变量名称	原始序列 ADF 检验 P 值	一阶差分序列 ADF 检验 P 值
被解释变量	猪肉价格	0.843	0.001***
	仔猪价格	0.822	0.001***
	玉米价格	0.944	0.001***
	豆粕价格	0.762	0.001***
解释变量	城镇居民人均可支配收入	0.918	0.001***
	羊肉价格	0.999	0.001***
	牛肉价格	0.999	0.001***
	鸡肉价格	0.980	
	居民消费价格指数（CPI）	0.732	0.001***
	广义货币供应量（M2）	0.999	0.001***
	CME 瘦猪肉期货价格	0.412	0.001***
	WTI 原油价格	0.497	0.001***

注：***、**、* 分别表示在 1%、5% 和 10% 的统计水平上显著。

（2）预测误差评价

为有效评价模型预测表现，本文选取均方根误差（Root mean square error，RMSE）和对称平均绝对百分比误差（Symmetric mean absolute percentage error，SMAPE）作为模型预测的评价指标。RMSE 和 SMAPE 作为主流的预测误差评价指标，已被广泛地应用于时间序列预测（Theodosiou，2011）。RMSE 和 SMAPE 越小，表示预测准确度越高。RMSE 和 SMAPE 表达式分别如下：

$$RMSE = \sqrt{\frac{1}{T}\sum_{t=1}^{T}(y_t - \hat{y}_t)^2} \qquad (3-10)$$

$$SMAPE = \frac{1}{T}\sum_{t=1}^{T}\frac{|y_t - \hat{y}_t|}{\dfrac{(y_t + \hat{y}_t)}{2}}\times 100 \qquad (3-11)$$

其中，y_t 与 $\hat{y}_t$ 分别为猪肉价格在 t 时刻的真实值与预测值，T 为滚动预测区间的样本量。

除了上述预测误差指标（即 RMSE 和 SMAPE），本文运用 Diebold - Mariano（DM）检验法（Theodosiou，2011）进一步探究基于动态模型平均的猪肉价格预测模型与基准模型的预测表现是否存在显著差异。在 DM 检验法中，损失函数设定为均方预测误差，原假设为被检验预测模型 te 的均方预测误差优于参照预测模型 re 的均方预测误差。具体的，DM 统计量定义为：

$$S_{DM} = \frac{\bar{g}}{\sqrt{\left(\dfrac{\hat{V}_g}{T}\right)}} \qquad (3-12)$$

其中，$\bar{g} = \dfrac{\left(\sum\limits_{t=1}^{T} g_t\right)}{T}$，$g_t = (y_t - \hat{y}_{te,t})^2 - (y_t - \hat{y}_{re,t})^2$，$\hat{V}_g = \gamma_0 + 2\sum\limits_{t=1}^{\infty} \gamma_t$，$\gamma_t = \mathrm{cov}(g_{t+1}, g_t)$，$\gamma_0$ 为 g_t 的方差，$\hat{y}_{te,t}$ 和 $\hat{y}_{re,t}$ 分别表示被检验预测模型 te 和参照预测模型 re 对于猪肉价格 y_t 的预测值，T 为滚动预测区间的样本量。

（3）猪肉价格影响因素的时变特征

如上文所述，本文选择仔猪价格、玉米价格、豆粕价格、城镇居民人均可支配收入、羊肉价格、牛肉价格、鸡肉价格、CPI、M2、瘦猪肉期货价格和 WTI 原油价格等 11 个经济变量（解释变量）用于我国猪肉价格预测。因此，基于动态模型平均理论，本文共需构建 $2^{11} = 2\,048$ 个预测模型，各预测模型的解释变量及其系数各不相同，能够准确地捕捉各解释变量对猪肉价格影响程度的时变特征。此处着重描述猪肉价格影响因素的时变特征，下节将分析基于动态模型平均的猪肉价格预测模型与基准模型的预测表现。

动态模型平均理论可以根据模型的预测表现在不同的时点选择最优的解释变量，因此，各预测时点的平均解释变量个数存在明显差异。本文设定 $Size_k$ 为模型 k 的解释变量个数，$\pi_{t|t-1,k}$ 为模型 k 进行 y_t 预测的正确模型的概率，其中 $k = 1, 2, \cdots, K$，$K = 2\,048$ 为预测模型总数。那么，各预测时点的平均解释变量个数定义如下：

$$E(Size_t) = \sum_{k=1}^{K} \pi_{t|t-1,k} Size_k \qquad (3-13)$$

根据式（3-13），可得出各预测时点的平均解释变量个数。各预测时点的平均解释变量个数存在明显差异，解释变量个数集中在 3 和 5 左右，均值为 4.2。考虑到本文的解释变量总数为 11，动态模型平均倾向于选择较少的解释变量，在保证预测准确度的前提下可简化预测模型，提升预测模型的可解释性。结合猪肉市场和宏观经济环境可知，2005 年年底暴发的全国性高致病性

猪蓝耳病使得猪肉价格迎来第一个暴涨时期，而 2007 年席卷全球的金融危机使我国农产品价格的决定机制进一步复杂化（赵萌，吴迟，2010），使得 2006 年至 2008 年期间，我国猪肉价格预测的平均解释变量个数迎来第一个高峰。此后，随着经济环境趋于稳定，平均解释变量个数呈现略降态势。但 2009 年以后，平均解释变量个数又呈现出稳步上涨的态势，这说明随着我国市场经济体制的不断完善和国内外猪肉贸易量的不断增加，我国猪肉价格的决定机制日趋复杂，显著的影响因素个数逐步增加，进一步明确了我国猪肉价格影响因素及其影响程度研究的重要性与紧迫性。在动态模型平均理论中，动态模型选择的各时点最终预测值由各时点选择概率 $\pi_{t\,|\,t-1,k}$ 最大模型的预测值所得。因此，可得到选择概率最大的预测模型所选用的解释变量个数，以表示各预测时点最优预测模型的解释变量个数。在各预测时点，最优预测模型的解释变量个数集中在 1～3，均值为 2.1，进一步佐证了动态模型平均理论倾向于使用较少的解释变量进行预测建模。

总体而言，猪肉需求方面解释变量的选择概率变动最为明显，其他三方面的解释变量的选择概率也呈现出一定的变化态势，但变动模式不尽相同。首先聚焦猪肉供给方面，仔猪价格、玉米价格和豆粕价格的选择概率均呈现出平稳上涨态势，例如豆粕价格的选择概率在 2005 年 1 月为 0.3 左右，经过平稳上涨，在 2018 年 4 月达到 0.5 左右。分析以上三种农产品不难发现，仔猪、玉米和豆粕贡献了生猪养殖的主要成本。自 2005 年以来，我国生猪养殖环节的仔猪价格、玉米价格和豆粕价格对猪肉价格的影响程度是平稳增加的。

猪肉需求方面解释变量的选择概率在各时点的变化较大，特别是羊肉价格和城镇居民人均可支配收入。具体而言，在 2005 年至 2008 年期间，羊肉价格的选择概率均呈现出高位运行的态势，达到 0.8 左右，此后羊肉价格的选择概率急剧下降至 0.2，然后呈现出平稳递增的趋势；而城镇居民人均可支配收入的选择概率呈现稳步攀升的态势，从 2005 年年初的 0.2 涨至 2008 年年底的 0.9。与羊肉同为猪肉的替代品，牛肉价格和鸡肉价格的选择概率却在 2005—2008 年间呈现出完全不同的变化态势，在此期间，牛肉价格选择概率由 2005 年年初的 0.4 下降至 2008 年年低的 0.2，此后与羊肉和鸡肉价格类似，表现出平稳递增的变化态势。由此可知，在 2008—2014 年间，相对于牛肉和羊肉价格，鸡肉价格对猪肉价格的影响更大，但 2014 年后，三种替代品对猪肉价格的影响程度无显著差别。

总体而言，我国经济环境方面解释变量的选择概率呈现出稳步递增的态势，但也存在差异性。居民消费价格指数的选择概率由 2005 年年初的 0.25，迅速上涨至 2008 年年中的 0.6，此后逐渐下跌至 2012 年的 0.4，此后缓慢上涨至 0.6。广义货币供应量的选择概率先后经历了迅速上升、高位剧烈震荡、急剧下降、低位平稳运行阶段。总体而言，除了 2013 年，居民消费价格指数对猪肉价格的影响程度明显高于广义货币供应量。

CME 瘦猪肉期货价格的选择概率呈现出持续缓慢上涨态势，由 2005 年年初的 0.2 上涨至 2019 年年初的 0.4。与此不同，在 2005 年年初至 2008 年年初，WTI 原油价格的选择概率经历了一个急剧上涨、高位运行和急剧下跌的阶段，而后才呈现缓慢上涨态势。对比以上两个解释变量的选择概率值，可以得出，近十年来 CME 瘦猪肉期货价格对我国猪肉价格的影响程度略高于 WTI 原油价格。

（4）猪肉价格预测结果

本文构建的基于动态模型平均的猪肉价格预测模型的参数设定如下：$\lambda = 0.99$，$\kappa = 0.97$，$\alpha = 0.99$。为评估该模型的预测表现，本文选择如下 5 个预测模型作为基准模型，具体如下：

① 动态模型选择。$\lambda = 0.99$，$\kappa = 0.97$，$\alpha = 0.99$。动态模型选择的各时点最终预测值由各时点选择概率最大的模型的预测值所得。

② 贝叶斯模型平均。$\lambda = 1$，$\kappa = 0.97$，$\alpha = 1$。贝叶斯模型平均使用模型后验概率加权平均单一模型，是一种特殊的动态模型平均（当 $\lambda = \alpha = 1$ 时，动态模型平均转变为贝叶斯模型平均）。

③ 时变参数回归模型（TVP）。在各预测时点，TVP 的解释变量包括全部 13 个经济变量和滞后 1 期至 2 期的猪肉价格，即不允许解释变量时变，但允许解释变量的系数时变。

④ 阶数为 2 的自回归预测模型 AR（2）。在 AR（2）模型中，解释变量仅为滞后 1 期至 2 期的猪肉价格，不包括任何其他影响因素。

⑤ 随机游走模型（Random walk）。基于动态模型平均的猪肉价格预测模型和 5 个基准模型的预测误差指标值如表 3-2 所示。由表 3-2 可得到如下结论：总体而言，根据模型预测表现由优到劣的排序为：动态模型平均、动态模型选择、贝叶斯模型平均、TVP、AR（2）和随机游走模型。不论根据 RMSE 或 SMAPE，动态模型平均的预测表现均优于其他 5 个基准预测模型。此外，值得注意的是，动态模型平均和动态模型选择的预测表现也明显优于其他 4 个预测模型。这说明动态模型平均理论能够根据预测表现动态选择解释变量和系数时变程度，在有效控制模型和系数不确定性的同时，最大限度地综合利用各种内外部信息，进而明显提升预测准确度。动态模型平均的预测表现优于动态模型选择，但差距十分微小，这与 Naser（2016）的研究结论相一致。动态模型平均的预测表现优于贝叶斯模型平均，考虑到在贝叶斯模型平均中，各预测时点的解释变量及其系数均为固定的，该结果进一步佐证，动态模型平均理论的解释变量及其系数的时变性考量对于准确把握猪肉市场内外部因素的影响程

度和预测猪肉价格至关重要。动态模型平均的预测表现优于时变参数模型
（TVP），TVP 虽然解决了解释变量系数的时变性问题，但在预测建模过程中，
在各预测时点均纳入了所有 13 个解释变量，忽视了解释变量的时变性问题，最
终导致预测表现明显劣于动态模型平均。动态模型平均的预测表现优于 AR（2）
和随机游走模型，后两种模型在预测建模过程中均忽视了重要影响因素对猪肉
价格走势的解释性，最终导致较差的预测表现。

表 3-2　预测模型的预测误差指标值

预测模型	预测误差指标	
	RMSE	SMAPE
动态模型平均 $\lambda=0.99$，$\kappa=0.97$，$\alpha=0.99$	0.541	3.387
动态模型选择 $\lambda=0.99$，$\kappa=0.97$，$\alpha=0.99$	0.557	3.391
贝叶斯模型平均 $\lambda=1$，$\kappa=0.97$，$\alpha=1$	0.664	3.906
时变参数模型（TVP）	0.735	4.217
AR（2）	0.828	4.853
随机游走模型	0.784	4.832

为进一步探究基于动态模型平均的猪肉价格预测模型与其他模型在预测表
现上是否存在显著性差异，本文分别将动态模型平均和动态模型选择作为被检
验预测模型，其他模型作为参照预测模型，进行 Diebold - Mariano 检验，结
果如表 3-3 所示。由表 3-3 可得到如下结论：在 0.05 的显著性水平下，动
态模型平均或动态模型选择的预测表现均显著优于 AR（2）和随机游走模型。
在 0.05 的显著性水平下，动态模型平均或动态模型选择的预测表现虽然优于
贝叶斯模型平均和 TVP，但不存在显著性差异。

表 3-3　DM 检验结果

参照预测模型	被检验预测模型	
	动态模型平均 $\lambda=0.99$，$\kappa=0.97$，$\alpha=0.99$	动态模型选择 $\lambda=0.99$，$\kappa=0.97$，$\alpha=0.99$
动态模型平均 $\lambda=0.99$，$\kappa=0.97$，$\alpha=0.99$	—	0.21
动态模型选择 $\lambda=0.99$，$\kappa=0.97$，$\alpha=0.99$	-0.15	—
贝叶斯模型平均 $\lambda=1$，$\kappa=0.97$，$\alpha=1$	-0.70	-0.56
时变参数模型（TVP）	-0.78	-0.71
AR（2）	-2.24^{**}	-1.92^{**}
随机游走模型	-1.87^{**}	-1.85^{**}

注：***、**、* 分别表示在 1%、5% 和 10% 的统计水平上显著。

3.2.4 总结

近年来，随着我国生猪养殖规模化程度的提高与国内外经济环境的变化，我国猪肉价格波动日趋复杂化，大周期波动中蕴含多个小周期波动，这是否说明猪肉价格决定机制更为复杂，影响因素更为多元。为此，针对猪肉市场价格这类具有复杂波动特征和影响因素多元化的分析与预测问题，本文尝试引入动态模型平均理论，提出一套基于动态模型平均理论的猪肉价格影响因素与预测分析框架，通过解决解释变量和回归系统的动态性问题，以准确地刻画猪肉价格影响因素的时变特征，进而显著提升猪肉价格预测准确度。

鉴于此，本文从猪肉供给、猪肉需求、我国经济环境和国际市场等四个方面选取 11 个经济变量（影响因素）用于我国猪肉价格分析与预测。主要研究结论如下：动态模型平均理论能够准确地捕捉到我国猪肉价格影响因素的时变特征，并倾向于选择较少的解释变量参与建模，在保证预测准确度的前提下简化预测模型，进而提升预测模型的可解释性。根据各时点平均解释变量个数的变动情况，可以得出，自 2009 年以来，我国猪肉价格的决定机制更为复杂，显著的影响因素更为多元化。各因素对猪肉价格影响程度的时变特征也呈现出显著差异：猪肉供给方面，自 2005 年以来，我国生猪养殖环节的仔猪价格、玉米价格和豆粕价格对我国猪肉价格的影响程度平稳增加。猪肉需求方面，2008—2014 年，相对于牛肉、羊肉价格，鸡肉价格对猪肉价格的影响更大，但自 2014 年后，三者对猪肉价格的影响程度差异不大；城镇居民人均可支配收入对猪肉价格的影响程度呈现持续攀升的态势。我国经济环境方面，CPI 和 M2 对猪肉价格的影响程度总体上呈现出递增的态势。国际市场方面，自 2008 年以来，WTI 原油价格和 CME 瘦猪肉期货价格对我国猪肉价格的影响程度呈现出高度一致的缓慢上涨态势，并且后者对我国猪肉价格的影响程度略高于前者。根据预测误差指标（即 RMSE 和 SMAPE）和 DM 检验结果，基于动态模型平均理论的猪肉价格预测模型的预测表现优于其他基准预测模型。

以上结论说明，本文提出的基于动态模型平均理论的猪肉价格影响因素与预测分析框架，不仅能够有效刻画猪肉价格影响因素的时变特征，还更为显著地提升了猪肉价格的预测准确度，这为生猪产业从业者和管理部门把握猪肉价格波动规律和制定调控政策提供了前瞻性和科学性的指导。本研究的局限性主要体现在两方面：其一，本研究侧重于猪肉价格点预测研究，难以充分反映生猪市场的不确定性，概率密度预测在一定程度上能解决该问题。因此，猪肉价格概率密度预测是本文重要的拓展方向。其二，影响因素的个数与动态模型平均方法的计算耗时紧密相关，为此本研究只选择 11 个猪肉价格的影响因素开展分析。未来可考虑引入更多影响因素，通过主成分分析提炼核心影响因素开展猪肉价格预测分析。

3.3 考虑突发疫病的生猪价格组合预测研究[①]

3.3.1 研究背景与研究动机

我国是生猪生产和消费的大国，自 1978 年改革开放以来，我国生猪产业经过了 40 多年的发展，根据国家统计局的数据显示，2020 年我国猪肉产量高达 4 113.33 万吨，占我国肉类总产量的 53.09%。在 2011 年至 2018 年的 8 年间，我国猪肉占肉类总产量的比重均在 60% 以上。2020 年年底我国生猪存栏 4.065 亿头，比 2019 年增长了 30.96%。国内市场中，猪肉消费量在肉类消费总量的占比每年都在 60% 以上，可见生猪产业在我国国民经济中有着举足轻重的地位。此外，生猪产业的健康发展，对生猪产业链及相关产业链都有重要意义。比如，生猪产业链包含了种植业（大豆、玉米等）、饲料加工业、母猪繁育、仔猪养殖、屠宰业、肉类加工业、物流运输业、批发零售业等，最后到居民消费这一环节，包含了三大产业。生猪产业除了满足居民蛋白质营养需求、促进农民增收、提供就业岗位外，还带动了农村甚至整个国民经济的发展。"猪粮安天下"，在推动乡村振兴的时代背景下，生猪产业的稳定发展，不仅关系到我国居民的生活水平，更关系到农民增收、城乡统筹协调发展和国民经济的健康运行。随着我国迈入新的发展阶段，经济社会不断发展和转型，影响生猪产业健康发展的因素也变得更加复杂多样，如何在确保满足居民正常消费需求的前提下，加强我国生猪产业自身的食品安全基础性地位，走可持续发展的道路，始终是一个关乎国计民生的重大课题。

然而我国生猪产业面临着生猪生产与消费市场的脆弱性（刘清泉，2013），生猪市场价格不断受到来自动物疫病、供求关系失衡、宏观环境、政府调控措施等因素的影响，近几年不断呈现出"过山车"式的暴涨暴跌态势。自 1985 年我国生猪派购制度被逐步取消、肉类市场被逐步放开以来，生猪市场价格的周期性波动十分明显。2005 年之后，自然风险与经济风险叠加，助长了我国生猪市场价格的超常波动（熊涛，2021），严重影响了我国国民经济的健康发展。

从 2000 年 1 月至 2003 年 5 月，我国生猪市场价格基本稳定在 6 元/千克左右，在长达 40 个月的时间里供求关系基本保持稳定；随后生猪市场受到非典、禽流感和猪链球菌病疫情的影响，造成大范围生猪死亡，生猪价格开始了

---

① 本节主要内容来源于：杨德峰，基于组合预测策略的生猪价格短期预测研究 [D]，武汉：华中农业大学，2022. 导师：熊涛.

第一轮大幅度波动，一直持续到 2005 年 11 月生猪价格才恢复到之前的水平；在随后的 2005 年 12 月至 2006 年 9 月这段时期内，生猪价格在较短的时期内保持在低位震荡；之后受到 2006 年猪蓝耳病、2007 年产业扶持政策、2008 年冰冻灾害以及全球性金融危机的影响，生猪价格开启了第二轮波动，一直持续到 2010 年 1 月；紧接着又受到口蹄疫、猪蓝耳病和猪腹泻病的影响，生猪存栏量大幅下降，以及农产品价格上涨导致饲料成本上升，生猪价格一路走高，在 2011 年 9 月接近 20 元/千克，第三轮波动周期一直持续到 2014 年 3 月才到达谷底；从 2013 年开始到 2015 年上半年，生猪产业持续亏损，大量养殖户退出市场，能繁母猪存栏量大幅减少，导致生猪市场供给短缺，从 2015 年 1 月开始，生猪价格就已经开始飙升，第四轮波动周期一直持续到 2018 年 5 月。随后受到非洲猪瘟疫情影响，以及我国环境保护政策的压力，生猪产业遭受巨大冲击，供求关系失衡与民众恐慌情绪叠加，导致生猪价格一直剧烈波动。2019 年 10 月至 2021 年 2 月长达 16 个月的时间里，生猪价格一直处在 30 元/千克以上的高位，最高点达到 36.62 元/千克，随后在 2021 年 1 月开始下滑，截至 2022 年 2 月，生猪价格已经降至 12.73 元/千克。

综上所述，我国是生猪生产以及消费的大国，国内市场中，猪肉消费量占肉类消费总量每年都在 60％以上，可见生猪产业在我国国民经济中占有举足轻重的地位。一端连着居民"菜篮子"，一端连着农民"钱袋子"，生猪市场价格的稳定有着重要的现实意义。自 1985 年我国生猪派购制度被逐步取消、肉类市场被逐步放开以来，生猪市场价格的周期性波动十分明显。2005 年之后，自然风险与经济风险对我国生猪市场的叠加影响使其超出正常波动的范畴（熊涛，2021）。特别是 2018 年非洲猪瘟暴发加剧了我国生猪价格的波动甚至对整个产业链都造成了一定程度的冲击（马名慧，邵喜武，2020），严重损害了生产者与消费者的正常经济利益。此外，生猪产业的健康发展，不仅关系到农民增收、农村建设和农业发展，更关系到乡村振兴背景下我国国民经济的健康发展。因此，对我国生猪价格进行预测研究，有助于帮助相关从业者及时把握市场波动情况并及时进行调整，也有助于相关部门及时有效地采取科学合理的调控措施，对于稳定我国生猪价格和保障居民的正常经济利益有着重要的理论意义和现实意义。

3.3.2 方法与数据

（1）预测方法

通过是否在预测模型中引入生猪市场价格的影响因素，可将本文中的机器学习预测模型分为两类：因果关系预测模型以及时间序列预测模型。因果关系模型依靠相关影响因素对生猪价格的解释来对预测模型进行建模，时间序列模型仅依赖价格时间序列自身的波动特征以及规律对预测模型进行建模。两类模型各有优势，前者能够从生猪价格的影响路径出发，可以将市场调研信息、突发情况以及专家研判纳入建模过程（张金清，刘庆富，2006），因此有更好的解释性；后者基于计量经济学和统计学方法，在短期预测中通常有较高的精度。时间序列数据内部之间往往存在着某种时间维度上的依赖关系，即历史数据里会隐含着未来数据变化规律的信息（王成，2020）。考虑到生猪价格的影响因素繁多、影响机理交织，因果模型很难将全面的影响因素纳入建模过程，本文分别利用因果关系模型和时间序列模型进行预测建模，对预测价格进行综合分析，最终形成较高质量的生猪价格预测信息。

岭回归（Ridge regression）是一种有偏估计回归方法，实质上是对最小二乘估计法的改良。换句话说，它是一种通过牺牲最小二乘法中要求的无偏性，以降低准确性以及丢弃部分信息为成本，从而使所得的回归系数更加可靠而且更加合乎实际情况的回归方法。岭回归和偏最小二乘回归在本文中有着相同的目标，即寻找一个函数，

$$f(x_i) = \sum_{j=1}^{p} \beta_j x_{i,\,j} + \beta_0 \qquad (3-14)$$

能够准确地预测我国生猪市场价格 y_i，其中 $f(x_i)$ 为我国生猪市场价格估计值，p 为自变量的个数，β 为回归系数。岭回归通过一个算法来实现训练数据中预测误差的平方和最小化和 L2 范数正则化，即回归系数的平方和（Hoerl，Kennard，2000）。对象函数如下：

$$\min_{\beta} \sum_{i=1}^{N} (f(x_i) - y_i)^2 + \lambda \sum_{j=1}^{p} \| \beta_j \|^2 \qquad (3-15)$$

其中，N 为训练样本的数量，λ 为正则化参数。该算法可以缩小回归系数，从而更好地预测未知样本的泛化性（Cui，Gong，2018）。在该算法中，正则化参数 λ 用于控制训练数据的预测误差与 L2 范数正则化之间的权衡，即偏差和方差之间惩罚的权衡。较大的 λ 对应更多的方差惩罚，较小的 λ 对应更多的偏差惩罚（Zou，Hastie，2005）。与 OLS 相比，岭回归可以更好地处理多重共线性问题（Vinod，1978），并通过这种偏差-方差权衡避免过度拟合。算法的实现依靠 R 语言 caret 程序包和 elasticnet 程序包。

广义线性模型（Generalized linear model）可用于描述因变量的均值与自变量之间的关系，它是传统线性模型的扩展，通常包括随机组件、系统组件和链接函数三个部分。贝叶斯框架允许使用分配给每个参数的先验概率分布和历史数据来联合估计模型参数（Gelman et al.，2008）。模型的参数在贝叶斯过程中更新，使用马尔可夫链蒙特卡罗（MCMC）的方法从后验分布中采样，并使用有效的 Gibbs 采样算法（Rahman，Ali，2016）。随后该模型通过执行贝叶斯采样技术来计算相应的参数，并且指定少数非信息性先验分布。通过对

未知参数的联合后验分布进行采样，采用马尔可夫链蒙特卡罗（MCMC）方法进行计算。在 GLM 中假定 $[y_t|x_t]$，具有由系统分量给出的条件密度是生猪价格影响因素 x 的函数，与生猪价格 y 的均值有关，t 为样本量。最终，生猪价格 y 可以表示为：

$$f(y|x, \alpha, \beta, \sigma^2) \propto \frac{1}{\sigma^2} \exp\left[-\frac{1}{2\sigma^2} \sum_{t=1}^{n} (y_t - \alpha - \beta x_t)\right]$$

$$(3-16)$$

上式中的表达式被视为参数 α、β 和 σ 的函数，即似然函数与先验密度函数结合使用马尔可夫链蒙特卡罗（MCMC）采样方法来估计参数。算法的实现依靠 R 语言 caret 程序包和 arm 程序包。

极限学习机（Extreme learning machine）实际上是一种具有单一隐藏层的前馈神经网络算法（Huang et al.，2006；Huang et al.，2010；Huang et al.，2012）。与可能涉及多次迭代的传统基于梯度的学习方法不同，极限学习机对输入权重以及偏差进行随机选择，然后通过相应的矩阵计算，从而确定最终的输出权重。给 N 个任意不同的样本 $\{(x_i, t_i)\}_{i=1}^{N}$，其中 $x_i \in R^n$ 并且 $x_i = [x_{i1}, x_{i2}, \cdots, x_{in}]^T$，$t_i \in R^m$ 并且 $t_i = [t_{i1}, t_{i2}, \cdots, t_{im}]^T$，具有 K 个隐藏节点和激活函数 $g(\cdot)$ 的 ELM 可以建模为：

$$f(x_j, w, b, \beta) = \sum_{i=1}^{K} \beta_i g(w_i \cdot x_j + b_i), \quad j = 1, \cdots, N$$

$$(3-17)$$

其中 $w_i = [w_{i1}, w_{i2}, \cdots, w_{in}]^T$ 为权重向量，连接第 i 个隐藏节点与输入节点，$\beta_i = [\beta_{i1}, \beta_{i2}, \cdots, \beta_{im}]^T$ 同为权重向量，连接第 i 个隐藏节点与输出节点，b_i 为第 i 个隐藏节点的阈值。具有 K 个隐藏节点和激活函数 $g(\cdot)$ 的标准 ELM 能够以零误差逼近 N 个样本。输入权重 w_i 和隐藏层偏差 b_i 是使用连续概率分布随机生成的，因此不需要调整。在学习开始时为这些参数分配了随机值，隐藏层输出矩阵 H 实际上可以保持不变。由于输入权重和隐藏层偏差是随机分配并且固定的，训练前馈神经网络就相当于找到线性系统的最小二乘解，即

$$\hat{\beta} = H^+ T \qquad (3-18)$$

其中 H^+ 是矩阵 H 的 Moore-Penrose 广义逆矩阵，通常使用奇异值分解方法来获得。

ELM 算法的优点是显著的（Huang et al.，2006；Huang et al.，2010；Huang et al.，2012）。没有基于迭代梯度的训练，它避免了传统的基于梯度的神经网络训练算法的许多局限性，比如局部最小值、过度训练和高计算负荷。对于任何无限可微的激活函数，具有 N 个隐藏层神经元的 ELM 可以准确地以零错误学习 N 个不同的样本（Wan et al.，2014）。此外，ELM 训练始终

可以根据分配的输入权重保证最佳结果。由于上式中的简单矩阵运算，训练速度非常快。ELM 还在卓越的泛化能力方面与传统神经网络区分开来，而没有过度训练的问题。算法的实现依靠 R 语言 elmNNRcpp 程序包。

偏最小二乘回归（Partial least squares regression）是在多元线性回归、典型相关分析以及主成分分析的基础上发展而来，它的思路是：首先在自变量数据集 X 中提取出相互独立的成分 t_h（$h=1$，2，…），这些成分不仅可以很好地概括 X 中的信息以及对因变量 Y（即生猪价格）进行很好地解释，还可以避免系统中存在的噪声干扰；然后根据这些相互独立的成分与 X 建立回归方程。偏最小二乘回归模型的关键就在于其对这些成分进行提取（王文圣 等，2003），它提供了一种多个因变量对多个自变量的建模过程。特别是当自变量内部中存在较强的相关性时，使用偏最小二乘回归可以得到比使用最小二乘回归进行多个因变量回归更为有效的模型，结果也更加可靠。偏最小二乘的一般底层模型为：

$$X=TP^{\mathrm{T}}+F_x$$
$$Y=UQ^{\mathrm{T}}+F_y \qquad (3-19)$$

其中，X 为自变量矩阵，Y 为因变量矩阵，T 和 U 分别为 X 和 Y 的投影，P^{T} 和 Q^{T} 均为正交载荷矩阵，F_x 和 F_y 均为误差矩阵。在测试集中，自变量与因变量之间的关系可以描述成：

$$y_{new}=\bar{y}+B^{\mathrm{T}}(x_{new}-\bar{x}) \qquad (3-20)$$

其中，B 是根据中心化训练数据集计算得到的回归系数矩阵，y_{new} 和 x_{new} 分别为测试数据集中的因变量与自变量，$\bar{y}$ 和 $\bar{x}$ 分别代表训练数据集中的因变量和自变量平均值。

使用内核技巧可以轻松地将线性 PLS 扩展到非线性回归（Rosipal，Trejo，2001；Bennett，Embrechts，2003）。$\Phi=(\varphi(x_1)，…，\varphi(x_n))^{\mathrm{T}}$ 表示特征空间中的预测矩阵。通常，Φ 的列数非常大，以致无法使用 Φ 的显式形式执行与线性模型相同的过程。但是，内核技巧可以使 Φ 的显式形式变得不重要（Yoshida et al.，2017）。为了排除偏差项，可以通过以下程序来测试内核 K_t 和训练内核 K（Schölkopf et al.，1998），将自变量和因变量特征空间中的均值设置为零：

$$K_t \leftarrow \left(K_t-\frac{1}{n}1_{n_t}1_n^{\mathrm{T}}K\right)\left(I_n-\frac{1}{n}1_n1_n^{\mathrm{T}}\right)$$
$$K \leftarrow \left(I_n-\frac{1}{n}1_n1_n^{\mathrm{T}}\right)K\left(I_n-\frac{1}{n}1_n1_n^{\mathrm{T}}\right) \qquad (3-21)$$

其中，其中 1_n 表示 n 个元素为 1 的 n 长度向量，n 和 n_t 分别表示训练集和测试集样本的数量。算法的实现依靠 R 语言 pls 程序包。

神经网络模型（Neural networks）是在回归分析的背景下训练多层感知器而建立的，即自变量与因变量之间的函数关系，因此也被认为是广义线性模型的拓展。与广义线性模型不同的是，神经网络模型可以用来模拟十分复杂的关系，它不需要事先约定自变量与因变量之间的关系类型，比如说线性关系。从理论上来说，神经网络模型可以处理任意数量的自变量与因变量，以及隐藏层和隐藏神经元，但是其计算成本会随着模型复杂度的增加而成倍增加，这可能会导致模型的迭代在使算法收敛之前触发已经设置好的迭代次数而提前停止。此外，这些方法使用 Hessian 矩阵的近似值，在训练期间的某些时刻可能会变得接近奇异值，或缩放不当，因此它们可能会产生不准确的结果（Anastasiadis et al.，2005）。而且，当远离最小化器时，不确定二阶方法所需的额外计算成本会加速非凸函数的最小化过程（Nocedal，Jorge，1998）。因此，梯度下降法是神经网络监督学习中使用最广泛的一类算法。此类最流行的训练算法是批量反向传播（BP）（Rumelhart，Mcclelland，1986），它是一种通过使用最速下降法更新权重来最小化误差函数的一阶方法。

$$w^{k+1} = w^k - \eta \nabla E(w^k) \qquad (3-22)$$

其中，E 是批量误差度量，定义为整个训练集上的平方差误差函数（SSE），$\nabla E(w^k) = g(w^k)$ 是 E 的梯度向量。参数 η 被称为学习率。适当的学习率有助于避免收敛到鞍点或最大值。为了确保 BP 训练算法的收敛性并避免误差面陡峭方向上的振荡，通常会选择一个较小的学习率（$0 < \eta < 1$）。但是，这种方法效率往往比较低下。具有单独步长的基于自适应梯度的算法，能够克服根据应用为搜索空间的每个区域选择正确学习率的固有困难（Magoulas et al.，1997；Magoulas et al.，1999）。这是通过控制每个权重的权重更新来实现的，以最小化振荡并同时最大化步长的长度。就其关于学习率的收敛速度、准确性和鲁棒性而言，此类中最好的算法之一是 Riedmiller，Braun（1993）引入的弹性反向传播（Rprop）算法。

弹性反向传播（Rprop）算法采用基于符号的方案来更新权重，以消除导数大小对权重更新的不利影响。这种方法非常适合梯度数值估计（Igel，Hüsken，2003），并且不易受到数值问题的影响（Patnaik，Rajan，2000）。沿着权重方向的更新步长的大小完全由权重特定的"更新值"决定。每当相应权重的偏导数在两次连续迭代之间改变其符号时，这表明上次更新值太大并且算法已经跳过了局部最小值，更新值 Δ_{ij}^k 减小了学习率 η，为了强制返回到局部极小值区域，在本次迭代中不更新 w_{ij} 并且 $\frac{\partial E(w^k)}{\partial w_{ij}} = 0$。如果导数保持其符号，则更新值略有增加以在误差表面的浅层区域加速收敛。算法的实现依靠 R 语言 neuralnet 程序包。

支持向量机（Support vector machines）是目前很流行的用于分类、回归以及其他学习任务的一种机器学习方法，它在解决非线性以及模式识别等问题的过程中有着明显的优势，可以在很大程度上克服"过度学习"以及"维数灾难"等问题，且由于具有坚实可靠的理论基础和较为简单的模型，因此在回归分析以及时间序列预测等领域取得了广泛的应用（丁世飞等，2011）。支持向量机的提出最早是为了处理模式识别问题，后来又推广到非线性系统以及线性系统的回归估计问题中，并且展示出了较为良好的学习性能。此外，基于SVM方法的回归估计凭借着能够以可控的精度逼近任意非线性函数，同时具有良好的泛化能力以及全局最优的优势，从而得到了非常广泛的应用（杜树新，吴铁军，2003）。基本思路是首先将数据集 x 映射到高维空间，使其线性可分，然后在高维的线性空间中构造回归函数：

$$f(x) = w\varphi(x) + b \qquad (3-23)$$

其中 w 表示特征空间的维数。含有核函数的回归函数表示为：

$$f(x) = \sum_{x_i \in SV} (\alpha_i - \alpha_i^*) K(x_i, x_j) + b \qquad (3-24)$$

其中 $K(x_i, x_j) = \varphi(x_i)\varphi(x_j)$ 为核函数。相关算法的实现主要依靠 R 语言 e1071 程序包。

时间序列预测模型基于时间序列的先前值与当前值对未来值进行预测。其中，时间序列的先前值和当前值用作预测模型的输入。时间序列预测的思路是在有限长度的生猪价格数据运行记录的基础上构建能够较为准确地反映时间序列数据中隐含着的动态依存关系的数学模型，这也被认为是一种特殊的回归分析，寻找过去某段时间的生猪价格数据与未来某个时间段的价格序列之间的因果关系或者是其他的内在联系，从而能够借助该模型对生猪价格的未来数据进行预测。

本文使用的时间序列预测模型有：朴素预测模型（Naïve）、随机游走预测模型（RW，Random walk）、累加式 Holt - Winters 模型（HWA，Holt - Winters with additive seasonality）、累乘式 Holt - Winters 模型（HWM，Holt - Winters with multiplicative seasonality）、指数平滑状态空间模型（ETS，Exponential smoothing state space model）以及自回归移动平均模型（ARIMA，Autoregressive integrated moving average），基本原理如下：

朴素预测模型（Naïve）：时间序列预测的一个自然基准是不变原则。它预测任何未来时期 h 的值，前面 h 个周期的值都将等于最后观察到的值。在短期的预测中，这个基准通常十分有效（Kilian，Taylor，2003）。随机游走预测模型（RW，Random walk）：描述时间序列一种不稳定的移动行为。该模型使用 R 语言 forecast 程序包中的 rwf（）函数，输出随机游走的预测值和预测区间，其中漂移模型应用于时间序列，等效于具有可选漂移系数的 ARIMA（0，1，

0）模型。累加式 Holt - Winters 模型（HWA，Holt - Winters with additive seasonality）：本质上是一种三次指数平滑法，比二次指数平滑多了季节性信息。该模型使用 R 语言 forecast 程序包中的 hw（）函数，可以用来拟合含有趋势项、水平项和季节项的时间序列。累乘式 Holt - Winters 模型（HWM，Holt - Winters with multiplicative seasonality）：除了季节性类型为加乘法外，其他与累加式 Holt - Winters 模型相同。指数平滑状态空间模型（ETS，Exponential smoothing state space model）：该模型使用 R 语言 forecast 程序包中的 ets（）函数，输出应用于时间序列的 ETS 模型。自回归移动平均模型（ARIMA，Autoregressive integrated moving average）：首先检验输入的时间序列是否平稳，然后在将输入的非平稳数据平稳化处理的过程中，将因变量与它的滞后值、随机扰动项的现值及其滞后值进行回归，进而建立预测模型。这种方法的优点在于不需要借助任何其他外生变量，只需要内生变量，在短期预测中有着较好的表现。该模型使用 R 语言 forecast 程序包中的 auto. arima（）函数，根据 AIC 或 BIC 值返回最佳 ARIMA 模型。相比 arima（）函数，该函数省去了参数调整的过程，因此将整个任务变得十分简单。

当数据生成过程的形式未知时，可以应用不同的模型来对这个过程进行模拟。即使是表现最好的模型也不一定总是能优于其他所有模型。此外，在实践中很难确定适合某一特定场景的最优模型。因此，对不同模型的预测值进行组合可能是较为有效的方法（Bloznelis，Daumantas，2018）。已有研究表明，组合预测值的表现通常优于单个模型的预测值，甚至是表现最优的单个模型预测值（Timmermann，Allan，2006）。主要的组合策略有：Simple 组合策略、OLS 组合策略、Robust 组合策略、CLS 组合策略和 Variance Based 组合策略，基本原理如下：

Simple 组合策略执行简单的预测平均，其中每个预测具有相同的权重，即 $1/p$，p 是可用预测矩阵的列的维度。

OLS 组合策略基于以下公式：

$$obs_t = const + \sum_{i=1}^{p} w_i \widehat{obs_{it}} + e_t \qquad (3-25)$$

其中 obs_t 是观测值，$\widehat{obs_{it}}$ 是预测值，是可用的 p 个预测值之一。

Robust 稳健回归组合策略执行相同、但最小化不同的损失函数，对异常值不太敏感。

CLS 约束最小二乘组合策略在权重总和为 1 的限制下最小化平方误差的总和，并且预测本身是无偏的（回归中没有截距）。

Variance Based 组合策略计算均方误差并根据预测的准确性对预测进行权衡。准确的预测（基于 MSE 指标）会获得相对更大的权重。

不同组合预测策略的相对性能在实践中的表现不是一成不变的，简单的组合通常有着不逊色于复杂组合的表现，这被称为预测组合难题（Timmermann，Allan，2006）。因为最优组合预测策略的推导过程中通常会假设权重是固定的，但是在实践中，权重需要估算，如果在推导期间假设权重是随机的，即使原始的预测值是无偏的，预测组合也将会存在偏差（Smith，Wallis，2009；Claeskens et al.，2016）。因此，本文将使用上述 5 种组合预测策略分别对上述机器学习生猪价格因果关系预测模型和时间序列预测模型的预测结果进行组合。

（2）数据

本文选取我国生猪价格的月度数据作为被解释变量，根据已有文献对生猪价格数据的分析，本文从供给侧、需求侧、我国宏观经济环境和动物疫病四个方面选择变量对我国的生猪价格进行预测。

在供给侧，仔猪、饲料价格等变量作为生猪饲养的主要成本来源，会显著影响生猪价格（程国强 等，2008），能繁母猪存栏和生猪存栏数据是决定猪周期的前瞻性指标，其变化会对未来生猪价格产生影响（许彪 等，2014），因此供给侧方面包括仔猪价格、白条猪批发价、生猪存栏量、能繁母猪存栏量、猪粮比价、饲料成本、养殖成本、玉米价格和豆粕价格。在需求侧，生猪作为一种市场化的商品，其替代品（比如鸡肉和牛肉）的价格变化会对生猪价格造成一定的冲击（张立中 等，2013），因此需求侧方面包括白条鸡价格和牛肉价格。在我国宏观经济环境方面，随着我国市场经济体制不断发展和完善，宏观经济因素对农产品波动的影响更加明显（张照新 等，2011），因此我国宏观经济环境方面选取的变量为广义货币供应量（M2）。在疫病方面，疫病会导致生猪市场出现供需缺口，对生猪的产能有着长期且巨大的影响（朱栎羽 等，2020），因此疫病方面变量选取了生猪疫情指数（宽度）和生猪疫情指数（深度）。宽度指数与深度指数小于 0.2 时，表示代表正常水平；大于 0.25 时，表示疫情严重。

除了以上 14 个变量之外，根据自信息选择的滞后 1 期生猪价格也被选作解释变量。根据数据的整体可获得性，时间跨度为 2009 年 2 月到 2021 年 5 月，每个变量各 148 个观测值。其中，生猪存栏、能繁母猪存栏和牛肉价格数据来源于农业农村部，猪粮比价数据来源于国家发展和改革委员会，广义货币供应量（M2）数据来源于中国人民银行，其余数据均来自布瑞克农业数据库。

为了避免未来信息对模型的学习产生影响，本文以 2017 年 5 月为时间节点，前 100 个观测值作为训练集（2009 年 2 月至 2017 年 5 月），之后 48 个观测值作为测试集（2017 年 6 月至 2021 年 5 月）。

表 3 - 4 详细展示了变量的基本信息，其中生猪价格、生猪白条肉价格、

白条鸡价格、仔猪价格、猪粮比价以及牛肉价格的单位均为元/千克，生猪存栏量以及能繁母猪存栏量的单位均为万头，饲料成本和养殖成本的单位为元/头，玉米价格和豆粕价格的单位为元/吨，广义货币供应量的单位为亿元。不同变量之间的数值差异以及计量单位的差异会增加构建生猪价格预测模型的难度，并影响模型的预测表现，因此需要采取必要的措施对数据进行处理。

表 3-4　变量基本信息

名称	单位	变量类别		来源
生猪价格	元/千克	因变量		布瑞克
生猪白条肉价格	元/千克	自变量	供给侧	布瑞克
仔猪价格	元/千克	自变量	供给侧	布瑞克
生猪存栏	万头	自变量	供给侧	农业农村部
能繁母猪存栏	万头	自变量	供给侧	农业农村部
猪粮比价	元/千克	自变量	供给侧	发改委
饲料成本	元/头	自变量	供给侧	布瑞克
养殖成本	元/头	自变量	供给侧	布瑞克
生猪疫情指数（宽度）	无	自变量	疫病	布瑞克
生猪疫情指数（深度）	无	自变量	疫病	布瑞克
白条鸡价格	元/千克	自变量	需求侧	布瑞克
牛肉价格	元/千克	自变量	需求侧	农业农村部
玉米价格	元/吨	自变量	供给侧	布瑞克
豆粕价格	元/吨	自变量	供给侧	布瑞克
广义货币供应量	亿元	自变量	宏观经济环境	中国人民银行

数据预处理是在进行数据分析以及模型构建之前不可缺少的重要一环，数据集中存在的缺失值或者数据之间数值差异过大以及单位不统一都会给数据分析以及构建科学有效的预测模型增加难度，好的数据预处理通常能够降低计算成本、提升数据分析的准确性以及提升预测模型的性能。为了保持变量之间的相关性的同时不扭曲变量之间的关系，对缺失值采用多重插补的蒙特卡洛方法来填补（金勇进，2001），最终得到一个不含缺失值的数据集。

由于变量之间的单位不同，为了排除不同计量尺度的影响，因此将所有数据都调整到[0，1]的范围内，参考孙超，孟军（2011）的做法，将数据用如下公式进行了中心化处理。这样处理具有两个主要优点，一方面可以避免较大数值范围的输入值对较小范围的输入值产生支配性的影响，另一方面可以防止在计算过程中出现数值问题（Xiong et al.，2017）。

$$x^* = \frac{x - \min(x)}{\max(x) - \min(x)} \qquad (3-26)$$

表 3-5 展示了变量名称及描述性统计结果,第一列为变量的名称,由于之后需要对变量及其滞后期进行输入选择,因此目前根据相关文献从供给侧、需求侧、我国宏观经济环境和动物疫病四个方面选取的 15 个变量并不一定都能纳入生猪价格预测模型的建模过程中,为了方便进行相关描述性分析,将影响因素变量命名为 X1 到 X15。从表中可以得知,生猪价格、生猪白条肉价格、仔猪价格、白条鸡价格以及牛肉价格的测试集平均值均大于训练集平均值,这表明在测试集涵盖的时间范围内,生猪及其替代品均出现了价格上涨的现象。此外,生猪价格测试集的标准差为 0.358,显著大于训练集标准差 0.096,这表明生猪价格在测试集涵盖的时间范围内的波动要显著大于训练集所包含的时期,这给构建科学有效的生猪价格预测模型提出了不小的挑战。

表 3-5 变量名称及描述性统计

名称	变量		均值		标准差	
			训练集	测试集	训练集	测试集
生猪价格	$price\_hog$	Y	0.171	0.432	0.096	0.358
生猪价格滞后 1 期	$lag1$	X1	0.171	0.428	0.096	0.360
生猪白条肉价格	$price\_pig$	X2	0.197	0.444	0.093	0.333
仔猪价格	$price\_piglet$	X3	0.091	0.345	0.073	0.296
生猪存栏	$storage\_pig$	X4	0.837	0.470	0.106	0.251
能繁母猪存栏	$storage\_sow$	X5	0.755	0.273	0.222	0.178
猪粮比价	$pigfoodratio$	X6	0.158	0.411	0.105	0.299
饲料成本	$fodder$	X7	0.301	0.354	0.143	0.284
养殖成本	$breedingcost$	X8	0.156	0.378	0.065	0.311
生猪疫情指数(宽度)	$disease\_width$	X9	0.307	0.277	0.121	0.285
生猪疫情指数(深度)	$disease\_depth$	X10	0.167	0.345	0.049	0.279
白条鸡价格	$price\_chicken$	X11	0.467	0.508	0.162	0.191
牛肉价格	$price\_beef$	X12	0.319	0.733	0.230	0.171
玉米价格	$price\_maize$	X13	0.418	0.387	0.196	0.241
豆粕价格	$price\_soymeal$	X14	0.444	0.315	0.234	0.144
广义货币供应量	$M2$	X15	0.296	0.802	0.182	0.112

根据上文的描述，本文从供给侧、需求侧、我国宏观经济环境和动物疫病四个方面共选取了 15 个变量，但并非所有的影响因素都是重要的，以相关性来衡量，并非所有变量都与生猪价格有着很强的相关性，例如生猪疫情指数（深度），即 X10，与生猪价格之间呈现出弱相关性。为了避免重要变量的作用被冗余变量所掩盖，进而影响模型的预测效果，因此需要对输入变量进行筛选，确保模型在输入变量的选择上不遗漏重要变量，同时也不包含不相关或弱相关变量。

3.3.3　实证结果

（1）生猪价格因果模型预测结果

可根据与因变量之间的相关性的强弱，将输入变量进行分类。模型中引入弱相关变量以及无关变量会在一定程度上造成变量冗余，因此，理论上的最优输入集应该只含有强相关输入变量（刘晓欣，2013）。输出变量与输入变量的 k-近邻互信息 $I(X_i, Y)$ 应满足下式：

$$I(X_i, Y) > \delta_1 I(Y, Y) \tag{3-27}$$

其中，$\delta_1 (\delta_1 \in [0, 1])$ 为相关性阈值，$I(Y, Y)$ 为输出变量的自信息。相关性阈值 δ_1 的选取原则为：$\min I(X_i, Y)/I(Y, Y) \leqslant \delta_1 \leqslant \max I(X_i, Y)/I(Y, Y)$。当变量较多或者对算法的计算要求较严时，可以将 δ_1 设置得较大，使得第一步就降低了变量的维数，从而避免增加第二步算法的计算复杂度；当变量较少且对算法计算的要求较为宽松时，可以将 δ_1 设置小一些，从而避免相关变量被剔除。

计算得到相关性阈值 δ_1 的范围是 0.01~0.5，为了避免剔除过多变量，本文将 δ_1 设置为 0.1，如表 3-6 所示，生猪价格的自信息为 3.12，则互信息需大于 0.31。白条肉价格以及仔猪价格与生猪价格的互信息数值较大，滞后 1 期的互信息分别达到 0.92 和 0.86，分别来自生猪价格的下一环节与上一环节；生猪存栏量以及能繁母猪存栏量与生猪价格的互信息数值最大的时期分别出现在滞后 7 期和滞后 12 期，表明存栏数据对生猪价格的影响存在明显的时滞性；白条鸡价格以及牛肉价格与生猪价格的互信息数值最大的时期分别出现在滞后 2 期和滞后 4 期，这表明替代品价格的变化并不能在当前对生猪价格造成明显的影响，而是存在一定的时滞性。最后选择的变量是：生猪价格滞后 1 期，白条肉价格滞后 1 期，仔猪价格滞后 1 期，生猪存栏滞后 7 期，能繁母猪存栏滞后 12 期，猪粮比价滞后 1 期，养殖成本滞后 1 期，白条鸡价格滞后 2 期，牛肉价格滞后 4 期，M2 滞后 2 期，共 10 个输入变量。时间跨度为 2009 年 2 月到 2021 年 5 月，每个变量含 148 个观测值。

表 3－6 k－近邻互信息输入选择

滞后期	0	1	2	3	4	5	6	7	8	9	10	11	12
生猪价格	3.121*	**1.191***	0.769	0.619	0.500	0.510	0.458	0.359	0.267	0.230	0.274	0.287	0.249
白条肉价格	1.569*	**0.916***	0.653	0.546	0.534	0.564	0.440	0.375	0.283	0.314	0.347	0.311	0.239
仔猪价格	1.036*	**0.859***	0.687	0.584	0.490	0.428	0.356	0.368	0.238	0.189	0.205	0.115	0.168
生猪存栏量	0.224	0.258	0.291	0.304	0.338	0.381	0.437	**0.440***	0.377	0.360	0.321	0.331	0.322
能繁母猪存栏量	0.091	0.113	0.155	0.192	0.163	0.195	0.297	0.358	0.424	0.494	0.497	0.523	**0.592***
猪粮比价	0.775*	**0.625***	0.487	0.414	0.323	0.358	0.329	0.311	0.231	0.261	0.175	0.191	0.154
饲料成本	0.167	0.160	0.157	0.151	0.148	0.193	**0.223***	0.223	0.196	0.175	0.176	0.210	0.197
养殖成本	0.474*	**0.458***	0.420	0.397	0.344	0.344	0.325	0.318	0.325	0.329	0.364	0.393	0.340
疫情指数（宽度）	0.208*	0.161	**0.180***	0.082	0.058	0.058	0.081	0.067	0.059	0.077	0.083	0.102	0.090
疫情指数（深度）	0.037	0.051	−0.03	0.044	0.028	0.000	0.090	0.048	0.043	0.082	**0.112***	0.088	0.079
白条鸡价格	0.354	0.404	**0.414***	0.345	0.312	0.292	0.355	0.282	0.229	0.234	0.194	0.126	0.198
牛肉价格	0.662	0.624	0.689	0.673	**0.692***	0.572	0.447	0.461	0.500	0.525	0.554	0.504	0.494
玉米价格	0.113	0.064	0.085	0.120	0.151	0.146	0.161	0.228	0.237	0.219	0.252	0.238	**0.288***
豆粕价格	0.040	0.045	0.078	**0.128***	0.113	0.109	0.110	0.125	0.105	0.079	0.109	0.078	0.060

注：表中加＊的数字为该自变量与因变量互信息最大值，最大值在 0 阶时，重新计算除 0 阶之外的最大值。斜体表示该变量被剔除。

经过互信息输入选择之后的变量与生猪价格都存在着较强的相关性，因此筛选得到的数据集能够在很大程度上避免无关变量对重要变量的干扰。其中，生猪价格与生猪存栏量以及能繁母猪存栏量存在较强的负相关关系，且与生猪存栏量的负相关性更强，表明生猪存栏量比能繁母猪存栏量对生猪价格的影响更大；猪粮比价以及养殖成本与生猪价格之间存在较强的正相关关系，表明成本上涨是推动生猪价格上涨的重要原因。由于减少了变量规模，并且选择了最优的滞后期，因此也在一定程度上降低了计算成本和建模难度，有助于提升生猪价格预测模型的预测表现。

岭回归借助于 caret 程序包与 elasticnet 程序包，使用 train（）函数选择与最佳重采样统计相关的参数来调整模型，并针对每个候选的调整参数组合在不同的数据上训练模型。在每个数据集上，计算保留样本的性能，总结每个组合的平均值和标准偏差，最终选择具有最佳重采样统计量的组合作为最终模型，并使用整个训练集来拟合最终模型。如表 3-7 所示，在 $lambda=0.000\ 1$ 时均方根误差（RMSE）与平均绝对误差（MAE）最小、R^2 最大，因此将 $lambda$ 设置为 0.000 1。

表 3-7　岭回归不同参数重采样结果

Lambda	RMSE	R^2	MAE
0.000 0	0.037 9	0.849	0.030 1
0.000 1	0.037 8	0.851	0.030 0
0.100 0	0.040 1	0.839	0.032 8

贝叶斯广义线性模型借助于 caret 程序包与 arm 程序包，使用 train（）函数选择与最佳重采样统计相关的参数来调整模型，基于重采样的性能度量选择模型参数并拟合模型，25 次自举（Bootstrap）重采样的结果为：$RMSE=0.039\ 6$、$R^2=0.856$、$MAE=0.028\ 6$。

极限学习机借助于 elmNNRcpp 程序包，使用 elm_train（）函数对模型进行训练。使用 nhid 参数指定隐藏神经元的数值，该参数不能小于 1；使用 actfun 参数指定激活函数的类型，比如 sin（正弦）、radbas（径向基）、hardlim（硬限制）、hardlims（对称硬限制）、tribas（三角基）、relu（整流线性单元）或 purelin（线性）等；使用 init_weights 参数指定初始化输入权重和偏差的分布；若 bias 参数设置为 $TRUE$，则表明偏误权重将添加到隐藏层。

偏最小二乘回归模型借助于 pls 程序包，使用 plsr（）函数执行偏最小二乘回归。使用 ncomp 参数指定模型中主成分数量，如图 3-1 与图 3-2 所示，8 个主成分与全成分模型的表现差异不大，因此将主成分数量设置为 8。使用 validation 参数指定内部验证的方式，LOO 表示执行留一法交叉验证，CV 表示执行交叉验证。

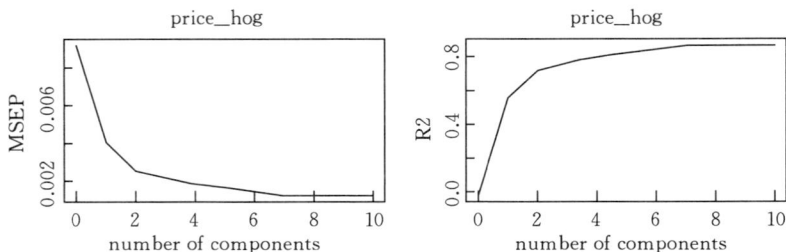

图 3-1　主成分选择（a）

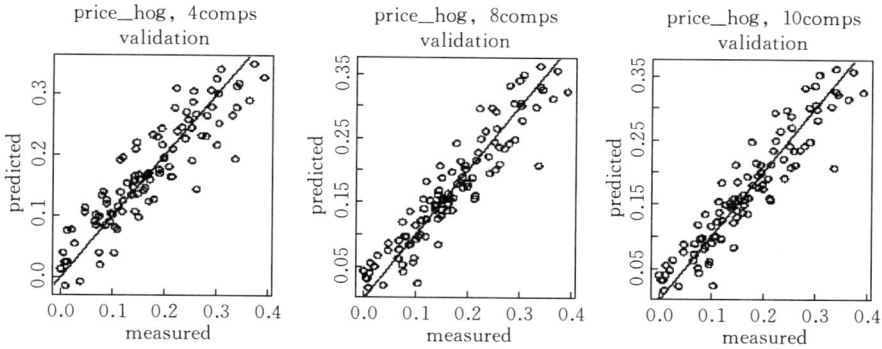

图 3-2 主成分选择（b）

神经网络模型借助于 neuralnet 程序包，使用 neuralnet（）函数进行训练，使用参数 hidden 指定每层中隐藏神经元的数量；使用参数 threshold 指定误差函数的偏导数作为停止标准的阈值；使用参数 stepmax 指定神经网络训练的最大步数，达到这个最大值会导致神经网络的训练过程停止；使用参数 rep 指定神经网络训练的重复次数。最终得到的神经网络模型含有 10 个输入节点以及一个含有 4 个神经元的隐藏层。

支持向量回归模型借助于 e1071 程序包，使用 svm（）函数进行训练。参数 kernel 指定用于训练和预测的内核函数，有 linear（线性）、polynomial（多项式）、radial basis（径向基）以及 sigmoid 四种选择；参数 degree 指定多项式内核所需的参数，默认值为 3；参数 cost 指定违反约束条件的成本，即拉格朗日公式中正则化项的常数 C，默认值为 1。

从表 3-8 可以发现，在单个预测模型中，神经网络模型预测性能最好，其后依次为支持向量回归预测模型、极限学习机预测模型、贝叶斯预测模型、偏最小二乘回归模型和岭回归预测模型，6 种机器学习生猪价格预测模型与真实值之间的平均绝对误差均在 2（元/千克）左右，预测效果很好。在组合预测策略中，OLS 组合策略表现最优，其次是 Robust 组合策略、CLS 组合策略、Variance Based 组合策略和 Simple 组合策略。组合预测的准确度在整体上高于单一模型，相对于最优的单一模型（即神经网络模型），5 种组合预测策略的预测准确度有 2%～10% 的提升。在上述组合预测策略中，平均绝对百分误差最高为 10.23%，最低仅 8.13%，总体水平上误差很小，平均绝对误差最低仅 1.84（元/千克），低于表现最优的单个模型。在各项误差评价指标中，组合预测策略皆有优于最佳单个模型的预测表现，这说明在进行预测活动时，组合多个模型的预测值往往是更加有效的方法。

表 3 - 8　因果模型及组合策略误差评价

模型	RMSE	MAE	MAPE	COR
岭回归	3.313	2.580	11.757	0.949
偏最小二乘回归	3.253	2.438	11.239	0.959
贝叶斯模型	3.220	2.457	11.137	0.951
极限学习机	3.311	2.456	10.928	0.949
神经网络	2.996	1.948	8.457	0.954
支持向量回归	3.163	2.285	10.281	0.950
组合策略				
CLS	2.926	1.979	8.658	0.956
Variance Based	3.064	2.243	10.122	0.955
Robust	2.825	1.837	8.132	0.959
OLS	2.683	1.953	8.960	0.963
Simple	3.078	2.267	10.236	0.955

（2）生猪价格时间序列模型预测结果

根据数据的整体可获得性，本文选取了数据区间为 2009 年 9 月至 2021 年 5 月的我国生猪价格月度数据，共 148 个样本。其中，2009 年 2 月至 2017 年 5 月共 100 个样本作为训练集，2017 年 6 月至 2021 年 5 月共 48 个样本作为测试集。通过递归策略对生猪价格进行多步预测，训练集用于在不同的预测步长下对预测模型进行训练，测试集用于检验各预测模型的预测效果。测试集的波动幅度显著大于训练集，只有在训练集的基础上准确把握生猪价格波动的内在机理，才能在测试集中取得较好的预测表现，这给生猪价格时间序列预测模型提出了较高的挑战。为了避免输入变量数值变化范围过大而导致建模难度增加（Xiong et al.，2015），首先对生猪价格的时间序列数据进行中心化处理，然后对各预测步长分别进行生猪价格的互信息输入选择，便于选择最佳输入集。

由于 2 年的时间跨度足以捕捉生猪价格数据的重要特征以及变化机理，因此将最长滞后期设置为 24 期。在训练集中，生猪价格的时间序列数据的自信息为 3.12，为了控制通过筛选的变量数量，将相关性阈值 δ_1 设置为 0.15，即互信息大于 0.468 时可通过筛选。由表 3 - 9 可知，随着预测步长的增加，相同滞后期的互信息逐渐减小，这表明在时间序列模型的多步预测中除了要面对误差累积的问题之外，还要受到有价值的信息逐渐减少的影响，因此长期预测很难保证预测结果的准确性。同时，随着预测步长的增加，较近时期数据与生猪价格数据的互信息也有减小的趋势，这表明在长期预测时，有价值的信息更有可能来自于较远时期的数据，基准预测方法的表现会随着预测步长的增加而变差。例如，当进行一步提前预测时，根据互信息输入选择结果，预测模型为：

$$y(t+1) = f_1 [y(t)，y(t-1)，y(t-2)，y(t-3)，y(t-22)，$$
$$y(t-23)，y(t-24)] \tag{3-28}$$

表 3-9 生猪价格时间序列的互信息输入选择

	H1	H2	H3	H4	H5	H6
0	**1.877**＊	**1.877**＊	**1.877**＊	**1.877**＊	**1.877**＊	**1.877**＊
1	**0.881**＊	**0.612**＊	**0.583**＊	**0.546**＊	**0.586**＊	0.467
2	**0.579**＊	**0.538**＊	**0.506**＊	**0.544**＊	0.459	0.397
3	**0.489**＊	0.442	**0.485**＊	0.427	0.392	0.251
4	0.426	0.457	0.408	0.347	0.251	0.232
5	0.435	0.374	0.317	0.236	0.241	0.204
6	0.368	0.316	0.275	0.270	0.232	0.213
7	0.354	0.269	0.260	0.233	0.237	0.174
8	0.262	0.268	0.239	0.236	0.170	0.222
9	0.249	0.238	0.248	0.191	0.230	0.218
10	0.218	0.245	0.205	0.231	0.216	0.201
11	0.180	0.151	0.192	0.170	0.154	0.179
12	0.115	0.132	0.144	0.120	0.160	0.146
13	0.129	0.115	0.123	0.139	0.126	0.130
14	0.130	0.113	0.132	0.128	0.112	0.275
15	0.177	0.185	0.137	0.105	0.252	0.334
16	0.228	0.190	0.164	0.277	0.308	0.274
17	0.229	0.181	0.294	0.311	0.298	0.353
18	0.241	0.364	0.373	0.319	0.389	**0.501**＊
19	0.413	0.407	0.355	0.418	**0.499**＊	**0.587**＊
20	0.440	0.397	**0.476**＊	**0.525**＊	**0.591**＊	**0.595**＊
21	0.440	**0.503**＊	**0.526**＊	**0.588**＊	**0.629**＊	**0.543**＊
22	**0.484**＊	**0.511**＊	**0.581**＊	**0.630**＊	**0.559**＊	**0.599**＊
23	**0.520**＊	**0.567**＊	**0.638**＊	**0.587**＊	**0.643**＊	**0.602**＊
24	**0.530**＊	**0.581**＊	**0.524**＊	**0.579**＊	**0.566**＊	**0.574**＊

注：表格的首行和首列分别代表预测步长和滞后特征，带 ＊ 符号且加粗表示通过互信息输入选择。

由表 3-10 可知，在一步提前预测时，所有生猪价格时间序列预测模型的预测结果与真实值都有很高的相关性，从预测值与真实值之间的离散程度上看，即 RMSE，除了累加式 Holt - Winters 模型（HWA）之外，其他 5 种模型均在 3 上下浮动。其中朴素预测模型（Naïve）在各项误差评价指标中的表现均是最优，这表明在进行短期预测时，基准方法通常十分有效。除了累加式 Holt - Winters 模型（HWA），其他 5 种生猪价格时间序列模型的预测值与观测值（即真实值）之间的平均绝对误差均不超过 3（元/千克），短期预测均有较好的表现；在三步提前预测时，各模型的预测精度均出现了不同程度的下降，但模型的预测值依然与观测值之间存在着较高的相关性，此时指数平滑状态空间模型（ETS）表现最优，朴素预测模型（Naïve）的表现次之，随后是自回归移动平均模型（ARIMA）、累乘式 Holt - Winters 模型（HWM）以及随机游走预测模型（RW），累加式 Holt - Winters 模型（HWA）表现最差；在六步提前预测时，指数平滑状态空间模型（ETS）表现最优，其预测值的 RMSE 与 COR 值相对三步提前预测时有着不同程度的优化，因此指数平滑状态空间模型（ETS）比其他 5 种时间序列预测模型更适合长期预测，朴素预测模型（Naïve）的表现次之，然后是自回归移动平均模型（ARIMA），表现最好的前三个预测模型与三步提前预测时相同，随后是随机游走预测模型（RW）、累乘式 Holt - Winters 模型（HWM）以及累加式 Holt - Winters 模型（HWA）。总体来说，指数平滑状态空间模型（ETS）与朴素预测模型（Naïve）的表现最优，在对生猪价格进行中短期预测时有着较优的预测表现。

表 3 - 10　时间序列模型误差评价

	RMSE	MAE	MAPE	COR
预测步长 $H=1$				
Naïve	2.834	1.968	8.554	0.960
RW	3.169	2.274	9.705	0.960
HWA	15.315	11.882	118.194	0.960
HWM	4.767	2.893	13.628	0.960
ETS	3.169	2.274	9.705	0.960
ARIMA	3.169	2.274	9.705	0.960
预测步长 $H=3$				
Naïve	5.846	4.135	19.928	0.833
RW	7.391	5.385	24.990	0.838
HWA	15.694	12.191	123.239	0.797
HWM	7.107	5.342	25.713	0.795
ETS	5.612	3.997	19.069	0.841
ARIMA	6.232	4.413	21.451	0.824

（续）

	RMSE	MAE	MAPE	COR
预测步长 $H=6$				
Naïve	7.885	5.295	30.913	0.711
RW	11.884	9.577	51.140	0.699
HWA	15.270	11.772	114.349	0.548
HWM	12.451	8.412	49.844	0.598
ETS	5.085	4.267	18.538	0.896
ARIMA	8.431	5.856	33.109	0.691

由表 3-11 可知，对生猪价格时间序列预测模型结果使用不同组合预测策略进行组合，可以使预测值保持在较高的精度范围内。在预测步长为 1 时，5种组合策略难分伯仲，平均绝对误差均被控制在 2.5（元/千克）以下；在预测步长为 3 时，所有组合策略结果均比最优的单个时间序列预测模型结果与真实值之间的相关性更高，因此代表性更强。OLS 组合策略的表现最好，其次是 Robust 组合策略、CLS 组合策略、Variance Based 组合策略和 Simple 组合策略，此时平均绝对误差均被控制在 4.5（元/千克）以下；在预测步长为 6时，CLS 组合策略和 Robust 组合策略表现最好，平均绝对误差均被控制在 4（元/千克）以下，其他 3 种组合策略的表现从高到低依次为 OLS 组合策略、Variance Based 组合策略和 Simple 组合策略。

表 3-11 组合策略误差评价

	RMSE	MAE	MAPE	COR
预测步长 $H=1$				
CLS	3.105	2.226	9.599	0.959
Variance Based	3.036	2.153	9.611	0.956
Robust	2.901	2.028	8.900	0.956
OLS	2.943	2.213	10.031	0.957
Simple	3.571	2.429	12.109	0.952
预测步长 $H=3$				
CLS	5.609	4.002	19.178	0.842
Variance Based	5.797	4.194	20.402	0.839
Robust	5.411	3.731	17.189	0.845
OLS	5.308	3.763	16.928	0.847
Simple	5.999	4.396	23.215	0.836

（续）

	RMSE	MAE	MAPE	COR
	预测步长 $H=6$			
CLS	4.901	3.956	17.374	0.899
Variance Based	6.568	4.619	21.780	0.781
Robust	5.205	3.931	17.687	0.876
OLS	5.118	4.300	18.932	0.896
Simple	7.420	5.245	27.885	0.745

通过对比表 3-10 和表 3-11 可以发现，仅做一步提前预测时，朴素预测模型（Naïve）可以提供较好的预测结果，其他时间序列预测模型也有较好的表现，此时对不同模型预测值进行组合并没有明显优于单个模型的表现。当预测步长超过 3 时，单个时间序列预测模型开始受到误差累积的影响，即使是表现最好的单个模型，也无法在各项误差评价指标下完全胜过组合预测的表现，预测步长越长，组合预测策略的优势越明显。在预测步长为 3 时，OLS 组合策略的表现最好，相较表现最好的指数平滑状态空间模型（ETS），5 种组合预测策略的预测准确度有 1%～7% 的提升；在预测步长为 6 时，CLS 组合策略表现最优，Robust 组合策略次之。相较表现最好的指数平滑状态空间模型（ETS），5 种组合预测策略的预测准确度有 4% 左右的提升。因此，通过对不同生猪价格预测模型的预测值进行组合，可以有效提高预测的准确性与可靠性。

3.3.4 总结

本节通过建立 6 种机器学习生猪价格因果关系预测模型和 6 种时间序列预测模型，利用 2009 年 2 月到 2021 年 5 月我国生猪价格等 14 个变量的数据，通过 k-近邻互信息输入选择，确定最终的输入变量及其滞后期，对我国生猪价格进行预测。并进一步通过 5 种组合预测策略对预测效果进行比较分析，得出以下结论：第一，6 种机器学习生猪价格因果预测模型均成功拟合了我国 2017 年 6 月至 2021 年 5 月的生猪价格数据。总体来看，所有模型的预测结果与实际生猪市场价格的走势基本一致。通过 k-近邻互信息输入选择的变量能够很好地捕捉我国生猪价格的相关信息。其中，神经网络模型的预测效果在各项误差评价指标中的表现均是最优，与真实值之间的平均绝对误差仅 1.95（元/千克）。6 种模型的预测值与真实值之间都表现出了高度的相关性，均在 95% 左右，预测效果很好。第二，在生猪价格时间序列预测模型中，指数平滑状态空间模型（ETS）综合表现最优，朴素预测模型（Naïve）可以在短期预测中起到很好的基准作用。相对于单个模型，组合预测策略能够提供更加准确可靠的预测值。在预测步长为 3 时，OLS 组合策略的表现最好；在预测步长为 6 时，CLS 组合策略和 Robust 组合策略均可胜任。第三，对 6 种机器学习生猪价格因果关系预测模型使用不同的组合预测策略时，OLS 组合策略综合表现最优，在各项误差评价指标中，特别是 RMSE 和 COR 评价指标，均有着最好的表现。不同的组合预测策略的表现总体上差异不大，因此在选择组合预测策略时，上述 5 种策略都能胜任。第四，综合比较单个模型和组合预测策略的预测表现，相对于最优的单一因果关系模型（即神经网络模型），5 种组合预测策略的预测准确度有 2%～10% 的提升，即使是最简单的 Simple 组合策略也有着不逊于神经网络模型的预测表现。在生猪价格时间序列预测模型中，随着预测步长的增长，组合预测策略的优势愈加明显。因此，对不同模型的预测值进行组合往往能够提供比单个预测模型更高的准确性和可靠性。

以上结论说明，基于机器学习的因果关系预测模型与时间序列预测模型均能够对生猪价格开展较为准确的预测，通过 k -近邻互信息输入选择方法可以有效选择输入变量，通过构建多种预测模型，可避免对单一模型的依赖，对模型预测结果进行组合能够提供更加准确和可靠的预测值，这为生猪产业从业者及相关管理部门把握我国生猪市场价格运行规律提供了较为科学有效的参考。

我国生猪价格影响因素错综复杂，且近年来非正常剧烈波动给居民生活造成了很大影响，根据对相关文献的梳理以及本文实证结果的分析，提出以下建议：第一，输入数据的质量影响着预测模型的最终表现，在选取变量及数据时，应避免主观因素的干扰，使用科学客观的方式对输入集进行输入选择，比如互信息输入选择，能够很好地提升预测模型的表现。第二，没有一种预测算法能够胜任所有场景，因此在进行预测建模时，应避免对单一模型的依赖，可从不同角度构建多个预测模型，对预测值进行比较分析，能够提高结果的可靠性。第三，组合预测策略通常有着比单一模型更稳定、更准确的表现，因此在做相关预测工作时，可以采用组合预测策略，获得更加科学可靠的预测结果，对相关从业者及政策制定者都有一定的参考价值。

3.4 基于机器学习的我国生猪价格实时预测及补出栏决策研究

3.4.1 研究背景与研究动机

中国是世界上最大的生猪生产国，也是主要的猪肉进口国。根据国家统计局的数据，截至 2021 年年底，中国生猪存栏量为 4.49 亿头，其中能繁母猪存栏 4 329 万头。此外，2021 年生猪出栏 2.6 亿头，猪肉产量 5 296 万吨。尽管生猪产量很高，2021 年中国仍然进口 371 万吨猪肉以满足国内需求。然而，在过去的 20 年里，特别是自 2018 年非洲猪瘟暴发以来，生猪价格波动异常。2018 年 8 月 2 日，中国确认首例非洲猪瘟病例。自此，非洲猪瘟迅速蔓延到全国各地，使得生猪存栏下降近 40%。生猪价格从 2019 年 1 月的 11.6 元/千克飙升至 2019 年 10 月的 37.71 元/千克，引发了公众对食品供应的担忧。为此，中国政府实施了一系列生猪产业支持政策，迅速恢复生猪存栏，使得生猪价格从 2020 年 8 月的 37.1 元/千克大幅下降到 2021 年 9 月的 12.5 元/千克。

生猪价格的异常波动，给生猪养殖户的养殖决策带来了巨大的挑战。在 2019 年和 2020 年，生猪价格的上涨促使生猪养殖户疯狂地扩大生猪存栏量。过多的生猪供应导致 2021 年的价格急剧下降，给生猪散养户和规模养殖户带来了巨大损失。2021 年，河南和山东两省超过 70% 的生猪散养户因持续的亏损而退出养猪业。2022 年上半年，全球最大的生猪养殖企业牧原食品股份有限公司亏损 66.84 亿元人民币，而其上年同期盈利 95.26 亿元人民币。考虑到生猪价格的高波动性和生猪养殖者面临的巨大风险，对生猪价格未来趋势的准确预测，特别是对生猪养殖决策的有益建议，对生猪散养户与规模养殖户都至关重要。

生猪价格预测在 20 世纪 50 年代由 Cox，Luby（1956）首次提出。此后，学者开发了各种预测模型来预测生猪价格。总体而言，根据模型结构的不同，预测模型可以分为单个模型和混合模型（Liu et al.，2019）。早期的研究主要根据单个模型预测生猪价格（Cox，Luby，1956；Hamm，Brorsen，1997；Leuthold et al.，1970；Wu et al.，2016）。然而，单个模型可能不适合预测具有复杂非线性和高度不规则性的生猪价格（Zhu et al.，2022）。最近的文献肯定了混合模型在生猪价格预测的表现（Li et al.，2013）。其中，最引人关注的一类混合模型是基于分解技术的预测方法，如 Hodrick - Prescott 过滤器（Liu et al.，2019）、经验模态分解（Xiong et al.，2017）、季节性趋势分解算法（Zhu et al.，2022）。在此类预测模型中，生猪价格首先被分解成若干个组成部分，通过对组合部分进行预测，再将这些预测结果进行汇总，形成生猪价格的最终预测。

关于混合模型的另一支文献是组合预测，由 Bates，Granger（1969）在 20 世纪 60 年代提出。理论上，除非能够事先确定一个特定的预测模型比其余模型有更小的预测误差，否则组合预测能够提供多样化的收益，使得使用组合预测比依赖单个模型预测更具吸引力。在农业领域，组合预测通常比单个模型更优，例如玉米价格预测（Xu，2017）、小麦价格预测（Zeng et al.，2023）、大豆期货价格预测（Wang et al.，2022）以及农产品出口和进口预测（Kargbo，2007）。然而，尽管组合预测在农业领域显示出优越性，但在生猪价格预测领域却未见令人信服的证据。

本文特别关注的第二个方面是基于预测的生猪养殖决策。生猪价格预测的目的无疑是为了支持养殖决策，特别是对生猪养殖户而言。生猪养殖户在进行养殖决策时，最关键的决策是如何调整生猪存栏量，这可以进一步分解为两个子决策：（a）通过购买仔猪增加存栏量；（b）通过将育肥猪送往屠宰场减少存栏量。因此，生猪养殖者需要在养殖过程的每个时期确定购买仔猪的数量和送去屠宰的育肥猪数量。由于生猪养殖者很难将私人和公共信息转化为实际有价值的知识，因此需要决策支持系统等平台来帮助他们做出科学决策（Zhai et al.，2020）。决策支持系统已成功应用于农业领域，如农场管理（Antonopoulou et al.，2010；Kukar et al.，2019）、灌溉管理（Navarro‐Hellín et al.，2016）和农业生态系统管理（Xu et al.，2008）等方面。然而，当前生猪价格预测的研究从未关注到生猪养殖过程中的决策支持系统。

本文的研究目的如下。首先，提出一个组合预测框架，用于生猪价格多步（6个月）预测。其次，在此基础上，提出了一种基于生猪价格预测信息的生猪养殖策略，以改善生猪养殖者的决策。最后，我们为生猪养殖者开发了一个决策支持系统，它在 RStudio 和 Glade 中实现，用户界面友好。具体来说，利用关于供应、需求、经济环境和金融市场的数据，我们提出了一个组合预测框架，该框架整合了 11 个覆盖主流计量经济学和机器学习方法的单个预测模型，并采用了 7 种组合策略。此外，我们还选择了 4 个时间序列预测模型作为基准模型。

在该类事前预测中，外部预测因子（解释变量）的真实值在预测时是未知的（Leuthold et al.，1970）。常用的迭代多步预测策略是将前一步获得的生猪价格和预测因子的预测值作为下一步预测的输入（Taieb et al.，2010）。因此，观察到的预测误差可能由于预测因子的估计误差而增加（Leuthold et al.，1970）。因此，本文采用直接策略进行多步预测。将使用预测信息的生猪养殖户获得的收益与没有预测信息的养殖户收益进行对比，以评价所开发的决策支持系统的经济表现。

本文主要结果表明，在 6 个预测期和 4 个准确度指标上所提出的组合预测模型始终比单个预测模型和时间序列模型表现更优，这也被 Diebold‐Mariano 检验结果证实。具体来说，对于 7 个组合策略，最小绝对偏差策略通常产生最准确的预测结果。对于 11 个单个预测模型，没有一个模型在不同的预测期和准确度指标上始终表现得最好。此外，与随机游走、指数平滑和 ARIMA 相比，朴素法是一个有竞争力的模型。关于经济表现，有预测信息的生猪养殖户的累计收益一直高于没有预测信息的生猪养殖户的累计收益。这表明，所提出的组合预测框架和生猪养殖策略对生猪养殖户是有价值的。

本文的贡献表现在如下四点。首先，我们提出了一个综合的组合预测框架，用于生猪价格多步预测。该框架整合了多种单个计量经济学和机器学习模型，并研究了各种组合策略。该框架采用了直接预测策略来进行多步预测。以前关于生猪价格预测的研究主要依赖于单个模型（Cox，Luby，1956；Hamm，Brorsen，1997；Leuthold et al.，1970；Wu et al.，2016）或使用分解技术的混合模型（Liu et al.，2019；Xiong et al.，2017；Zhu et al.，2022），较少探讨组合预测在生猪价格预测中的表现，本研究试图填补这一空白。

其次，我们研究了供应、需求、经济环境和金融市场等对生猪价格可能产生影响的各种预测因子。之前的单因素预测模型研究完全依赖于历史生猪价格，只将其作为预测因子（Liu et al.，2019）。除了历史生猪价格，多因素模型还使用其他数据作为预测因子，并可以清楚地解释各个预测因子如何影响生猪价格。然而，以前对多因素模型的研究主要集中在研究有限来源的预测因子的预测性能，如期货市场。我们认为，不同来源的预测因子包含了关于生猪价格未来趋势的独特信息，应该在生猪价格预测的背景下进行充分研究。

再次，我们设计了一个基于生猪价格预测的生猪养殖策略，供生猪养殖户进行出栏补栏决策。人们对利用生猪价格预测信息的生猪养殖决策关注甚少。我们试图通过实地研究和采访生猪养殖者来了解他们在生猪养殖过程中如何调整生猪存栏，从而填补这一空白。之后，我们根据获得的生猪价格预测信息，为生猪养殖户设计了一个生猪养殖策略，以确定养殖过程中每个时期的出栏和补栏数量。此外，我们还采用了一个基于朴素法的生猪养殖策略进行对比。

最后，本研究首次为生猪养殖者开发决策支持系统，利用生猪价格预测信息来改善生猪养殖的决策。由于中国生猪价格的异常波动，生猪养殖者在进行生猪养殖决策时面临着巨大风险，尤其是 2018 年非洲猪瘟暴发以来。决策支持系统已经在农业管理中被广泛地应用（Antonopoulou et al.，2010；Kukar et al.，2019；Navarro - Hellin et al.，2016；Xu et al.，2008），但在生猪养殖领域的应用并不多见。

3.4.2　方法与数据

（1）数据来源

本节解释结果变量和预测因子的数据来源。本文关注的是月度层面的数据。数据集包含全国层面的一个结果变量和 14 个预测因子。月度数据的时间跨度为 2009 年 2 月到 2022 年 12 月，数据按月更新。生猪价格为结果变量，从农业农村部获得。

本节从供应、需求、经济环境和金融市场中选择 14 个预测因子。首先，从生猪供应中收集生猪存栏量、能繁母猪存栏量、生猪屠宰量、仔猪价格、玉米价格和豆粕价格。前三个预测因子可以监测不同时间滞后的生猪供应情况。

一头母猪从怀孕到分娩大约需要 4 个月，仔猪到育肥猪的育肥过程通常还需要 6 个月（Fliessbach，Ihle，2020）。这意味着能繁母猪和生猪存栏分别在大约 10 个月和 6 个月后影响生猪价格。相比之下，生猪屠宰量立即影响生猪价格。从 2009 年 2 月到 2020 年 12 月，农业农村部每个月只公布同比和环比生猪和能繁母猪存栏量。从 2021 年 1 月开始，国家统计局每月发布能繁母猪存栏量，每季度发布生猪存栏量。因此，我们根据 2009 年 2 月至 2020 年 12 月的同比和环比数据以及 2021 年 1 月以来的生猪和能繁母猪存栏量，获得最终的月度生猪和能繁母猪存栏量。需要注意的是，如果在预测的当月，季度生猪存栏量还未公布，我们就用朴素法来获取生猪存栏量。此外，农业农村部从 2009 年 2 月开始每月发布屠宰量，因此可以很容易地每月更新该数据。仔猪、玉米和豆粕是生猪养殖的主要投入，本文从农业农村部收集每月的仔猪、玉米和豆粕价格。

本节收集了城镇居民人均可支配收入（以下简称可支配收入）、鸡肉价格和牛肉价格。国家统计局以季度为单位发布可支配收入。与 2021 年 1 月的生猪存栏量类似，我们利用季度发布的数据获得月度可支配收入。鸡肉和牛肉是猪肉的主要替代商品，本文从农业农村部收集月度鸡肉和牛肉价格。

本节从经济环境中选择百度指数、M2（货币供应量）和社会消费品零售总额（以下简称零售额）三个预测因子。百度是中国最大的搜索引擎。本文以"生猪价格"为关键词获得百度指数，以评估社会对生猪价格的关注度。以往研究表明，搜索行为可以为商品价格预测提供有用的信息。由于结果变量是生猪名义价格。因此，月度 M2 被选为预测因子，从中国人民银行收集 M2 数据。零售额是反映居民购买力和经济表现的重要指标，因此也选作预测因子，从国家统计局获得该数据。

最后一个预测因子来自金融市场。中国生猪养殖的市场集中度正在迅速提高。中国前 20 家生猪养殖上市企业在 2017 年出栏 6 073 万头生猪，占全国总出栏量的 11.2%。2021 年，则分别为 1.36 亿头生猪和 20.4%。因此，生猪养殖上市企业在发挥着至关重要的作用。Xiong 等（2021）发现生猪养殖上市企业的股票价格可以为大约 7 个月后的生猪价格提供预测信息。鉴于中国有近 40 家生猪养殖上市企业，本文使用申银万国股份有限公司发布的生猪养殖综合指数，而不是具体的生猪养殖企业股票价格，来评估中国生猪养殖上市企业的整体股票价格表现。

（2）直接多步预测策略

给定当前和历史的生猪价格和预测因子，生猪价格多步预测可以被描述为对未来生猪价格的估计 y_{N+h}，（$h=1, 2, \cdots, H$），其中 H 是预测步长。以往文献提出了大量多步预测策略，其中的迭代策略由于其简单易实现的优点而成为最常用的多步预测策略（Taieb et al.，2010；Sorjamaa et al.，2007）。迭代策略通过最小化样本内一步提前预测残差的平方和，构建预测模型，然后将预测值作为同一模型的输入，对后续时点进行预测，并以此种方式一直预测到设定的预测步长（Taieb et al.，2010）。该策略的优点是只需建立一个预测模型，缺点是前期预测值的误差会在随后的预测中累积，出现误差积累问题（Sorjamaa et al.，2007）。更重要的是，迭代策略不适用于本研究，因为本文的研究问题包含了外部预测因子。外部预测因子的真实值在预测时是未知的，如果使用迭代策略开展多步预测，则需要预测所有外部预测因子，并使用这些预测值来预测生猪价格，这将带来巨大的预测误差。

因此，本文采用直接策略进行生猪价格多步预测。该策略为每个预测步长构建了一个预测模型，并且只使用历史观测数据（Franses，Legerstee，2010）。数据集 $\{(\boldsymbol{X}_1, y_1), (\boldsymbol{X}_2, y_2), \cdots, (\boldsymbol{X}_N, y_N)\} \subset R^n \times R$，其中 $\boldsymbol{X}_t$ 是包含所有预测因子的输入向量，而 y_t 是 t 时的生猪价格。直接策略在输入向量和 H 个输出变量之间建立了 H 个不同的模型来预测 y_{N+h}，（$h=1, 2, \cdots, H$）。具体来说，直接策略分别学习和构建 H 个预测模型。

$$y_{N+h} = f_h(\boldsymbol{X}_N) + \varepsilon, \quad h \in \{1, 2, \cdots, H\} \qquad (3-29)$$

其中 ε 是零均值噪声标量。

在模型训练后，对生猪价格的 H 步预测值的估计通过以下方式得到：

$$\hat{y}_{N+h} = \hat{f}_h(\boldsymbol{X}_N), \quad h \in \{1, 2, \cdots, H\} \qquad (3-30)$$

在直接策略中，前期预测值不再被用作输入；因此，我们不需要预测预测因子的未来趋势。此外，直接策略不会出现误差积累，但直接策略更加耗时。

（3）组合预测框架

本节简要介绍各个预测模型，并详细介绍本研究中使用的组合预测框架。基础模型的多样性和预测性能是选择单个预测模型的准则。根据这一准则，本文选择了以下 11 个单个模型来构建组合预测：多元线性回归、贝叶斯广义线性模型、支持向量机回归、前馈神经网络、径向基（RBF）神经网络、极限学习机、高斯过程回归、决策树、随机森林、极限提升树和梯度提升树。我们选择上述单个预测模型的原因主要有两点。其一，通过纳入主流计量经济学和机器学习方法来实现单个模型的多样性。所选择的 11 个模型中，前两个模型是计量经济学方法，其余的是机器学习方法。特别是，最后三个机器学习方法是集成学习技术。其二，所有单个模型在预测文献中都有很好的表现（Taieb et al.，2010；Bloznelis，Daumantas，2018；Andrawis et al.，2011）。本文旨在改善生猪养殖户在生猪养殖中的决策，预测过程中应包括外部预测因子以提供有用的解释信息。因此，本文在组合预测中不加入时间序列模型（如朴素法和指数平滑法）。为了比较，我们选择了朴素法、随机游走、指数平滑法和 ARIMA

基准模型。为了节省篇幅，本文没有详细介绍单个预测模型的原理。

一旦获得单个模型的预测值，即使用组合预测策略将单个模型的预测值进行组合。一般而言，组合预测是通过对单个模型预测值的加权平均来实现，如下式所示：

$$\hat{y}_{h,comb} = \sum_{i=1}^{M} w_{i,h} \hat{y}_h^i \qquad (3-31)$$

其中 $\hat{y}_h^i$ 是单个模型 i 对生猪价格的 h 步预测，M 是单个模型的总数，$w_{i,h}$ 是单个模型 i 在预测期 h 中的权重。注意 $w_{i,h}$ 权重随预测步长的变化而变化。为简单起见，在下面的组合方案描述中不使用下标 h。本文主要考虑如下 7 个广泛使用的组合策略。

简单平均法。该策略对单个模型预测值取均值，即 $w_i = 1/M$。虽然该策略的原理很简单，但已有研究表明，该策略通常优于一些复杂的组合策略（De Menezes et al.，2000；Claeskens et al.，2016）。

普通最小二乘法。该策略是在生猪价格真实值和预测值之间构建线性回归方程，并用普通最小二乘法估计该方程（Granger，Ramanathan，1984）。

$$y_t = w_0 + \sum_{i}^{M} w_i \hat{y}_{i,t} + \varepsilon_t \qquad (3-32)$$

最小一乘法。式（3-32）中的系数是通过最小二乘法来估计的。假设一个单个预测模型在一般情况下表现良好，但偶尔与目标有很大的差距。在此情形下，该模型在最小一乘法下的权重会比在普通最小二乘法下的权重高，因为这类模型在使用普通最小二乘法时会受到更多的惩罚（Raviv，2016）。

约束最小二乘法。如果在没有约束的情况下估计公式（3-32），预测值之间的高相关性会导致不稳定的权重。有约束的最小二乘法通过引入额外的约束条件来解决该问题，比如在本研究中使 $\sum_{i}^{M} w_i = 1$ 和 $w_i \geqslant 0$。

基于方差的方法。Stock，Watson（1998）提出了一个方案，即权重与均方误差的倒数成正比。该权重 w_i 由如下公式给出

$$w_i = MSE_i / \sum_{i=1}^{M} MSE_i \qquad (3-33)$$

其中 MSE_i 是单个模型 i 的均方误差。

最优模型法。该策略基于均方误差从现有模型库中选择最佳模型。

基于信息论的方法。该策略根据信息理论组合预测给每个预测分配权重（Raviv，2016）。在本研究中，我们使用最近提出的 Mallow 信息准则（Hansen，2007）。

图 3-3 展示了组合预测框架，该组合预测框架由以下三个主要步骤组成：

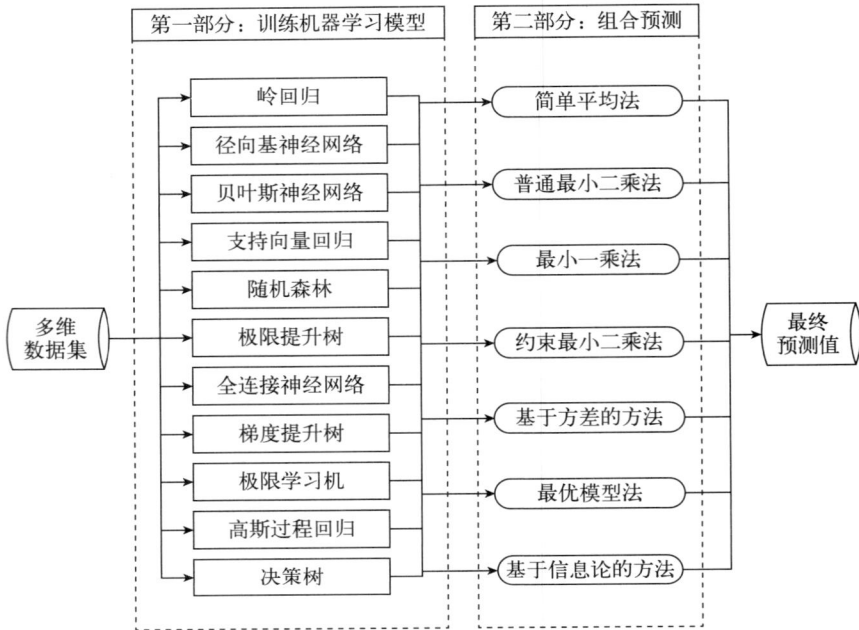

图 3-3　组合预测逻辑图

步骤 1：单个预测。将数据集分成训练集与测试集。所有单个预测模型都通过 5 折交叉验证法，对每个预测步长进行模型训练。因此，我们得到每个预测期的单独预测。

步骤 2：组合预测。使用 7 种组合策略将步骤 1 得到的单个预测值进行组合，得到每个预测步长的组合预测值。

步骤 3：比较。我们用扩展窗口的方法重复上述步骤 1 和步骤 2，直到获得测试集的所有组合预测值。进而比较 7 种组合策略在测试集上每个预测步长的预测误差，最终确定组合预测的最佳策略。

（4）基于组合预测的生猪养殖策略

本节介绍基于生猪价格组合预测信息的生猪养殖策略。为了简单起见，我们首先做以下四个假设。第一，决策者是一个中国的生猪养殖户，他有一个最大产能为 1 000 头的猪场。因此，该生猪养殖户是一个市场价格的接受者，没有定价权。第二，该生猪养殖户没有种猪场，因此必须从外部购买仔猪。第三，从仔猪到育肥猪的育肥期是 6 个月。然而，生猪养殖户可以提前或推迟 1 个月将育肥猪送去屠宰，这取决于他对未来生猪价格的预期。这意味着，如果生猪养殖户预期未来生猪价格会下跌，他将把育肥 5 个月的育肥猪送去屠宰。同样，如果生猪养殖户预计未来生猪价格很快就会上涨，那么会将猪育肥至 7 个月。第四，购入仔猪时，仔猪的重量是 5 千克，送宰时育肥猪的重量是 100 千克。

上述组合预测框架可以每个月提供未来 6 个月的生猪价格预测信息。然而，生猪养殖户不能完全依靠生猪价格预测信息来做决策。生猪养殖户的目标是利润最大化，因此，猪场当前和未来的盈利水平至关重要。例如，如果养猪场因生猪价格极低而严重亏损，养猪养殖户现在就不应该购买仔猪，即使我们预计未来生猪价格很快就会上涨。猪粮价格比是一个广泛使用的衡量养殖场盈利水平的指标。根据国家发展和改革委员会发布的文件，如果猪粮价格比低于 6，中国的生猪养殖户会遭受损失；如果猪粮价格比在 6～9，生猪养殖就有利可图；如果猪粮价格比大于 9，生猪养殖的利润就过高。本文遵循国家发展和改革委员会的指导方针，用猪粮价格比来衡量养猪业的盈利能力。为简单起见，我们假设玉米价格在接下来的 6 个月内是稳定的，因此我们可以用 6 个月后的生猪价格预测除以玉米价格来生成 6 个月后的猪粮价格比预测值。因此，在本文提出的生猪养殖策略中，生猪养殖户根据 6 个月后的猪粮价格比预测值，决定每月购买的仔猪和送去屠宰的育肥猪的数量。

生猪养殖策略详见如下。

步骤 1：初始化。在模拟的第一期，养殖场有 100 头育肥 1 个月的生猪，有 100 头育肥 2 个月的生猪，有 100 头育肥 3 个月的生猪，有 100 头育肥 4 个月的生猪，有 100 头育肥 5 个月的生猪，有 100 头育肥 6 个月的生猪。初始化后，养殖户根据步骤 2 确定每月送去屠宰的育肥猪数量（出栏），根据步骤 3 确定每月购买的仔猪数量（补栏）。

步骤 2：出栏策略。当前的猪粮价格比 R_t 表示当月将育肥猪送往屠宰场的盈利能力。对下个月生猪-玉米比率 $\hat{R}_{t+1}$ 的预测代表了下个月将肥猪送入屠宰场的盈利能力。因此，生猪养殖者通过比较 R_t 和 $\hat{R}_{t+1}$ 来做决定。

图 3-4 显示育肥猪出栏的决策逻辑。如果 $\hat{R}_{t+1} > R_t$，则养殖户应减少当月送宰的育肥猪数量。具体来说，如果（$\hat{R}_{t+1} > 9$）或（$6 \leqslant \hat{R}_{t+1} \leqslant 9$ and $R_t < 6$），将所有 7 个月的育肥猪送去屠宰。否则，将所有 7 个月和 6 个月的育肥猪送去屠宰。如果 $\hat{R}_{t+1} \leqslant R_t$，养殖户应增加当月送宰的育肥猪数量。具体来说，如果（$\hat{R}_{t+1} \leqslant 6$）或（$6 \leqslant \hat{R}_{t+1} \leqslant 9$ and $R_t > 9$），将所有 7 个月、6 个月和 5 个月的育肥猪送去屠宰。否则，将所有 7 个月和 6 个月的育肥猪送去屠宰。

步骤 3：补栏决策。6 个月后的猪粮价格比 $\hat{R}_{t+6}$ 预测值表明了当月购买仔猪的未来盈利能力。没有生猪价格预测信息的养殖户根据当前的猪粮价格比 R_t 进行决策。这意味着当前猪粮价格比 R_t 越高，没有生猪价格预测信息的养殖户购买的仔猪就越多。因此，拥有生猪价格预测信息的养殖户很难在 6 个月后盈利。因此，如果 $\hat{R}_{t+6}$ 高，而 R_t 低，则养殖户才应该购买仔猪。

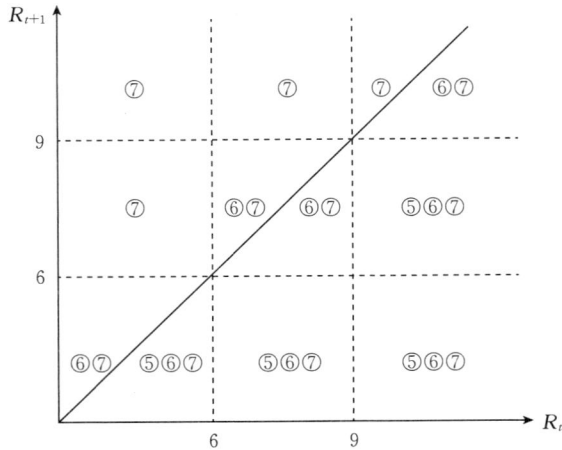

图 3-4　育肥猪出栏的决策逻辑

图 3-5 展示补栏的决策逻辑。如果 $\hat{R}_{t+6}>9$，养殖户应尽可能多地购买仔猪。如果 $6{\leqslant}\hat{R}_{t+6}{\leqslant}9$ and $R_t<6$，购买仔猪的数量＝（购买仔猪的最大数量＋当月送往屠宰场的育肥猪数量）/2。如果 $6{\leqslant}\hat{R}_{t+6}{\leqslant}9$ and $6{\leqslant}R_t{\leqslant}9$，则购买仔猪的数量等于当月送宰的育肥猪数量。如果 $6{\leqslant}\hat{R}_{t+6}{\leqslant}9$ and $R_t>9$，则购买的仔猪数量等于当月送宰的育肥猪数量的一半。如果 $\hat{R}_{t+6}<6$，不购买仔猪。

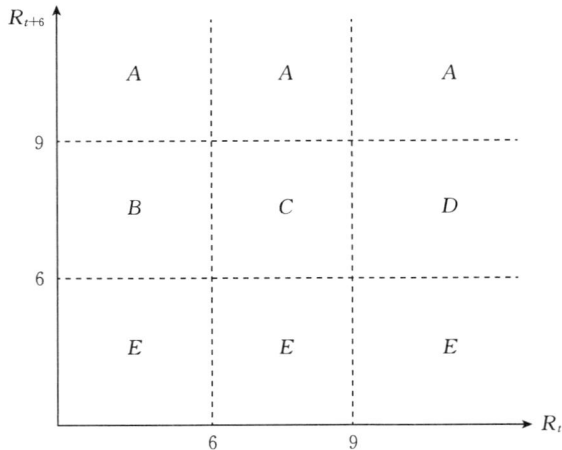

图 3-5　补栏的决策逻辑

为了比较，本文还根据生产者价格预期（Gouel，2012；Fliessbach，Ihle，2020）为没有生猪价格预测信息的养殖户制定了一个基于朴素法的生猪养殖策略，他们根据当前的猪粮价格比 R_t 做决策。如果 $R_t>9$，将所有 7 个月大的育肥猪送去屠宰，并尽可能多地购买仔猪。如果 $6 \leqslant R_t \leqslant 9$，屠宰所有 7 个月和 6 个月的育肥猪，并购买与屠宰数量相同的仔猪。如果 $R_t < 6$，将所有 7 个月、6 个月和 5 个月的育肥猪送去屠宰，不购买仔猪。

3.4.3　实证结果

（1）实验设置

本研究使用 2009 年 2 月至 2022 年 12 月的生猪价格月度数据和 14 个预测因子作为实验数据集。归一化是时间序列预测的一个基本要求。因此，所有生猪价格和预测因子的数据都采用线性变换以缩放到 ［0，1］ 之间。我们按照常用的三分之二准则将数据集划分为训练集和测试集。因此，2009 年 2 月到 2018 年 5 月的前 112 个观测值被选为训练集，用于确定模型参数。2018 年 6 月到 2022 年 12 月的后 55 个观测值被用作测试集，用来评估所获得的模型的预测性能。图 3-6 绘制了 2009 年 2 月到 2022 年 12 月的月度生猪价格。在过去的 10 年中，生猪价格波动异常。此外，测试集的生猪价格表现出前所未有的波动性，这对生猪价格多步预测提出了巨大挑战，为评估组合预测和生猪养殖策略的性能提供了一个很好的案例。

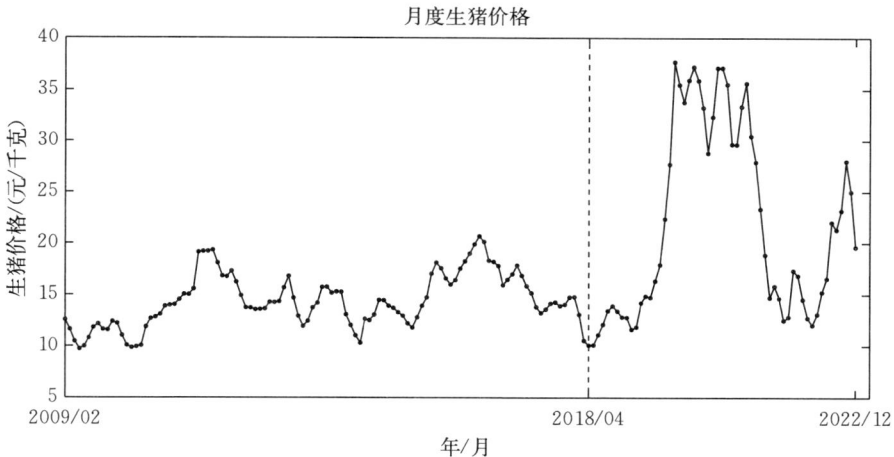

图 3-6　月度生猪价格序列

为了实现准确的预测并充分利用历史数据，当新的数据到来时，我们使用扩展窗口法重新估计预测模型。在该方法中，起点是固定的，新的数据在出现时被纳入预测模型。起点是 2009 年 2 月，原始窗口涵盖了从 2009 年 2 月到 2018 年 5 月的估计样本。图 3-7 说明了使用扩展窗口法进行多步提前预测的思路。图 3-7（a）显示了原始窗口的多步预测。在该情况下，2009 年 2 月至

2018 年 5 月的生猪价格历史数据和 14 个预测因子通过交叉验证法被用来估计预测模型，并产生 2018 年 6 月至 2018 年 11 月的生猪价格多步预测值。然后，我们获得了 2018 年 6 月的生猪价格和 14 个预测因子的真实值，更新后的窗口为 2009 年 2 月到 2018 年 6 月。使用该扩展窗口重新估计预测模型，并产生 2018 年 7 月至 2018 年 12 月的生猪价格的多步预测值，如图 3－7（b）所示。重复上述过程，直到获得测试集中的所有预测结果。这些预测结果是生猪养殖策略的输入，以提高生猪养殖户每个月的经营绩效。最后，基于测试集的实验结果，应用统计学和经济学标准对所开发的决策支持系统的预测性能进行了评价。

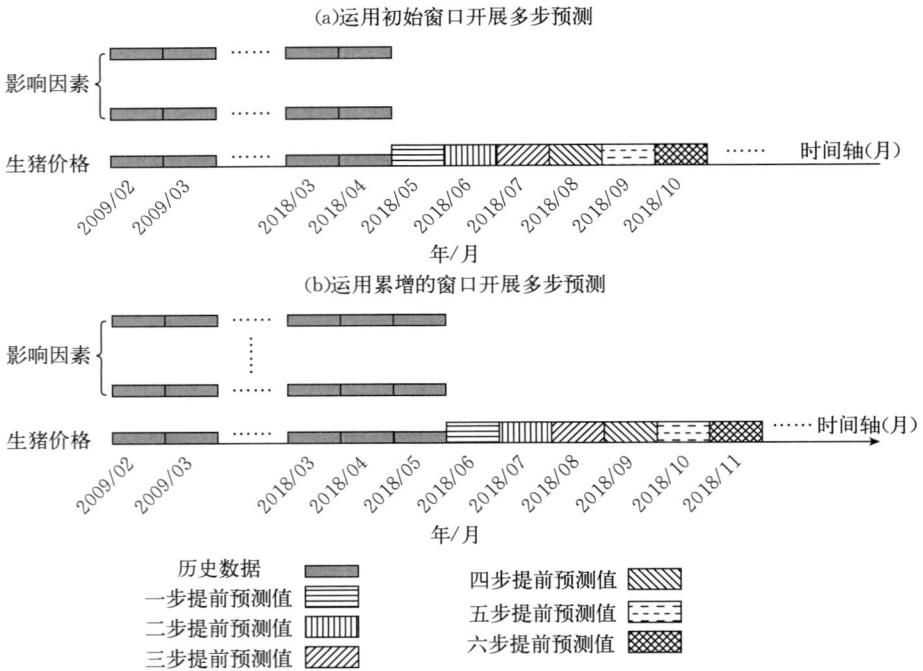

图 3－7　多步预测思路

所有数据实验都在 RStudio（1.4.1717 版）中实现。具体的，本文使用 lm 函数进行多元线性回归。分别使用 arm、e1071、neuralnet、RSNNS、elmNN、ernlab、caret、randomForest、h2o 和 xgboost 包实现贝叶斯广义线性模型、支持向量机回归、前馈神经网络、RBF 神经网络、极限学习机、高斯过程回归、决策树、随机森林、梯度提升机和极致梯度提升。所有的组合策略都是通过 ForecastCombinations 和 ForecastComb 包实现。在输入选择方面，采用 rmi 包来计算相互信息。forecast 包被用来进行 Diebold－Mariano 检验。

（2）误差指标

没有任何一个指标可以捕捉预测误差的分布特征。因此，本研究采用了三个预测误差指标：根均方误差（RMSE）、平均绝对百分比误差（MAPE）和对称平均绝对百分比误差（SMAPE）。RMSE 和 MAPE 被大多数教科书所推荐（Hanke，Wichern，1995；Bowerman et al.，2005）。SMAPE 是 M3 和 NN3 竞赛中使用的主要指标（Makridakis，Hibon，2000；Crone et al.，2005）。除了上述三个误差指标外，方向对称性（DS）也被采纳为方向预测的评价标准。这些指标的公式如下：

$$RMSE_h = \sqrt{\frac{1}{N}\sum_{t=1}^{N}(\hat{y}_{t,h} - y_t)^2} \tag{3-34}$$

$$MAPE_h = \frac{100\%}{N}\sum_{t=1}^{N}\left|\frac{\hat{y}_{t,h} - y_t}{y_t}\right| \tag{3-35}$$

$$SMAPE_h = \frac{100}{N}\sum_{t=1}^{N}\left|\frac{\hat{y}_{t,h} - y_t}{\hat{y}_{t,h} + y_t}\right| \tag{3-36}$$

$$DS_h = \frac{1}{N}\sum_{t=1}^{N}d_t, \ d_t = \begin{cases} 1, & if\ (y_t - y_{t-1})(\hat{y}_{t,h} - y_{t-1}) \geqslant 0 \\ 0, & otherwise \end{cases} \tag{3-37}$$

其中 $\hat{y}_{t,h}$ 是对第 t 期生猪价格的 h 步预测，y_t 是第 t 期生猪价格的真实值。N 是测试集观察值的数量，h 是预测范围。

本文进一步采用 Diebold - Mariano（DM）检验方法在统计意义上检验两个竞争性预测模型的优劣（Diebold，Mariano，1995）。在 DM 检验中，损失函数是平均预测误差（MSPE），原假设是被检验模型 te 的 MSPE 不小于参考模型 re 的 MSPE。DM 统计量如下：

$$S_{DM} = \bar{g}_h / \sqrt{(\hat{V}_{g,h}/N)} \tag{3-38}$$

其中 $\bar{g}_h = (\sum_{t=1}^{N}g_{t,h})/N$；$g_{t,h} = (\hat{y}_{t,h}^{te} - y_t)^2 - (\hat{y}_{t,h}^{re} - y_t)^2$；$\hat{V}_{g,h} = \gamma_{0,h} + 2\sum_{t=1}^{\infty}\gamma_{t,h}$；$\gamma_{t,h} = cov(g_{t+1,h}, g_{t,h})$；$\gamma_{0,h}$ 是 $g_{t,h}$ 的方差。$\hat{y}_{t,h}^{te}$ 和 $\hat{y}_{t,h}^{re}$ 表示在 t 时期内，检验模型 te 和参考模型 re 产生的对生猪价格 y_t 的 h 步预测值。N 是测试集的样本量，h 是预测步长。

（3）输入选择和变量的重要性

本研究收集了 14 个预测因子。根据经验法则，设最大滞后期为 12 个月。因此，输入空间是一个长度为 180 的向量（15×12），包含滞后 1 到 12 个月的14 个预测因子和生猪价格本身。如此大量的输入向量会导致"维度诅咒"（Verleysen，François，2005）和一个具有高计算复杂性的预测模型（Sorjamaa et al.，2007）。因此，需要确定一个具有一定滞后期的最佳预测因子集作为预测模型的输入。输入选择对于提高机器学习模型的准确度至关重要。本文采用过滤法进行输入变量选择。该方法需要设置两个要素：评价标准和搜索算法。前者计算输入和输出组合之间的依赖关系，后者描述输入空间的搜索策略。具体来说，本文使用互信息和前向选择方法作为评价标准和搜索算法。第一，为每个预测因子选择一个最佳滞后期，以评估变量的重要性并提供解释信息。例如，假设输入选择表明，生猪存栏的最佳滞后期是 10。那么，预测模型的输入变量中只包括滞后期为 10 个月的生猪存栏，而舍弃生猪存栏的其他滞后期。第二，在直接策略中，每个预测步长的输入和输出是不同的。因此，我们必须对一、二、三、四、五、六步预测步长分别进行输入选择，因此，每个预测步长的最终输入变量可能是不同的。

表 3 - 12 报告了每个预测步长的最终输入变量。由表 3 - 12 可知，第一，最终的输入变量在 6 个预测步长中基本一致。第二，最重要的预测因子是滞后 1 个月的生猪价格本身，其次是仔猪价格、能繁母猪存栏量、生猪存栏量、生猪屠宰量、玉米价格、牛肉价格、生猪养殖指数和零售额。第三，预测因子的最佳滞后期通常是有意义的。特别是，能繁母猪和生猪存栏量的最佳滞后期分别为 11 个月和 7 个月，这与前文讨论的生猪养殖过程基本一致。此外，来自金融市场的生猪养殖指数的最佳滞后期为 7 个月，这与 Xiong 等（2021）的研究基本一致。

表 3 - 12　输入变量选择结果

预测步长	最终输入变量
$h=1$	$x_{-1}^{hogprice}$, $x_{-1}^{pigletprice}$, $x_{-11}^{sowinventory}$, $x_{-7}^{hoginventory}$, $x_{-2}^{slaughter}$, $x_{-11}^{cornprice}$, $x_{-4}^{beefprice}$, $x_{-8}^{hogfarmingindex}$, $x_{-5}^{retailsales}$
$h=2$	$x_{-2}^{hogprice}$, $x_{-2}^{pigletprice}$, $x_{-11}^{sowinventory}$, $x_{-7}^{hoginventory}$, $x_{-2}^{slaughter}$, $x_{-11}^{cornprice}$, $x_{-4}^{beefprice}$, $x_{-8}^{hogfarmingindex}$, $x_{-5}^{retailsales}$
$h=3$	$x_{-3}^{hogprice}$, $x_{-2}^{pigletprice}$, $x_{-11}^{sowinventory}$, $x_{-7}^{hoginventory}$, $x_{-3}^{slaughter}$, $x_{-11}^{cornprice}$, $x_{-4}^{beefprice}$, $x_{-8}^{hogfarmingindex}$
$h=4$	$x_{-4}^{hogprice}$, $x_{-4}^{pigletprice}$, $x_{-11}^{sowinventory}$, $x_{-7}^{hoginventory}$, $x_{-4}^{slaughter}$, $x_{-11}^{cornprice}$, $x_{-4}^{beefprice}$, $x_{-8}^{hogfarmingindex}$
$h=5$	$x_{-5}^{hogprice}$, $x_{-5}^{pigletprice}$, $x_{-11}^{sowinventory}$, $x_{-7}^{hoginventory}$, $x_{-5}^{slaughter}$, $x_{-11}^{cornprice}$, $x_{-5}^{chickenprice}$, $x_{-8}^{hogfarmingindex}$
$h=6$	$x_{-6}^{hogprice}$, $x_{-6}^{pigletprice}$, $x_{-11}^{sowinventory}$, $x_{-7}^{hoginventory}$, $x_{-5}^{slaughter}$, $x_{-11}^{cornprice}$, $x_{-6}^{chickenprice}$, $x_{-8}^{hogfarmingindex}$

(4) 预测表现

组合预测、单个预测模型和时间序列模型的 RMSE、MAPE、SMAPE 和 DS 分别如表 3-13、表 3-14、表 3-15、表 3-16 所示。表中的每一列，均将数值最小的行加粗（除 DS 外，因为其数值越大越好）。由如上 4 个表可知。第一，无论使用哪个误差指标，在 6 个预测步长中排名前三的模型均是最小一乘法、普通最小二乘法和基于信息论的组合策略。第二，在 6 个预测步长和 4 个误差指标下，组合预测始终比单个预测模型更优。因此，本研究进一步证明了组合预测框架的优越性。第三，与单个预测模型和组合预测相比，时间序列预测模型（朴素法、随机游走、指数平滑法和 ARIMA）表现最差。第四，关于 11 个单个预测模型，没有一个模型在不同的预测步长和误差指标上获得一致的预测表现。例如，根据 MAPE，贝叶斯广义线性模型在一步提前预测中是最优的。随机森林、极致梯度提升和前馈神经网络在两步、三步和四步提前预测中是最优的。决策树以及随机森林对五步提前预测产生最小的 MAPE，而极限提升树在六步提前预测中是最优的。这些结果进一步证实了组合预测的必要性。第五，与其他方案相比，最小一乘法一般能产生最好的预测结果，这表明我们应该谨慎选择组合策略。此外，与其他策略相比，简单平均法表现最差，这不符合 De Menezes 等（2000）和 Claeskens 等（2016）的结论。第六，与随机游走、指数平滑和 ARIMA 相比，朴素法是一个有竞争力的模型，这意味着朴素法很难被击败，与 Bloznelis，Daumantas（2018）和 Green，Armstrong（2015）的结论一致。最后，单个模型和组合预测的预测性能并没有随着预测步长的增加而明显恶化。例如，根据 MAPE，11 个单一模型的 MAPE 从一步提前预测的 7% 增加到六步提前预测的 11%。然而，时间序列模型的情况并非如此。时间序列模型的 MAPE 从一步提前预测的 9% 增加到六步提前预测的 32%。一个可能的解释是，单个模型使用直接策略，而时间序列模型通常采用迭代策略。迭代策略很容易出现误差积累，这导致随着预测步长的增加而表现不佳（Taieb et al.，2010；Sorjamaa et al.，2007）。

表 3-13 预测模型的 RMSE

| | 预测步长 h | | | | | |
	1	2	3	4	5	6
组合策略						
简单平均策略	2.10	2.54	3.05	3.10	3.22	3.28
OLS	1.75	2.07	2.26	2.33	2.74	2.76
LAD	**1.66**	**1.93**	**2.16**	**1.96**	**2.43**	**2.62**
约束最小二乘	1.92	2.42	2.85	2.88	3.02	3.09

（续）

	预测步长 h					
	1	2	3	4	5	6
基于方差的策略	2.06	2.52	2.98	3.02	3.14	3.21
最优模型策略	2.01	2.43	2.85	2.88	3.03	3.09
基于信息准则的策略	1.75	2.12	2.35	2.29	2.66	2.86
单一预测模型						
多元线性回归	3.16	4.17	4.32	4.39	4.42	5.95
贝叶斯广义线性回归	2.01	2.93	3.72	3.78	3.90	3.83
支持向量回归	2.07	3.19	4.19	4.38	4.50	4.50
前向神经网络	2.36	2.56	2.85	2.97	3.11	3.15
RBF 神经网络	2.24	2.50	2.95	3.02	3.11	3.17
极限学习机	2.30	2.45	2.98	2.98	3.09	3.18
高斯过程回归	2.31	2.46	2.89	2.98	3.01	3.25
决策树	2.30	2.52	2.87	2.88	3.03	3.16
随机森林	2.33	2.51	2.99	3.11	3.08	3.17
梯度提升机	2.34	2.55	2.92	2.91	3.06	3.17
极限提升树	2.34	2.43	2.90	3.04	3.12	3.09
基准预测模型						
朴素预测法	2.95	4.98	6.33	7.34	8.45	9.53
随机游走	2.96	5.02	6.39	7.44	8.58	9.71
指数平滑	3.12	5.96	7.86	8.88	9.80	10.97
ARIMA	2.92	5.30	6.81	7.84	9.04	10.23

注：最小的 RMSE 进行加粗。

表 3-14　预测模型的 MAPE

	预测步长 h					
	1	2	3	4	5	6
组合策略						
简单平均策略	6.91%	8.82%	10.65%	10.77%	11.19%	11.44%
OLS	6.41%	7.61%	7.69%	8.27%	9.75%	9.43%
LAD	**5.66%**	**6.95%**	**6.84%**	**7.44%**	**8.36%**	**8.89%**
约束最小二乘	6.28%	8.72%	10.17%	10.30%	10.64%	10.75%
基于方差的策略	6.79%	8.82%	10.52%	10.61%	10.98%	11.23%
最优模型策略	6.64%	8.74%	10.36%	10.38%	10.70%	10.76%
基于信息准则的策略	6.21%	7.77%	8.30%	8.89%	9.62%	10.07%

（续）

	预测步长 h					
	1	2	3	4	5	6
单一预测模型						
多元线性回归	15.08%	19.16%	18.79%	20.06%	19.42%	20.24%
贝叶斯广义线性回归	6.64%	10.14%	12.95%	13.34%	13.49%	12.74%
支持向量回归	6.86%	11.01%	14.40%	14.81%	15.49%	15.96%
前向神经网络	8.23%	9.31%	10.36%	10.10%	10.98%	10.90%
RBF 神经网络	7.40%	8.99%	10.62%	10.52%	10.97%	11.36%
极限学习机	7.83%	8.93%	11.01%	10.85%	11.16%	11.15%
高斯过程回归	7.62%	8.84%	11.02%	11.02%	11.02%	11.23%
决策树	7.96%	8.96%	10.36%	10.38%	10.70%	11.93%
随机森林	7.95%	8.60%	10.62%	11.10%	10.70%	11.13%
梯度提升机	7.83%	9.57%	10.56%	10.14%	10.74%	11.44%
极限提升树	7.94%	8.74%	10.31%	10.96%	11.12%	10.76%
基准预测模型						
朴素预测法	9.97%	17.80%	22.96%	25.52%	28.62%	31.75%
随机游走	10.06%	18.02%	23.26%	26.06%	29.48%	32.85%
指数平滑	10.31%	19.54%	25.94%	29.98%	32.82%	36.42%
ARIMA	9.21%	18.04%	23.27%	26.47%	29.71%	32.64%

注：最小的 MAPE 进行加粗。

表 3-15　预测模型的 SMAPE

	预测步长 h					
	1	2	3	4	5	6
组合策略						
简单平均策略	3.48	4.47	5.40	5.50	5.71	5.80
OLS	3.18	3.79	3.78	4.10	4.83	4.66
LAD	**2.86**	**3.48**	**3.42**	**3.64**	**4.24**	**4.48**
约束最小二乘	3.23	4.36	5.05	5.17	5.33	5.35
基于方差的策略	3.43	4.45	5.30	5.38	5.57	5.67
最优模型策略	3.46	4.36	5.14	5.18	5.34	5.36
基于信息准则的策略	3.09	3.85	4.08	4.41	4.75	4.95
单一预测模型						
多元线性回归	6.92	8.59	8.89	9.30	9.28	11.98

（续）

	预测步长 h					
	1	2	3	4	5	6
贝叶斯广义线性回归	3.46	5.38	7.04	7.35	7.35	6.84
支持向量回归	3.51	5.66	7.27	7.51	7.86	8.05
前向神经网络	4.08	4.63	5.14	5.03	5.51	5.43
RBF 神经网络	3.69	4.45	5.27	5.25	5.45	5.61
极限学习机	3.90	4.45	5.45	5.42	5.60	5.55
高斯过程回归	3.87	4.35	5.21	5.32	5.61	5.63
决策树	3.98	4.44	5.16	5.18	5.34	5.48
随机森林	3.97	4.30	5.25	5.58	5.34	5.55
梯度提升机	3.88	4.73	5.31	5.10	5.41	5.71
极限提升树	3.96	4.36	5.11	5.45	5.58	5.36
基准预测模型						
朴素预测法	5.01	8.96	11.46	12.63	14.12	15.63
随机游走	5.05	9.03	11.52	12.78	14.38	15.93
指数平滑	5.28	10.14	13.34	15.41	17.11	18.97
ARIMA	4.61	8.99	11.51	13.01	14.48	15.81

注：最小的 SMAPE 进行加粗。

表 3-16　预测模型的 DS

	预测步长 h					
	1	2	3	4	5	6
组合策略						
简单平均策略	90.38%	75.00%	55.77%	59.62%	53.85%	55.77%
OLS	88.46%	84.62%	86.54%	73.08%	73.08%	76.92%
LAD	**92.31%**	86.54%	80.77%	**82.69%**	**78.85%**	**78.85%**
约束最小二乘	86.54%	80.77%	65.38%	71.15%	59.62%	61.54%
基于方差的策略	**92.31%**	73.08%	55.77%	65.38%	59.62%	57.69%
最优模型策略	82.69%	76.92%	65.38%	69.23%	57.69%	61.54%
基于信息准则的策略	88.46%	**90.38%**	**82.69%**	75.00%	75.00%	69.23%
单一预测模型						
多元线性回归	61.11%	57.41%	55.56%	59.26%	50.00%	50.00%
贝叶斯广义线性回归	82.69%	65.38%	59.62%	57.69%	57.69%	63.46%
支持向量回归	86.54%	63.46%	53.85%	51.92%	53.85%	50.00%

（续）

	预测步长 h					
	1	2	3	4	5	6
前向神经网络	76.92%	71.15%	65.38%	71.15%	63.46%	55.77%
RBF 神经网络	88.46%	76.92%	67.31%	65.38%	61.54%	57.69%
极限学习机	82.69%	75.00%	65.38%	61.54%	61.54%	57.69%
高斯过程回归	79.84%	76.50%	67.50%	66.73%	54.37%	61.23%
决策树	80.77%	75.00%	67.31%	69.23%	57.69%	63.46%
随机森林	84.62%	80.77%	61.54%	65.38%	61.54%	61.54%
梯度提升机	80.77%	75.00%	67.31%	67.31%	53.85%	53.85%
极限提升树	84.62%	76.92%	69.23%	65.38%	61.54%	61.54%
基准预测模型						
朴素预测法	41.22%	32.65%	40.82%	55.10%	53.06%	57.14%
随机游走	36.73%	30.61%	42.86%	55.10%	48.98%	57.14%
指数平滑	40.82%	26.53%	40.82%	59.18%	59.18%	53.06%
ARIMA	71.43%	26.53%	44.90%	53.06%	55.10%	59.18%

注：最小的 DS 进行加粗。

为了进一步评估模型的预测性能，使用 DM 统计量来检验模型的统计意义。DM 检验结果表明除多元线性回归外，11 个单一模型和 7 个组合策略在各预测步长都显著优于朴素法。这意味着，即使朴素法在时间序列模型中是一个有竞争力的模型，它也可以被机器学习技术和组合预测所击败。在一步提前预测下，组合预测策略显著优于单个模型，但也有少数例外。然而，对于六步提前预测，只有普通最小二乘法和最小一乘法显著优于单个模型。

图 3-8 展示了生猪价格的真实值及其多步预测结果，该预测是由最小一乘法在测试集得到的。为了方便读者，图 3-8 绘制了 9 个时间点的预测结果。例如，第一个时间点是 2018 年 6 月，图 3-8 显示在 2018 年 6 月获得的 7 月、8 月、9 月、10 月、11 月和 12 月的生猪价格预测值。由图可知，在 6 个预测步长下，最小一乘法能够很好地预测生猪价格走势。

（5）经济表现

生猪养殖户可以使用组合预测信息以在养殖过程的每个月制定购买的仔猪数量和宰杀的育肥猪数量。为了比较，假设没有获得预测信息的生猪养殖户使用基于朴素法的生猪养殖策略进行决策。本节评估和比较了有预测信息和无预测信息的生猪养殖策略的经济表现。具体来说，使用模拟期间的累计收益来评估两种生猪养殖策略的经济表现。收益情况如下。

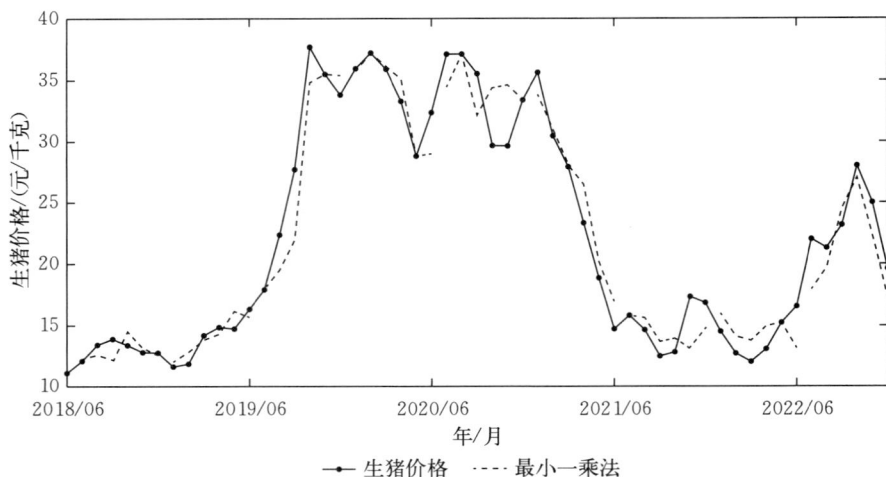

图 3-8　多步预测结果

$$return_t = num\_sla_t \times \left(HogPrice_t \times 100 - \frac{1}{6}\sum_{i=1}^{6} C_{t-i} - PigletPrice_{t-6} \times 5 \right)$$

$$(3-39)$$

其中 $return_t$ 是生猪养殖户在 t 月将育肥猪送往屠宰场时的收益。num_sla_t 是指 t 月送往屠宰场的育肥猪数量，$HogPrice_t$ 表示 t 月份育肥猪的价格。C_t 表示 t 月除仔猪成本外的饲养成本。为简单起见，假设过去 6 个月的平均饲养成本 $\frac{1}{6}\sum_{i=1}^{6} C_{t-i}$ 是 t 月出栏生猪的育肥成本。$PigletPrice_{t-6}$ 表示仔猪价格。为简单起见，假设 6 个月前的仔猪价格 $PigletPrice_{t-6}$ 为 t 月出栏生猪的仔猪成本。假设仔猪购买时的重量为 5 千克，送去屠宰时的育肥猪重量为 100 千克。注意，有些猪可能在模拟期的最后一个月还没有达到出栏条件。为简单起见，假设 1~5 个月大的猪的重量分别为 25 千克、45 千克、65 千克、85 千克和 100 千克，销售收入按当前生猪价格计算。

一旦得到整个测试集的 $return_t$，累计收益率 acc_return_t 可以通过如下公式得到：

$$acc\_return_t = \sum_{i=1}^{t} return_t \qquad (3-40)$$

其中 $t \in [1,2,\cdots,N]$，N 是测试集的样本量。每月购买的仔猪数量 num_pur_t 并不直接产生收益，但直接影响到生猪存栏量，并最终对可屠宰的育肥猪数量产生影响。$HogPrice_t$，C_t 和 $PigletPrice_t$ 对于有预测信息和无预测信息的生猪养殖户都是一样的。然而，有预测信息的生猪养殖户根据组合预测确定 num_pur_t 和 num_sla_t，无预测信息的生猪养殖户则基于朴素法的生猪养殖策略来确定。

图 3-9 展示有预测信息和无预测信息的生猪养殖户在模拟期的累计收益。从图 3-9 中可以得出如下结论。第一，在此期间，由于生猪价格异常波动，两个生猪养殖户的累计收益都经历了急剧上升和下降，这表明生猪养殖户面临着巨大的风险。第二，观察模拟期最后一个月的累计收益，我们发现拥有预测信息的生猪养殖者赚了 252 817 元，而没有预测信息的生猪养殖者损失了 1 334 149元。第三，自 2019 年 1 月起，拥有预测信息的生猪养殖者每月的累计收益都高于没有预测信息的生猪养殖者。第四，有预测信息的生猪养殖者在模拟期内的最大累计收益（1 554 923 元）大于没有预测信息的生猪养殖者（1 204 321元）。第五，有预测信息的生猪养殖者的最大累计损失（−112 264元）比没有预测信息的生猪养殖者在模拟期的最大累计损失（−1 334 149 元）要小的多。总的来说，图 3-9 表明，所提出的基于组合预测的生猪养殖策略对生猪养殖户具有显著的经济效益。

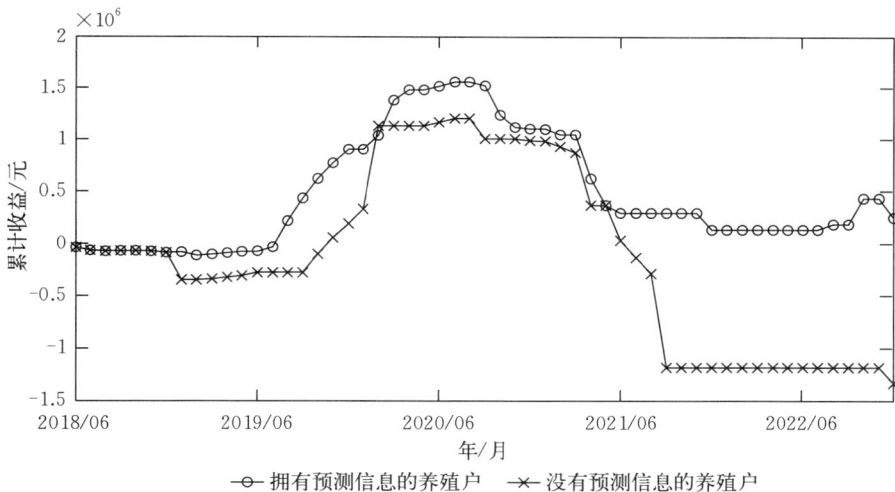

图 3-9 拥有和没有预测信息的养殖户的累计收益

3.4.4 总结

本文提出了一个用于生猪价格多步预测的组合预测框架。此外，我们设计了一个基于生猪价格预测信息的生猪养殖策略，以改善生猪养殖者的决策。实验结果表明，在 6 个预测步长和 4 个误差指标下，本文提出的组合预测框架始终比单个预测模型和时间序列模型产生更准确的预测结果。在 11 个单个预测模型中，没有一个模型始终表现最优，这进一步证实了组合预测的必要性。与其他组合策略相比，最小一乘法能产生最好的预测结果，这表明应谨慎选择组合策略。此外，与其他时间序列模型相比，朴素法是一个有竞争力的模型，这意味着朴素法很难被打败。关于经济表现，每个月有预测信息的生猪养殖户的累计收益高于没有预测信息的生猪养殖户。

3.5 本章小结

近年来，我国生猪价格波动异常，严重影响了我国畜牧业生产的健康发展和人民群众的日常生活。对生猪价格未来走势的研判可为生猪养殖户和政府决策部门提供重要参考信息。因此，研究和构建生猪价格预测模型具有重要的理论和实践意义。

本章从三个方面对此开展研究。首先提出一套基于动态模型平均理论的猪肉价格影响因素与预测分析框架；其次构建基于机器学习技术和计量经济学模型的生猪价格组合预测模型；最后提出了一个适用于生猪价格多步预测的组合预测框架，并设计一套基于生猪价格预测信息的养殖决策支持系统。主要结论是：我国猪肉价格影响因素存在显著的时变特征，且因素间差异明显；自2009年以来，猪肉价格的决定机制更为复杂，影响因素更为多元；基于动态模型平均的猪肉价格预测模型的预测表现明显优于基准模型。组合预测策略的准确度在整体上高于单一的预测模型，与最优的单一预测模型（即神经网络模型）相比较，5种组合预测策略的预测准确度均有 $2\%\sim10\%$ 的提升。基于生猪价格预测信息的养殖决策系统能够显著提升生猪养殖户的养殖收益。

4 非洲猪瘟疫情影响下我国生猪期货功能研究

4.1 引言

2021 年 1 月 8 日生猪期货在大连商品交易所挂牌上市，为生猪产业经营者提供了标准化的风险管理工具。自生猪期货上市以来，投资者积极参与生猪期货交易。在后非洲猪瘟时期，生猪期货的上市被认为是重塑生猪市场，合理引导价格预期的重要手段。但是，生猪期货是否发挥了价格发现和套期保值功能，是否为未来生猪价格提供准确的价格预期，目前还未见系统的研究工作。

因此，本章围绕该议题，从如下三方面开展研究。其一，从市场交易量、流动性和波动率三方面系统研究生猪期货的市场质量。其二，基于多种主流套期保值模型（OLS、ECM、GARCH 系列和分位数套期保值模型）分析了生猪期货的套期保值能力。其三，构建 6 个基于生猪期货价格的生猪现货价格预测模型，在 6 个预测步长和 3 个误差指标下评估上述预测模型与基准模型的优劣。

4.2 非洲猪瘟背景下生猪期货市场质量和价格发现研究

4.2.1 研究背景与研究动机

我国是世界上最大的猪肉生产国和消费国。2022 年，我国生猪的年终存栏量为 4.53 亿头。此外，作为一种重要的主食，猪肉占中国整个肉类产量的 54% 左右，占中国所有肉类消费的 60% 以上（Statista，2022）。然而，中国的生猪价格波动十分剧烈，尤其是在 2018 年 8 月暴发非洲猪瘟之后。2019 年 11 月，生猪价格达到 51 元/千克的历史高位，比非洲猪瘟暴发前的高出一倍多，随后在高位震荡。自 2021 年以来，生猪价格逐渐下降到 21 元/千克，生猪存栏显著恢复。生猪价格"过山车"式的波动给中国生猪养殖业带来了巨大挑战。

中国生猪行业亟须开发一个有效的风险管理工具，以促进生猪产业的健康发展。在此背景下，2020 年 4 月 27 日，中国证券监督管理委员会批准大连商品交易所推出生猪期货交易。期货市场有着价格发现和套期保值的基本功能，生猪养殖企业可以根据期货价格安排生产，并利用期货市场对冲现货风险。

2021 年 1 月 8 日，生猪期货作为我国第一个活体动物和活体交割的期货产品首次亮相。生猪期货的上市引起了投资者的极大兴趣，上市首年，生猪期货的总交易量和交易额分别高达 600 万手和 1.7 万亿元。2 600 多家企业参与了生猪期货交易和交割；90 多家企业申请了套期保值许可；前 20 家生猪养殖企业中，有 19 家公司提交了交割库申请材料，11 家企业获批生猪期货交割库。作为一个重要的风险管理工具，我国生猪期货市场的运行情况和功能发挥情况有待进一步深入研究。

我国生猪期货直到 2021 年 1 月才上市，目前尚未有文献针对新上市的生猪期货市场的效率进行研究。本文旨在检验新上市的生猪期货的运行效率，具体而言，本研究关注生猪期货的市场质量、价格发现和套期保值效率。价格发现和套期保值是期货市场的两个基本功能，而其功能的有效发挥有赖于良好的市场质量。为便于比较，本文也对鸡蛋期货上市后两年的样本期进行了同样的分析：首先，参考（Fan et al.，2020）的做法，从市场活跃度、市场流动性和市场波动率三个方面衡量市场质量；其次，采用两种主流模型度量期货市场的价格发现功能，即信息份额（IS）（Hasbrouck，1995）和成分份额（CS）（Booth et al.，1999；Chu et al.，1999；Harris et al.，2002）；最后，采用 Engle（2002）提出的动态条件相关（DCC）模型、Cappiello et al.（2006）提出的非对称 DCC（ADCC）模型和 Van der Weide（2002）提出的 GO（广义正交）- GARCH 模型来衡量对冲效果，结合使用滚动窗口法计算样本外的套期保值比例，从而计算套期保值效率。套期保值效率即应用最优套期保值比率所能达到的风险降低程度，因此套期保值有效性越大，表明期货市场的套期保值功能发挥得越好。

本研究的结果表明，尽管相比鸡蛋期货，生猪期货的市场质量较差，但其仍然发挥了较好的价格发现功能，并且可以有效对冲生猪现货市场的风险。IS 和 CS 模型的结果表明，生猪期货市场而非现货市场在价格发现过程中占主导地位，鸡蛋期货市场也是如此。两种方法都表明，生猪期货市场对价格发现的贡献率超过 90%；IS 模型表明鸡蛋期货市场的价格发现贡献率为 99.1%，CS 方法的结果则为 82.9%。本研究还基于 DCC、ADCC 和 GO - GARCH 模型度量了的生猪和鸡蛋期货的套期保值效率。结果显示，生猪期货市场可以对冲 4%～27% 的生猪现货市场风险。DCC -和 GO - GARCH 模型表明，生猪期货的套期保值效率超过 25%，但使用 ADCC - GARCH 模型时的套期保值效率只有 4%。相比之下，使用三个 GARCH 模型得出的鸡蛋期货的套期保值效率都低于 7%。因此，生猪期货市场总体上发挥了价格发现和套期保值的基本功能，尽管其市场质量差于鸡蛋期货。

本研究首次实证检验了我国新上市的生猪期货的运行效率，并与鸡蛋期货进行对比。作为最有价值的农产品，我国生猪期货的上市引起了生猪行业参与者的极大兴趣，同时也引起了他们的担忧。因此，分析新上市生猪期货市场的主要功能十分必要。另一方面，本研究评估了生猪期货市场的市场质量、价格发现和套期保值效果。结果表明，尽管市场质量有待提高，我国生猪期货仍然较好地发挥了价格发现和套期保值功能。未来交易所应加强对新期货合约的推广，并考虑引入夜间交易时段和做市商以吸引更多的投资者。

4.2.2　方法与数据

（1）市场质量度量方法

本研究从三个维度衡量市场质量，包括市场活跃度、流动性和波动性。根据 Ryu（2013）的方法，市场活跃度的指标包括总交易量、总交易次数和交易规模（大、中、小单比例）。我们将大单交易定义为每笔交易超过 50 份合约，中单交易为每笔交易 5～50 份合约，小单交易为每笔交易少于 5 份合约。

参考 Xu 等（2020）的方法，本研究使用深度（Depth）、报价价差（Quoted spread）和有效价差（Effective spread）来测量期货市场的流动性。其中，深度指标反映了改变价格所需要的订单流量，通过计算最优买卖报价价位上的待成交委托数量的均值得到；报价价差和有效价差反映了市场的交易成本，报价价差为最优卖价和最优买价之差除以最优卖价和最优买价的中值，有效价差 $ES_{i,s}$ 的计算方式为 $ES_{i,s} = \dfrac{2 \times q_{i,s} \times | p_{i,s} - m_{i,s} |}{m_{i,s}}$，式中 $q_{i,s}$ 表示 Lee，Ready（1991）提出的交易信号，$p_{i,s}$ 为交易价格，$m_{i,s}$ 为最优买价和最优卖价的中值。每日深度和报价价差指标为按时间加权的平均深度和平均价差，每日有效价差指标为按交易量加权的平均价差。

最后，本研究采用短期价格波动指标来测量期货市场的波动率，短期价格波动指标的计算方式为十分钟间隔内报价中值的最大值与最小值之差除以报价中值的最大值与最小值的均值。

（2）价格发现度量方法

本研究采用信息份额模型（Information Share，IS）和成分份额（Component Share，CS）模型计算期货市场在价格发现过程中的贡献度，以评估期货市场的价格发现功能。持有成本模型假设期现货价格之间存在协整关系，因此可以构建期现货价格之间的向量误差修正模型：

$$\Delta P_t = \alpha\beta P_{t-1} + \sum_{i=1}^{l} \Gamma_i \Delta P_{t-i} + \varepsilon_t \qquad (4-1)$$

其中，$P_t = (P_{1,t}, P_{2,t})'$ 为一组包含 t 时期期货价格和现货价格的向量，根据 Hasbrouck（1995），式（4-1）可以写作：

$$P_t = \Psi(1) \sum_{j=1}^{t} \varepsilon_j + \Psi^*(L)\varepsilon_t \qquad (4-2)$$

其中，$\Psi(1) = \Psi \sum_{k=0}^{\infty} \Psi_k$。

信息份额模型将一个市场的价格发现贡献定义为对有效价格方差的贡献份额，那么市场 i 对价格发现过程的贡献度为：

$$IS_i = \frac{(|\Psi M|_i)^2}{\Psi \Omega \Psi}, \quad i=1, 2 \qquad (4-3)$$

其中，$MM' = \Omega$，Ω 为式（4-2）中的方差-协方差矩阵；矩阵 M 可以通过 Cholesky 因子分解得到，但由于该分解的结果与变量的顺序有关，因此 Hasbrouck（2004）提出了在对变量所有可能的排序情形下，计算 IS 的所有取值，并取其平均值作为最终信息份额指标。两个市场的 IS 值之和等于 1，因此，如果一个市场的信息占比超过 0.5，该市场在价格发现过程中起主导作用。

成分份额模型基于 Gonzalo，Granger（1995）提出的永久-短暂模型，该方法中价格可以分为永久和短暂两个部分，其中永久部分表示为 $f = \gamma' P_t$，其中 $\gamma = (\alpha'_\perp \beta_\perp)^{-1} \alpha'_\perp$，并且 $\alpha'_\perp \alpha = 0$，$\beta'_\perp \beta = 0$。根据 Harris 等（2002），γ 可以用来计算市场 i 对价格发现过程的贡献度：

$$CS_i = \frac{(\alpha_{\perp,i})^2}{\alpha_{\perp,i} + \beta_{\perp,i}}, \quad i=1, 2 \qquad (4-4)$$

类似地，$CS_1 + CS_2 = 1$，当一个市场的 CS 值高于 0.5 时，表明该市场在价格发现过程中起主导作用。

信息份额模型和成分份额模型都是基于式（4-1），然而它们在计算相对贡献度的方式和概念有所区别。信息份额模型侧重于有效均衡价格的方差，而成分份额模型则关注于有效价格的构成，并将一个市场的价格发现能力定义为其对有效价格创新的贡献。这些差异可能导致价格发现贡献度的不同，因此结合使用两种方法更为全面。

（3）套期保值效率度量方法

本研究采用 DCC、ADCC 和 GO-GARCH 模型来捕捉期货市场和现货市场之间的动态条件相关系数和套期保值比率。为节省空间，本研究仅阐述 GO-GARCH 模型基本原理，关于 DCC 和 ADCC 的具体计算方法可以参考 Pham（2019）。

在 GO-GARCH 模型中，收益率 r_t 是条件均值 m_t 和误差项 ε_t 的函数。GO-GARCH 模型将残差 ε_t 映射到一组不可观测的独立因子 f_t 上，那么误差项可以写作 $\varepsilon_t = A f_t$，其中混合矩阵 A 可以分解为无条件协方差矩阵 $\sum$ 和旋转矩阵 U。因此，矩阵可以写作 $A = \sum^{1/2} U$。在矩阵 A 中，行代表资产，列

代表因子 f_t。因子 f_t 的计算方式是 $f_t = H_t^{1/2} Z_t$，其中 Z_t 是均值为零、方差为 1 的随机变量。给定明确定义的 A 和 f_t，条件方程可以写作 $r_t = m_t + AH_t^{1/2} Z_t$。收益率的条件协方差矩阵为 $\sum_t = AH_t A'$。旋转矩阵和动态系数可以通过独立分量分析（independent component analysis，ICA）估计得到。

基于 GARCH 模型可以得到最优的套期保值比率和效率，期现货组合的收益率可以写作 $r_{p,t} = r_{S,t} - h_t^* r_{F,t}$，其中 $r_{F,t}$ 和 $r_{S,t}$ 分别是第 t 天期货市场和现货市场的收益率，h_t^* 表示第 t 天的最优套期保值比例。最优套期保值比例为 $h_t^* = \frac{cov_{SF,t}}{var_{F,t}}$，其中 $cov_{SF,t}$ 是现货和期货收益之间的条件协方差，$var_{F,t}$ 是期货收益的条件方差。最优套期保值比例即期货的多头头寸应该通过现货市场的空头头寸进行对冲，以最小化投资组合的风险。期货市场套期保值效率的计算方式为 $HE_t = \frac{var_{S,t} - var_{p,t}}{var_{S,t}}$（Chang et al.，2011），其中 $var_{S,t}$ 代表现货市场的风险，$var_{p,t}$ 代表对冲组合的风险，HE_t 的值越大，期货市场作为套期保值工具的效率越高。

本研究采用滚动窗口方法构建外样本外套期保值比例。在每个时间点计算提前一期的条件波动率预测值，并用它来计算提前一期的最优套期保值比例，再根据预测的最优套期保值比例构建对冲组合。对于生猪（鸡蛋）期货，使用 371（327）个观测值作为滚动窗口计算了 100 个提前一期的最优套期保值比例。

（4）数据

本研究使用两组数据来衡量生猪期货市场的市场质量、价格发现和套期保值效率，样本期为 2021 年 1 月 8 日（上市日期）至 2023 年 1 月 8 日，包括了我国生猪期货上市后的两年时间。为了便于比较，本文还收集了鸡蛋期货的数据，样本期为 2013 年 11 月 8 日至 2015 年 11 月 6 日，即鸡蛋期货上市后的两年时间。首先，用于计算生猪和鸡蛋期货市场质量的逐笔数据来源于 TICK DATA。逐笔数据提供了最优买卖报价及对应深度，时间精确至毫秒。其次，由于生猪期货尚未开通夜间交易时段，本文仅关注日盘交易时段，即上午 9 点至 11 点半和下午 1 点至 3 点之间的交易时间。最后，对于生猪期货，在每个交易日有 6 个合约同时可供交易，分别是交割月为 1 月、3 月、5 月、7 月、9 月和 11 月的合约。为了生成连续的系列，本文参考 Yang 等（2021）基于成交量最大化原则构造连续序列。

此外，为了研究价格发现和套期保值功能，本文收集了生猪和鸡蛋的期货结算价和现货市场的全国平均价格，数据来源于布瑞克农业数据库。为匹配期货价格和现货价格，本研究仅保留同时具有期货和现货价格的交易日，基于这一方式，样本期内生猪和鸡蛋期货分别有 471 个和 427 个观测值。图 4-1 刻

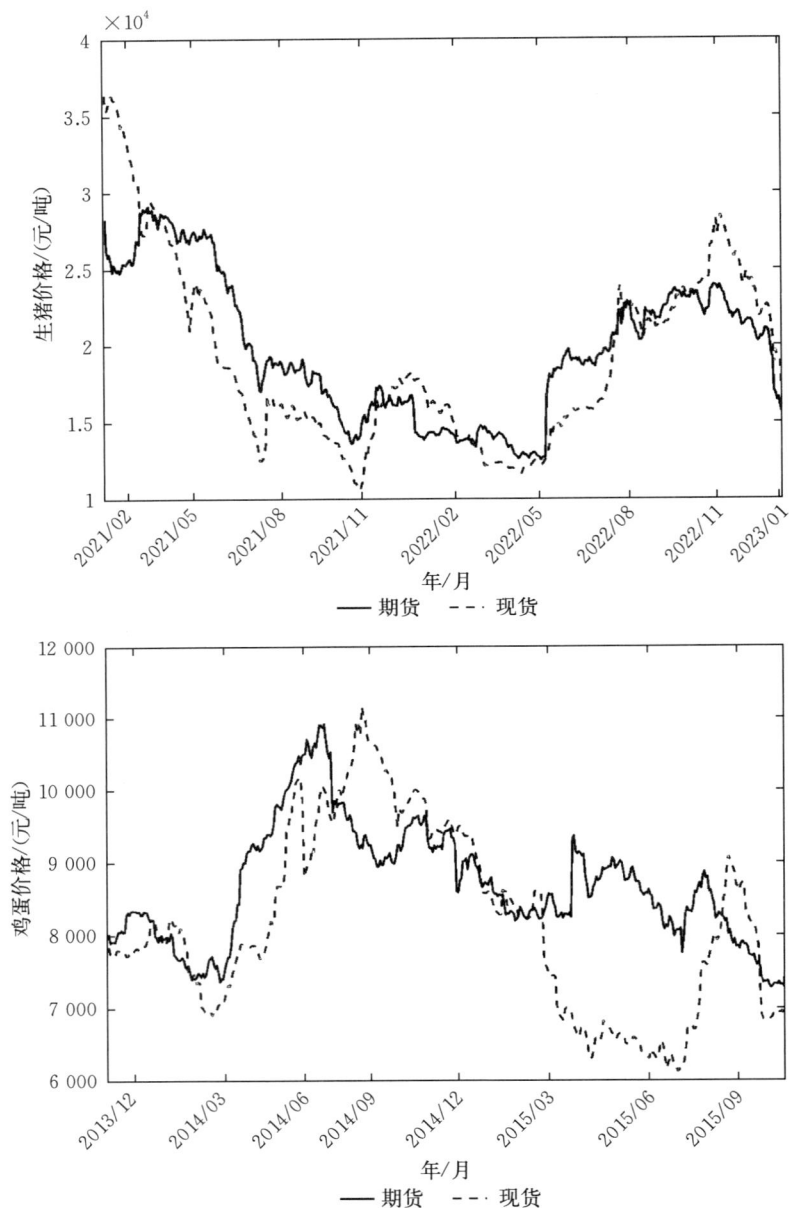

图 4-1 生猪和鸡蛋期现货价格

画了 2021 年 1 月 8 日至 2023 年 1 月 8 日的每日生猪期现货价格，以及 2013 年 11 月 8 日至 2015 年 11 月 6 日的鸡蛋期现货价格。可以发现，生猪期现货价格在大部分样本期内的价格波动都十分剧烈，且价格变动趋势相似，而对于鸡蛋,现货价格比期货价格的波动更剧烈,且二者在 2015 年 3 月至 6 月期间出现较大的分歧。

4.2.3　实证结果

本节首先使用生猪和鸡蛋期货的逐笔交易数据来计算市场质量指标。图 4-2 刻画了生猪期货与鸡蛋期货的市场质量测量结果。如图 4-2 所示,生猪期货在市场活跃度、流动性和价格波动率方面表现较差。具体来说,生猪期货的交易量、交易笔数和大、中单比例较小,同时吸引了较多小单交易。生猪期货的平均交易量为 20 922 手,而鸡蛋期货的交易量为 169 004 手,远高于生猪期货。在交易规模方面,生猪期货平均吸引了超过 85% 的小单交易,但只有 0.1% 的大单交易。对于鸡蛋期货,小单交易的占比也非常高,小单比例的均值超过 50%,但鸡蛋期货的中单和大单交易的比例远高于生猪期货。与鸡蛋期货市场相比,生猪期货的市场活跃度较差,可能的原因是生猪期货的合约价值较高。此外,我国生猪养殖以散户居多,规模化程度较低。2020 年,年产 49 头以下、50~99 头、100~499 头的养猪场数量分别占养猪场总数的 93.8%、3.4% 和 2%;相比之下,同时期年产 5 万头以上的猪场数量占比不到 0.01%。大型生猪养殖户的缺位也可能导致了生猪期货交易规模较小。

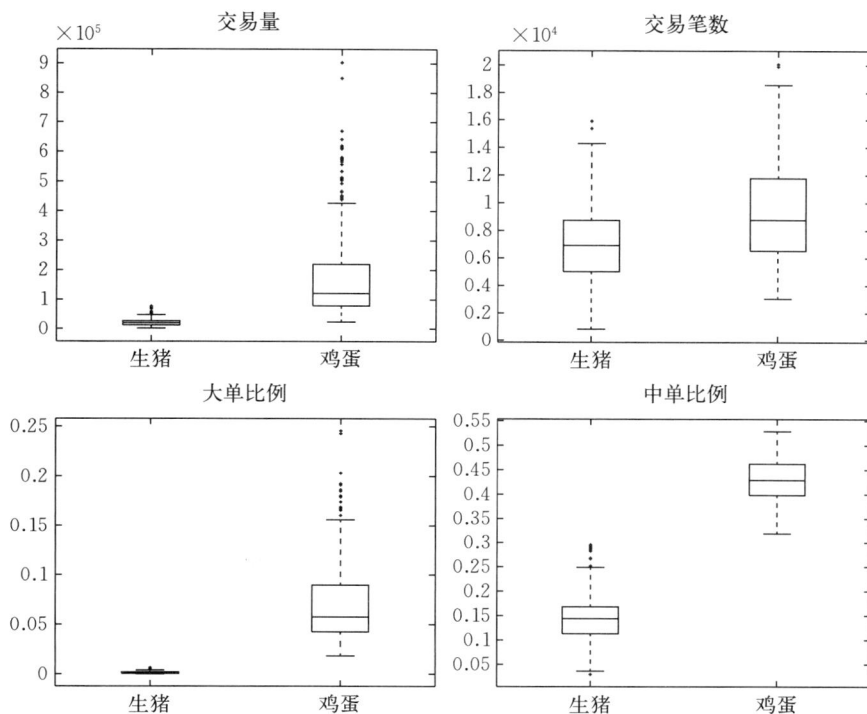

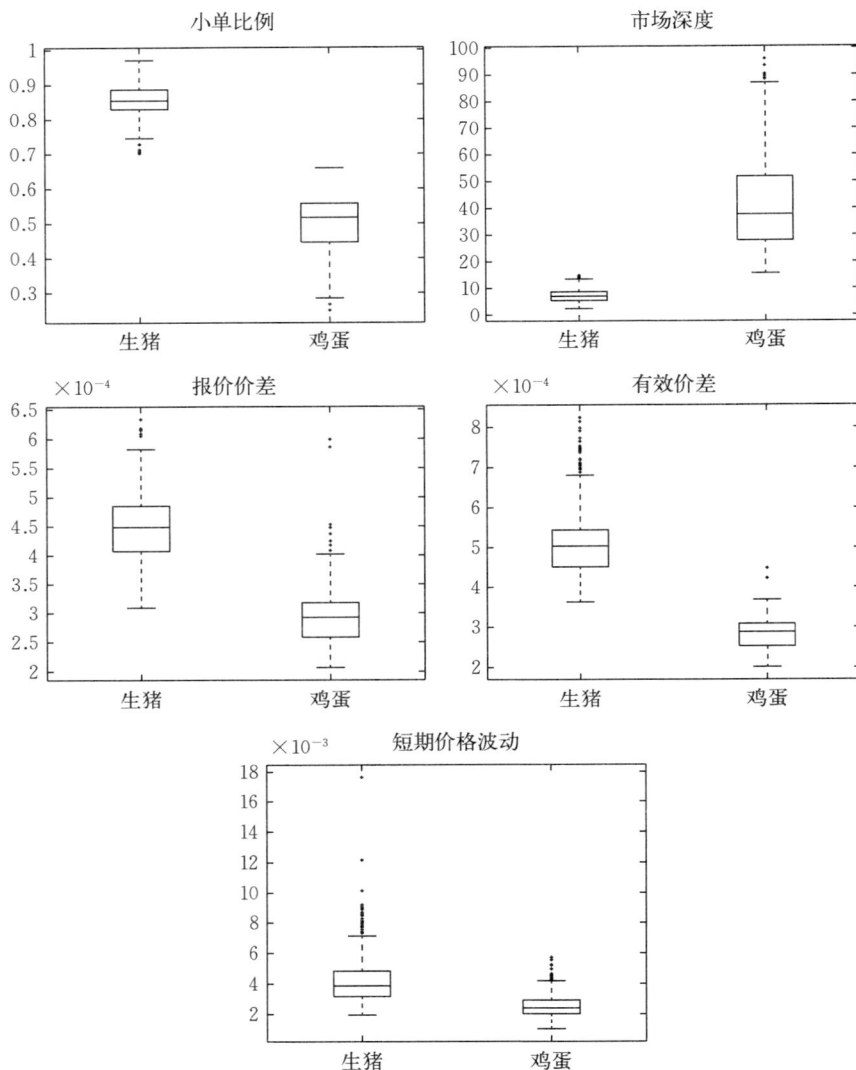

图 4-2　生猪和鸡蛋期货的市场质量

　　生猪期货的市场深度也较小，均值为 7 手，而鸡蛋期货的深度为 50 手。对于生猪期货，较少的订单流量就可以改变生猪期货的价格。另外，生猪期货市场的报价价差和有效价差较大，表明生猪期货市场的交易成本较高，流动性较差。此外，生猪期货市场的短期波动率指标也明显更大，因此生猪期货市场的波动比比鸡蛋期货市场更剧烈。总体而言，与鸡蛋期货相比，生猪期货的市场质量较差。

接下来，本研究采用信息份额模型和成分份额模型衡量生猪和鸡蛋期货的价格发现功能。表 4－1 显示了生猪和鸡蛋期现货市场的价格发现贡献的结果。如表 4－1 所示，基于信息份额模型，生猪期货市场对价格发现过程的贡献度为 94.2%，基于成分份额模型的价格发现贡献度为 97.7%。与之类似，根据信息份额模型，鸡蛋期货市场的价格发现贡献度为 93.9%，根据成分份额模型的价格发现贡献度为 85.9%。总的来说，两种主流的价格发现贡献度测量方法表明，对于生猪和鸡蛋，新的信息首先被期货市场吸收，价格发现过程由期货市场而非现货市场主导。此外，生猪期货的价格发现贡献略高于鸡蛋期货，因此生猪期货市场的价格发现功能较好。

表 4－1　生猪和鸡蛋期现货市场的价格发现贡献度

		IS_H	IS_L	IS_M	CS
生猪	现货	0.116	0.001	0.058	0.023
	期货	0.999	0.884	0.942	0.977
鸡蛋	现货	0.092	0.030	0.061	0.141
	期货	0.970	0.908	0.939	0.859

实证结果的第三部分是基于 DCC、ADCC 和 GO－GARCH 模型计算生猪和鸡蛋期货的套期保值效率。首先，估计不同设置的 DCC 模型，每种设定下均值方程和 GARCH（1，1）方程中都包含一个常数，但在均值方程中是否包含 AR（1）项以及分布的选择方面有所不同。对于生猪期货，本文选择在均值方程中加入 AR（1）项，并选择多元 t 分布，对于鸡蛋期货则选择在均值方程中加入 AR（1）项，并选择多元正态分布。因此，两种期货的 DCC、ADCC 和 GO－GARCH 模型估计中，均值方程中均加入 AR（1）项；选用多元 t 分布对生猪期货的 DCC 和 ADCC 模型进行估计，而选择多元正态分布对鸡蛋期货的 DCC 和 ADCC 模型进行估计；GO－GARCH 模型是用多元仿射负逆高斯分布进行估计。

表 4－2 和表 4－3 分别展示了 DCC－和 ADCC－GARCH 模型的估计结果。对于生猪现货和鸡蛋期货市场来说，均值方程中 AR（1）项（a）的估计系数为正，并在 1% 的显著性水平上显著。生猪现货价格的估计结果中，参数 α 显著为正，表明生猪现货价格的短期持续性。对生猪期、现货价格和鸡蛋期货价格，参数 β 显著为正，表明了生猪期、现货价格和鸡蛋期货价格的长期持续性。鸡蛋期货价格的非对称项（γ）显著为正，表明负的残差比相同大小的正冲击增加的方差（条件波动）要大。估计的系数 θ_1 和 θ_2 均为正，且二者之和小于 1，因此动态条件相关性是均值回归的。形状参数 λ 为于 t 分布中的自由

度，当 λ 接近无穷大时，t 分布的形状接近正态分布。生猪期货收益率的估计形状参数高于现货收益率，表明期货收益率的分布比现货收益率的分布包含更多的尾部。

表 4-2　生猪和鸡蛋期现货市场的 DCC-GARCH 模型的估计结果

	生猪				鸡蛋			
	Coef.	S. E.	t	Prob	Coef.	S. E.	t	Prob
现货								
μ	−0.250	0.091	−2.737	0.006	0.130	0.107	1.216	0.224
a	0.398	0.049	8.110	0.000	0.276	0.140	1.972	0.049
ω	1.163	0.522	2.228	0.026	1.179	0.366	3.223	0.001
α	0.576	0.157	3.675	0.000	0.814	0.591	1.377	0.168
β	0.423	0.171	2.474	0.013	0.000	0.072	0.000	1.000
λ	2.727	0.265	10.275	0.000				
期货								
μ	−0.145	0.079	−1.842	0.065	−0.012	0.065	−0.189	0.850
a	−0.010	0.045	−0.230	0.818	0.070	0.043	1.645	0.100
ω	0.159	0.080	1.990	0.047	0.007	0.012	0.638	0.524
α	0.000	0.007	0.000	1.000	0.000	0.006	0.000	1.000
β	0.983	0.002	543.505	0.000	0.996	0.001	1 693.576	0.000
λ	2.525	0.347	7.273	0.000				
DCC 系数								
θ_1	0.000	0.000	0.000	1.000	0.000	0.000	0.001	0.999
θ_2	0.901	0.261	3.458	0.001	0.896	0.051	17.608	0.000
λ	4.000	0.397	10.073	0.000				
信息准则								
AIC	8.252				6.854			
BIC	8.394				6.978			
Shibata	8.25				6.852			
H-Q	8.308				6.903			
LL	−1 923				−1 447			

表 4 - 3 ADCC - GARCH 模型结果

	生猪				鸡蛋			
	Coef.	S. E.	t	Prob	Coef.	S. E.	t	Prob
现货								
μ	−0.254	0.093	−2.733	0.006	−0.024	0.087	−0.275	0.783
a	0.398	0.049	8.080	0.000	0.274	0.067	4.070	0.000
ω	1.131	0.543	2.081	0.037	0.052	0.030	1.699	0.089
α	0.528	0.197	2.683	0.007	0.071	0.042	1.676	0.094
β	0.427	0.175	2.440	0.015	0.952	0.033	28.688	0.000
γ	0.089	0.249	0.356	0.722	−0.079	0.038	−2.115	0.034
λ	2.739	0.312	8.776	0.000				
期货								
μ	−0.145	0.079	−1.835	0.067	−0.009	0.057	−0.166	0.868
a	−0.004	0.052	−0.071	0.944	0.044	0.055	0.795	0.427
ω	0.460	0.442	1.040	0.298	0.049	0.018	2.687	0.007
α	0.007	0.014	0.517	0.605	0.000	0.001	0.000	1.000
β	0.881	0.110	8.019	0.000	0.983	0.000	55 415.079	0.000
γ	0.136	0.099	1.376	0.169	−0.023	0.012	−1.938	0.053
λ	2.825	0.734	3.848	0.000				
DCC 系数								
θ_1	0.000	0.003	0.000	1.000	0.243	0.091	2.658	0.008
θ_2	0.956	0.030	31.918	0.000	0.000	0.115	0.000	1.000
θ_3	0.018	0.029	0.609	0.542	0.000	0.305	0.000	1.000
λ	4.000	0.927	4.313	0.000				
信息准则								
AIC	8.17				6.864			
BIC	8.337				7.016			
Shibata	8.166				6.861			
H - Q	8.236				6.924			
LL	−1 900				−1 446			

表4-4为GO-GARCH模型的估计结果，包括旋转矩阵（U）、混合矩阵（A）和GO-GARCH参数估计值。GO-GARCH模型估计的是因子，因此并不提供任何标准误。生猪和鸡蛋的长期持久性（β）比短期持久性（α）大得多。短期和长期持久性的总和（α和β）小于1，表明波动过程是均值回归的。

表4-4　GO-GARCH模型结果

	U（1）	U（2）	U（1）	U（2）
旋转矩阵U				
U（1）	0.684	0.73	−0.379	−0.925
U（2）	0.73	−0.684	−0.925	0.379
混合矩阵A				
	A（1）	A（2）	A（1）	A（2）
A（1）	0.252	2.527	0.124	1.522
A（2）	2.505	0.419	1.301	0.088
GO-GARCH参数估计				
	现货	期货	现货	期货
ω	0.004	0.161	0.542	0.037
α	0.000	0.579	0.021	0.039
β	0.995	0.420	0.352	0.943
Skew	0.039	0.038	−0.060	0.086
Shape	0.428	0.360	0.316	0.107
LL	−1 956		−1 258	

接下来，本研究采用滚动窗口法来计算样本外的套期保值比例。图4-3为最优套期保值比例的提前一步预测结果。对于生猪和鸡蛋期货，ADCC模型计算得出的套期保值比例的变化程度最大。此外，三个GARCH模型的结果都显示，生猪期货的套期保值比例高于鸡蛋期货。表4-5列出了样本外套期保值比例的描述性统计结果以及套期保值效率。由表4-5可知，采用DCC-GARCH模型时的套期保值比例均值为0.608，表明1单位的生猪现货市场头寸可以被0.608单位的期货市场头寸所对冲；相比之下，采用ADCC-和GO-GARCH模型时的平均套期保值比例分别为0.836和0.661。采用DCC模型时的套期保值效率最高，可以对冲现货市场27.933%的风险，而采用ADCC模型时的套期保值效率最低，只能降低现货市场4.352%的风险。

生猪：最优套期保值比例
—— DCC　···· ADCC　—— GOGARCH

鸡蛋：最优套期保值比例
—— DCC　···· ADCC　—— GOGARCH

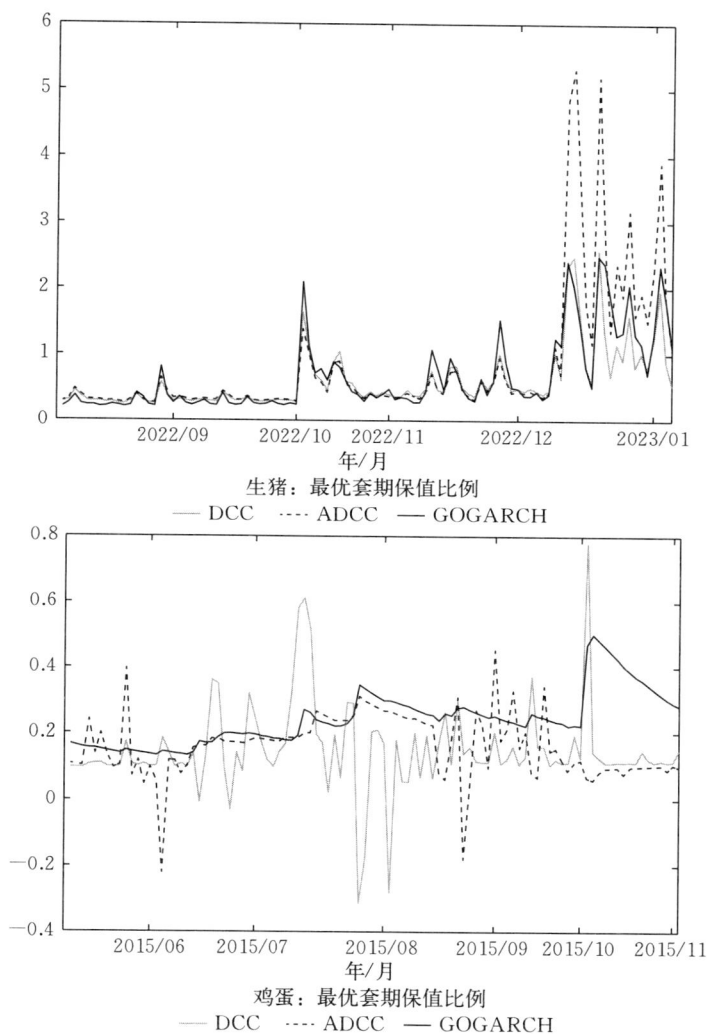

图 4-3　滚动一步提前最优套期保值比例

表 4-5　最优套期保值比例的描述性统计结果

	均值	最大值	最小值	标准差	套期保值效率（％）
生猪					
DCC	0.608	2.573	0.252	0.473	27.933
ADCC	0.836	5.312	0.266	1.033	4.352
GO-GARCH	0.661	2.490	0.207	0.581	25.653
鸡蛋					
DCC	0.151	0.780	−0.313	0.140	6.311

（续）

	均值	最大值	最小值	标准差	套期保值效率（%）
ADCC	0.162	0.453	−0.220	0.096	1.137
GO‐GARCH	0.243	0.501	0.134	0.085	4.839

注：采用固定宽度的滚动窗口分析计算 100 个提前一期的套期保值比例。套期保值效率衡量了在最优套期保值比例策略下构建的投资组合与相比于现货市场上未进行套期保值的对冲效果。

结合来看，采用 DCC‐、ADCC‐和 GO‐GARCH 模型时，生猪期货市场可以降低生猪现货市场 27.933%～4.352%的风险，而鸡蛋期货可以降低鸡蛋现货市场 6.311%～1.137%的风险。我国生猪期货的套期保值效率远高于鸡蛋期货，表明活生猪期货可以对冲现货市场风险的比例更高，因此在套期保值功能上更有效率。正如图 4‐1 所示，生猪期现货价格的价格趋势十分接近，但鸡蛋期货价格与现货价格的走势之间存在较大差异，这一巨大的背离可能导致鸡蛋期货市场的套期保值效率十分低。

总体而言，尽管交易不太活跃、流动性较低且波动率较大，生猪期货仍然较好地发挥了价格发现和套期保值功能。生猪期货市场对价格发现过程的贡献率超过 90%，同时，新成立的生猪期货可以对冲现货市场 27%的风险。虽然生猪期货相比于鸡蛋期货的套期保值效率较高，但仍有一定的提升空间。已有研究证明，活跃的交易、充裕的流动性和相对平稳的价格有助于提升期货市场的运行效率，从而提升期货市场的套期保值功能（Lee et al.，2009）。鉴于生猪期货的市场运行情况并不理想，提升生猪期货的市场质量是提高生猪期货套期保值效率的有效途径之一。

我国的生猪产业存在着明显的"猪周期"现象，随着非洲猪瘟在我国的暴发与扩大，生猪产业的风险加剧，多家生猪养殖企业遭受损失。例如，我国第二大生猪养殖企业——牧原食品的报告表明，2019 年上半年牧原食品净亏损达 1.557 亿元。同时，大量小型生猪养殖户被挤出市场，生猪产业的"规模化"效应明显。相比 2018 年，2019 年年出栏数 1～49 头、50～99 头、100～499 头的生猪养殖户数量分别减少 28%、25%和 23%。

我国生猪产业亟须一个有效的风险管理工具以应对逐渐加剧的价格风险。生猪期货的上市有助于市场参与者利用期货市场进行生产决策，避免盲目扩大或缩小生猪产能。本研究的结果表明，尽管市场质量并不理想，生猪期货仍然实现了价格发现和套期保值的基本功能，在上市的两年间发挥了较好的作用。这一结果表明，生猪期货的上市可以为我国生猪产业的市场参与者提供一个期待已久的风险管理工具。

首先，大型生猪企业可以利用新上市的生猪企业直接参与套期保值，管理市场风险。新上市的生猪期货吸引了较多生猪期货参与交易。2021 年，有 13 家企业发布了参与生猪期货套期保值的公告，包括牧原食品和新希望等龙头企业。2022

年，参与生猪期货套期保值交易的生猪企业数量增加至 15 家。大型生猪企业参与生猪期货套期保值交易也反过来有助于提升新上市的生猪期货的市场质量。

其次，小型生猪养猪户可以利用生猪"保险＋期货"项目间接参与生猪期货市场。如前所述，我国生猪养殖以小型养殖户为主。随着生猪期货的上市，我国启动了生猪"保险＋期货"项目，旨在为保险公司提供政府补贴，从而鼓励保险公司根据期货价格的波动为生猪养殖户提供农业收入保险。具体而言，生猪养殖户从保险公司购买生猪价格保险，将生猪养殖过程中面临的市场风险转移至保险公司；同时，保险公司从期货公司购买场外期权进行再保险；最后，由期货公司进行生猪期货交易，从而将风险转移至生猪期货市场。截至 2021 年，我国共计提供了 125 个生猪"保险＋期货"项目，覆盖 25 万吨（约 222 万头）生猪。

最后，尽管价格发现和套期保值功能良好，但生猪期货的市场质量仍有待提升。相比上市后前两年的鸡蛋期货，生猪期货市场的市场活跃度较低，流动性较差，价格波动较大。因此，有必要制定相应措施提升生猪期货的市场质量，例如为生猪期货雇佣做市商。2022 年 5 月，大连商品交易所开始为生猪期货招募做市商；同年 6 月，大连商品交易所宣布 10 家期货和证券公司成为生猪期货的合格做市商。此外，目前生猪期货尚未开通夜盘交易时段。未来，大连商品交易所可以考虑开通夜盘交易，以使生猪期货更好地与国际市场接轨。

4.2.4 总结

中国是世界上最大的猪肉生产国和消费国。然而，我国生猪价格波动十分剧烈。2021 年，大连商品交易所推出了生猪期货，提供了一个有效的风险管理工具来稳定市场并促进产业规模化发展。本文对生猪期货的市场质量、价格风险和套期保值功能进行研究，结果表明，与早期上市的鸡蛋期货相比，生猪期货的交易不太活跃，流动性较差，价格波动更剧烈，市场质量有待提升。然而，尽管市场质量较差，生猪期货仍然较好地发挥了价格发现功能；利用 DCC、ADCC 和 GO－GARCH 模型时，生猪期货市场可以对冲现货市场 $4\%\sim27\%$ 的风险，而鸡蛋期货可以对冲现货市场不足 7% 的风险。虽然与鸡蛋期货相比，生猪期货的套期保值效率较高，但仍有一定的提升空间。未来，应进一步提升生猪期货的市场质量以增强期货市场的风险管理功能。

我国生猪现货市场的价格波动十分剧烈，推出生猪期货十分必要。本文的研究结果有助于了解新上市的生猪期货的运行情况。为提升生猪期货的市场质量和套期保值效率，应鼓励更多生猪产业的参与者利用生猪期货进行套期保值。大型生猪企业可以直接利用生猪期货进行套期保值，而中小型生猪养殖户可以选择生猪"保险＋期货"作为风险管理工具。此外，交易所可以考虑雇佣做市商和开通夜盘交易来提升生猪期货的市场质量。

4.3 后非洲猪瘟时期生猪养殖企业套期保值研究

4.3.1 研究背景与研究动机

中国是世界上最大的生猪生产国和猪肉消费国，生猪出栏量及猪肉消费量几乎占全球猪肉生产量和消费量的一半（Liang，Wang，2020）。然而，我国生猪价格常年异常波动，生猪产业经营者在进行生产、存储和销售决策时面临巨大风险（Zhu et al.，2022）。近年来，非洲猪瘟影响下生猪价格的波动愈加剧烈，生猪行业发展受到了极大冲击（Ma et al.，2021；Xiong et al.，2021）。2019 年 1 月 29 日非洲猪瘟暴发之初，外三元生猪全国平均价格为 11.28 元/千克，同年 10 月 29 日生猪价格飙升至 40.32 元/千克，涨幅达到 257.45％。至 2021 年 9 月 30 日，生猪价格迅速回落至 10.56 元/千克，跌幅达到 73.81％。生猪产业经营者和管理部门难以对未来价格走势做出合理判断，生猪产业链上下游参与者也难以管理市场风险。

生猪期货的上市为产业经营者提供了标准化的风险管理工具。自 2021 年 1 月 8 日生猪期货上市以来，投资者积极参与生猪期货交易。截至 2022 年 1 月 8 日（即上市一周年），生猪期货已正常运行 243 个交易日，累计成交量 616.69 万手，成交额 1.74 万亿元，日均持仓 6.08 万手，累积交割 54 手。近 2 600 家单位客户参与生猪期货交易和交割，90 多家养殖企业申请了套期保值资格。在生猪养殖业前 20 强龙头企业中，已有 19 家提交了交割库申请材料，11 家成为生猪期货交割库，10 多家上市公司发布开展生猪期货套期保值业务的公告。

我国生猪期货上市交易遵循了期货市场发展的趋势，满足了生猪市场参与者对价格管理的强劲需求，具有重要意义。生猪期货上市之前，由于缺乏直接有效的价格指导和套期保值工具，养殖户往往盲目地扩大或缩小生产规模，一旦生猪价格下跌，则被迫遭受损失。生猪期货的上市，使生猪产业经营者能够直接参与期货市场进行风险管理并锁定生产利润。不仅如此，中国期货市场形成了一个从种植到加工再到育种的完整的生猪产业链风险管理平台，包括养殖户、屠宰加工商、经销商在内的所有生猪产业参与者均可使用玉米和豆粕期货和期权以及生猪期货进行风险管理，大大增加了生猪行业管理价格波动风险的能力。在此背景下，对新上市生猪期货的套期保值能力和运行效率进行考察十分必要，不仅有助于生猪产业经营者更好地了解生猪期货工具，合理选择投资组合策略，而且为我国生猪行业的长期稳定发展提供了有益指导。然而，当前关于我国生猪期货市场的学术研究还十分少见。

本研究重点关注了新上市的生猪期货的套期保值能力，确定生猪期货是否是有效的套期保值工具。考虑到多种套保模型各具优势，本研究选用多种主流套保模型，包括静态的 OLS 和 ECM 模型、动态的 GARCH 系列模型和以及分位数套保模型，确保实证结果的稳健性。多种套保模型得到了一致的结果，使用生猪期货对生猪现货价格进行风险管理，套保比例约为 0.35，套保效率显示为正，约为 0.09。因此，生猪期货可以作为有效的套期保值工具，在风险管理中发挥作用。本研究进一步分析了生猪期货的套保效率与流动性、波动率和基差三种市场因素之间的关系。滚动策略被用来估计每周的流动性、波动率和基差指标，以及 OLS、ECM 和 GARCH 系列模型的滚动套保效率。回归结果表明，流动性和波动率指标对套保效率有显著的负向影响，流动性强、波动率低的市场更有利于开展套期保值，而基差与套保效率关系不显著。

首先，以往针对中国商品期货市场的研究大多集中于成熟期货市场，较少关注新上市的农产品期货产品，而本研究聚焦中国新上市生猪期货的套期保值能力，首次对中国生猪期货的风险管理水平进行实证研究。其次，少有研究将新提出的分位数套期保值模型应用于中国农业期货市场，而本研究从分位数的角度考察了中国生猪期货的套期保值表现，并与各种传统套期保值模型进行了比较。分位数套期保值模型（Lien et al.，2016）可以合理地估计不同分位点上生猪期货的套保比例和套保效率，分析不同市场条件，包括平均市场和极端市场的价格关系和套期保值表现。而且分位数套保比例相对传统的最小方差（MV）套保比例在异常值上更加稳健（Lien et al.，2016；Kenourgios et al.，2008）。最后，本研究进一步探讨了生猪期货套保效率的影响因素，不仅理论分析了数据选择、样本间隔、套保模型和合约选择等技术因素，还对流动性、波动率和基差等市场因素进行了实证检验。

4.3.2 方法与数据

本节介绍了套期保值模型，以及套保比例和效率的计算。其中简要概述了静态 OLS、ECM 和动态 GARCH 系列模型，并详细论述了新提出的分位数套期保值模型。

（1）套期保值模型

期货套期保值的主要论题之一是确定最优对冲比例（OHR），即对冲 1 个单位现货头寸所需的最优期货头寸数量。学者普遍认为，基于简单静态模型的套保比例能够提供最丰富的信息（Fan et al.，2013；Lien et al.，2016）。例如普通最小二乘模型（OLS）（Johnson，1960；Ederington，1979）和相关误差修正模型（ECM）（Ghosh，1993）易于估计和理解，被广泛应用于研究套期保值。然而，静态模型没有考虑到套保比例和异方差性的时变结构特征。相比之下，基于广义自回归条件异方差（GARCH）的动态套保模型（Bollerslev，1990；Yang，Allen，2005）能够解释条件异方差和时变结构，已经成为当今主流模型之一。其中，条件相关 GARCH（CCC - GARCH）（Bollerslev，1990）、Baba Engle Kraft Kroner GARCH（BEKK - GARCH）（Engle，Kroner，1995）、动态条件相关 GARCH（DCC - GARCH）（Engle，2002）、不对称动态条件相关 GARCH（ADCC - GARCH）（Cappiello et al.，2006）和广义 O - GARCH（GO - GARCH）（Van der Weide，2002）模型极大地扩展了相关研究，在套期保值研究中发挥了重要作用。表 4 - 6 展示了当前主流套保模型及其优势，对于上述模型的套保效率尚未达成共识。

表 4 - 6　主流套保模型及其优势

	套保模型	提出者	优势
静态模型	OLS	Johnson（1976）Stein（1976）Ederington（1979）	简单便捷
	BVAR	Herbst et al.（1989）	消除了自相关性
	ECM	Ghosh（1993）	解决了协整问题
动态模型	GARCH	Bollerslev et al.（1988）	能够捕捉套保比例的时变特征
	CCC - GARCH	Bollerslev（1990）	解决了条件异方差性
	DCC - GARCH	Engle（2002）	捕捉到长期波动性和相关性
	GO - GARCH	van der Weide（2002）	能够捕捉到价格之间的波动性溢出
	ADCC - GARCH	Cappiello（2006）	能够捕捉到可能存在的非对称关系
分位数模型	分位数套保	Lien et al.（2016）	考虑到所有的市场条件

本研究选择了静态 OLS 和 ECM 模型，动态 GARCH 系列模型以及分位数套保模型对生猪期货套期保值表现进行研究。考虑到已有大量的文献对上述方法进行了详细描述，这里不再赘述，本研究重点介绍了新提出的分位数套期保值模型。采用分位数回归估计分位数套保比例，包括有误差修正项和没有误差修正项两种情况，分别对应 OLS 分位数套保比例和 ECM 分位数套保比例（Lien et al.，2016）。OLS 分位数套保比例由 OLS 套保比例与分位数回归模型得到。假设 Y 为现货价格回报，是一个包含累积密度函数的连续随机变量；X 为期货价格回报。

OLS 回归模型为 $y_t = X_t\theta + \varepsilon_t$

OLS 分位数套期保值的估计值依赖于二元损失函数：

$$L = \sum_{t=1}^{T} (y_t - X_t\theta)^2 \qquad (4-5)$$

不同于传统的 MV 套期比率，OLS 分位数套期保值通过最小化二元损失函数而不是方差来获得估计值 $\hat{\theta}$：

$$\hat{\theta} = \underset{\theta}{argmin}L = argmin \sum_{t=1}^{T} (y_t - X_t\theta)^2 \qquad (4-6)$$

二元损失函数的绝对值形式为：

$$L(\tau) = \sum_{t \in \{t:y_t \geqslant X_t\theta\}} \tau |y_t - X_t\theta| + \sum_{t \in \{t:y_t < X_t\theta\}} (1 - \tau) |y_t - X_t\theta|$$

$$(4 - 7)$$

其中 τ 为因变量现货价格回报的分位数。

因此，最小化分位数损失函数的估计值 $\bar{\theta}(\tau)$ 可表示为：

$$\bar{\theta}(\tau) = \underset{\theta}{argmin} L(\tau) = \underset{\theta}{argmin} \Big[\sum_{t \in \{t:y_t \geqslant X_t\theta\}} \tau |y_t - X_t\theta| +$$
$$\sum_{t \in \{t:y_t < X_t\theta\}} (1 - \tau) |y_t - X_t\theta| \Big] \qquad (4 - 8)$$

同样，ECM 分位数套保比例由 ECM 套保比例结合分位数回归模型得到。这里不予赘述，详情参见（Lien et al.，2016；Gu et al.，2020）。

OLS、ECM 模型与分位数模型估计值之间的关系如下：

$$\hat{\theta} = \int_0^1 \bar{\theta}(\tau) d\tau \qquad (4 - 9)$$

分位数 τ 值可自行设置，因此每个分位点都可以得到对应的套保比例。

（2）套期保值效率

最小方差套保比例（H_{MV}）是使套保头寸风险最小化的比例。OLS、ECM 和 GARCH 系列模型通过最小化方差计算最优套保比例和效率，其结果被认为是权威可靠的。最小方差套保比例与期货回报的方差 $Var(\Delta f_t)$ 以及现货和期货回报的协方差 $Cov(\Delta s_t, \Delta f_t)$ 有关。

$$H_{MV} = \frac{Cov(\Delta s_t, \Delta f_t)}{Var(\Delta f_t)} \qquad (4 - 10)$$

对应的套保效率与进行了套期保值和未进行套期保值的头寸相关：

$$HE = 1 - \frac{Var(R_H)}{Var(R_S)} \qquad (4 - 11)$$

分位数套保效率取决于分位数损失函数，这与传统的 MV 套保效率存在差异。对于期货价格每一分位点 τ，相应的套保效率为：

$$HE(\tau) = 1 - \frac{L_{unrest}(\tau)}{L_{rest}(\tau)} \qquad (4 - 12)$$

$L_{unrest}(\tau)$ 为公式（4 - 7）中给定分位数 τ 的最小化损失函数。$L_{rest}(\tau)$ 为 $\theta = 0$ 时损失函数的值。期货价格回报的每个分位点 τ，均可以得到一个特定的分位数套保效率。由于不同分位点对应着不同的市场条件，分位数套保模型能够估计所有市场条件下，包括极端和平均市场条件的套期保值能力。因此，分位数套期保值模型能够对生猪期货套期保值能力进行全面评价。

（3）数据来源

为了尽可能准确、全面地评估中国生猪期货的套期保值能力，本研究考虑了 6 种主流套期保值模型。样本为中国生猪期货上市日至今，即 2021 年 1 月 8 日至 2022 年 6 月 30 日。由于中国期货市场近月合约并不活跃，交易量大的主力合约更具代表性。根据以往套期保值研究（Barbi，Romagnoli，2014；Hernandez et al.，2019），基于成交量最大化原则生成主力期货合约的每日结算价格。现货价格则选取具有普遍性和代表性的外三元生猪全国平均价。期货和现货价格均进行对数化处理。S_t 和 F_t 分别代表 t 时刻的现货和期货价格，对应的现货和期货价格回报分别为 $\Delta s_t = \log(S_t) - \log(S_{t-1})$ 和 $\Delta f_t = \log(F_t) - \log(F_{t-1})$。价格数据均来自万得数据库。

考虑到期货与现货价格度量单位不一致，本研究将度量单位统一为元/千克以便进行比较，生猪期货和现货价格的描述性统计见表 4 - 7。期货与现货价格的相关系数为 0.836，相关性较强。图 4 - 4 为生猪期货上市以来期货和现货价格走势。总体来看，生猪期货和现货价格的走势相对一致，其中生猪期货价格略高但更加稳定，而现货价格波动更加剧烈。生猪期货上市初期，期货和现货短时间内反方向变动。生猪现货位于价格高点约 35 元/千克，期货价格相对较为合理，低于 30 元/千克。随后，生猪期货和现货价格保持高度一致，迅速下跌直至 11 元/千克左右，随后小幅变化。价格波动幅度并不完全相同，期货价格下降幅度相对较小。2022 年 3 月以后，生猪期货和现货价格一致上升。初步判断生猪期货价格反映了现货市场变化，能有效预测未来生猪现货价格的走势，生猪期货能够有效地对冲和管理现货价格的风险。

表 4 - 7　生猪期货和现货价格的描述性统计

	样本量	最小值	最大值	均值	离差	偏度	峰度	相关系数
期货价格	348	12.52	29.10	19.09	5.06	0.62	-0.95	0.836
现货价格	348	10.56	36.35	17.90	6.22	1.44	1.20	

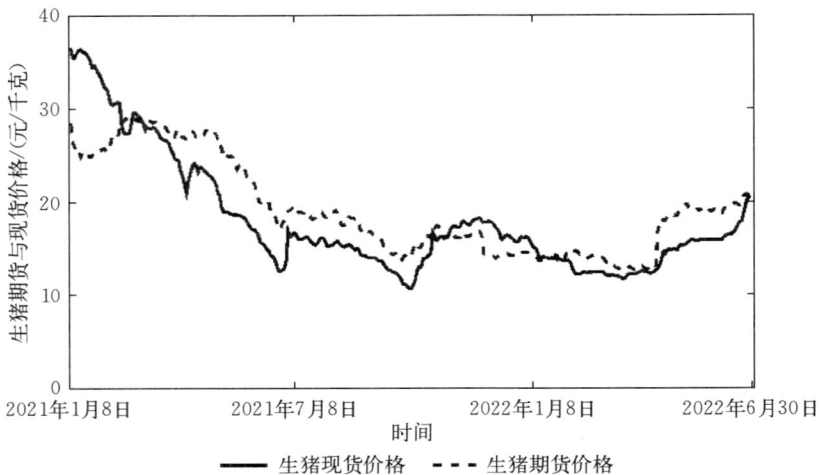

图 4 - 4　生猪期货上市以来期货和现货价格走势

4.3.3 实证结果

本节利用 OLS、ECM、GARCH 系列和分位数套期保值模型来分析生猪期货的套期保值能力，并实证探讨了流动性、波动率及基差与生猪期货套保效率之间的关系。

（1）静态 OLS 和 ECM 模型套期保值

学者认为 OLS 和 ECM 模型等静态套保模型优于更复杂的套保模型，也便于计算（Fan et al.，2013；Lien et al.，2002）。本研究以静态套期保值比例作为基准。实证结果表明，OLS 和 ECM 套保效率一致为正，我国新上市生猪期货对现货价格能够发挥风险管理作用。其中，OLS 的套保比例为 0.333，ECM 的套保比例略小，为 0.299。OLS 和 ECM 的套保效率几乎相同，分别为 0.107 和 0.106。静态套期保值结果表明，生猪期货市场参与者若采用上述固定的套保比例，可能会获得正回报。针对生猪价格进行风险管理，使用约 0.3 单位期货头寸对冲 1 单位的现货产品，可将现货价格风险降低约 11%。然而，静态套期保值模型并没有考虑到市场价格的时变特征，只能反映生猪期货市场在一段时间内的整体风险管理效果。

（2）动态 GARCH 系列模型套期保值

生猪期货和现货价格不断变化，采用时变的 GARCH 系列模型（DCC、ADCC 和 GO GARCH）探讨生猪期货与现货价格之间的条件相关性和套期保值能力具有合理性。参考 Basher，Sadorsky（2016），本研究估计了 DCC 模型的四种情况。根据 AIC 标准进行模型选择，结果表明在多元 t 分布估计的平均方程中，带有 AR（1）项的 DCC 模型最适合进行生猪期货市场套保研究，因此 ADCC 和 GO GARCH 也采用平均方程中的 AR（1）项进行估计。表 4 - 8 和图 4 - 5 展示了 GARCH 系列模型的套保比例和效率。图 4 - 5 中黑线表示 DCC - GARCH 套保比例，红线表示 ADCC - GARCH 套保比例，蓝线表示 GO - GARCH 套保比例。

表 4 - 8　GARCH 系列模型的套保比例和效率

GARCH 系列模型		最小值	中值	均值	最大值
DCC - GARCH	比例	0.106	0.286	0.372	3.628
	效率			0.095	
ADCC - GARCH	比例	0.112	0.346	0.438	4.732
	效率			0.087	
GO - GARCH	比例	0.146	0.213	0.348	3.608
	效率			0.090	

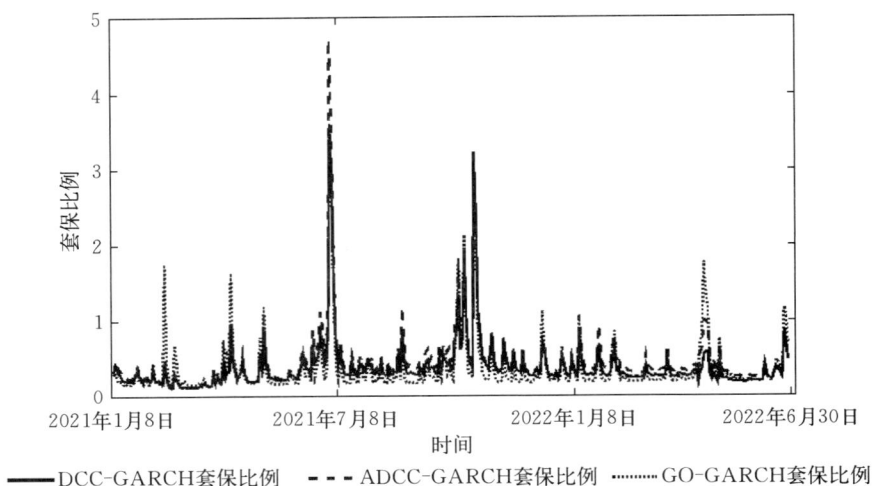

图 4-5　GARCH 系列模型套保比例

　　三种 GARCH 系列模型的套保比例和效率具有相似性，套保比例范围为 0.106～4.732，变化趋势基本相同。其中，ADCC-GARCH 模型的套保比例波动幅度最大，DCC-GARCH 模型波动幅度次之，GO-GARCH 模型波动幅度最小。值得注意的是，动态套保比例虽然波动剧烈，但大多数集中在 0.35 左右。DCC-GARCH 模型的最优套保比例平均值为 0.372，ADCC-GARCH 模型的最优套保比例的均值略高为 0.438，GO-GARCH 模型略低为 0.348。套保比例的高波动意味着更高的对冲成本（Junttila et al.，2018），一定程度上限制了生猪期货作为套保工具的有效性。

　　三种 GARCH 模型的套保效率差异不大。DCC-GARCH 模型的套保效率最高，为 0.095；GO-GARCH 模型次之，为 0.090；ADCC-GARCH 模型最低，为 0.087。结果表明，三种 GARCH 系列模型的生猪期货可以将相应的现货风险降低约 9%。因此，随着市场状况的变化，生猪期货市场上的套期保值者必须及时调整套期保值率，以获得良好的风险管理效果。总体而言，生猪期货的动态套期保值比例调整范围较广，难以控制。GARCH 系列模型的套期保值结果与静态模型结果一致，套保比例均在 0.35 左右，套保效率在 0.09 左右。研究结果的一致性进一步证实了生猪期货可以作为一种有用的套期保值工具，并在套期保值和风险管理中发挥作用。

　　GARCH 系列模型已被应用于多种中国商品期货的套期保值研究，新上市的原油期货套保效率约为 0.66（Jie et al.，2021），大豆期货套保效率约为 0.2。相比之下，中国生猪期货的套保效率并不高，生猪市场的高波动率可能是原因之一。中国生猪价格常年剧烈波动，生猪期货上市正值猪周期下行，现货价格的急剧下滑使得期货的套期保值功能难以有效发挥。但不可否认的是，生猪期货对风险管理是有效的，利用生猪期货可以获得正回报。

（3）分位数套期保值

除了静态和动态套期保值模型外，本研究从分位数的角度进一步考察了中国生猪期货市场的套期保值能力。根据 Lien et al.（2016）和 Shrestha et al.（2018）的研究，分位数考察范围为 0.05～0.95，每 0.05 分位增加一个分位点，共计 19 个分位数套保比例。期货价格对应的分位数较低，表明生猪期货处于看跌市场，较高的分位数对应着看涨市场。因此，分位数套期保值模型可以用来描述不同市场条件下的套期保值能力。

以 OLS 和 ECM 模型作为基准，图 4-6 和表 4-9 展示了生猪期货在不同分位点的套保比例和效率。图 4-6 中黑色实线表示 OLS 分位数套保比例，红色实线表示 ECM 分位数套保比例。以传统的 OLS 和 ECM 套保比例为基准，绿色实线表示 OLS 套保比例，黄色实线表示 ECM 套保比例。虚线对应各套保模型的效率。OLS 与 ECM 模型套保比例几乎一致。

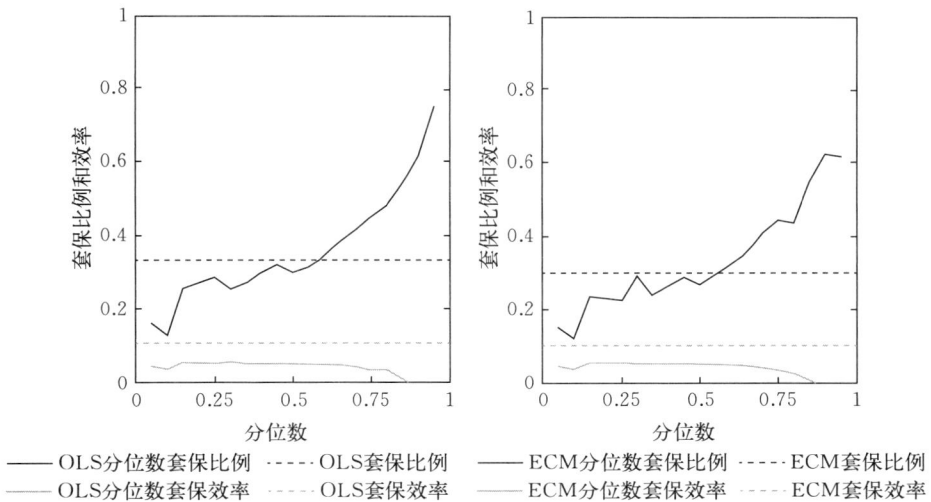

—— OLS分位数套保比例　·····OLS套保比例　—— ECM分位数套保比例　·····ECM套保比例
—— OLS分位数套保效率　·····OLS套保效率　—— ECM分位数套保效率　·····ECM套保效率

图 4-6　分位数套保模型的套保比例和效率

表 4-9　分位数套保模型的套保比例和效率

	分位数	0.05	0.1	0.15	0.2	0.25	0.3	0.35	0.4	0.45	0.5
OLS 分位数 套保	比例	0.159	0.127	0.255	0.268	0.285	0.254	0.270	0.297	0.320	0.299
	效率	0.044	0.037	0.054	0.055	0.055	0.052	0.052	0.052	0.052	0.050
	分位数	0.55	0.6	0.65	0.7	0.75	0.8	0.85	0.9	0.95	OLS
	比例	0.313	0.344	0.384	0.416	0.452	0.483	0.541	0.615	0.751	0.333
	效率	0.049	0.048	0.045	0.040	0.032	0.024	0.008	−0.014	−0.073	0.107

（续）

	分位数	0.05	0.1	0.15	0.2	0.25	0.3	0.35	0.4	0.45	0.5
ECM 分位数套保	比例	0.150	0.120	0.235	0.232	0.226	0.293	0.239	0.264	0.287	0.269
	效率	0.042	0.036	0.053	0.052	0.050	0.054	0.050	0.050	0.051	0.049
	分位数	0.55	0.6	0.65	0.7	0.75	0.8	0.85	0.9	0.95	ECM
	比例	0.297	0.322	0.355	0.407	0.443	0.436	0.545	0.623	0.616	0.299
	效率	0.049	0.048	0.046	0.041	0.033	0.032	0.008	−0.017	−0.019	0.106

使用生猪期货对现货价格进行套期保值，套保比例在不同的分位数上是不对称的，并随着分位数的增加而向上波动。相对于恒定的静态套保比例，分位数套保比例考虑了期货价格的所有分位数，能够适应整体市场条件的变化。在0.1分位，套保比例小于恒定的静态套保比例。随着分位数的增加，套保比例随之增大，在0.9分位达到最大值。更具体地说，恒定的静态套保比例将导致在低分位过度套期，而在高分位套保不足。因此，随着生猪期货市场价格的上涨，套保比例应相应提高，以获得更好的风险管理效果。

与GARCH系列模型一致，分位数套保比例同样在OLS和ECM套保比例附近波动。套保效率在大多数分位点显示为正，约为0.05，但在极高分位（大于0.9）时显示为负，表明生猪期货不适合在极高分位点对冲现货价格风险。即当生猪期货处于一个强劲的看涨市场时不适合进行风险管理。在极端强劲的看涨市场，相对理性的期货价格与现货价格存在较大的差距，套保效率难以有效发挥。本研究样本期范围内，强劲的看涨市场处于生猪期货上市初期，生猪期货仍处于初步探索和调整过程中，对冲能力有限。此外，投资者通常在繁荣的看涨市场较容易获得良好收益（Zhang，Ding，2021），使用生猪期货进行风险管理的需求并不强劲。因此，看涨市场生猪期货表现不佳。

整体来看，生猪期货在大多数市场条件下都可以作为一种有效的套期保值工具，尤其在熊市或平均市场条件下风险管理效果良好。

（4）套保效率影响因素

期货市场套保效率的影响因素十分丰富。考虑到中国期货市场的数据可得性，本研究重点关注了生猪期货的套保效率与流动性、波动率和基差之间的关系。

市场流动性（L_t）的概念复杂且模糊，以往文献使用了许多方法来衡量市场流动性。其中，Amihud流动性（Amihud，2002）在所有流动性指标中的修正率最大，被广泛使用。Amihud流动性指标被定义为：

$$L_t = \frac{|R_t|}{Vol_t} \qquad (4-13)$$

其中 R_t 为 t 时刻的生猪期货价格回报 $R_{t,j}=\log\left(\dfrac{P_{t,j}}{P_{t,j-1}}\right)$，$Vol_t$ 为 t 时刻的期货交易量。

为了消除规模偏差效应，参考（Zhang，Ding，2021）对流动性指标加以规范：

$$L_t=\frac{liquidity-mean\cdot of\cdot liquidity}{standard\cdot deviation\cdot of\cdot liquidity} \qquad (4-14)$$

当交易量高时，流动性指标更小，资产更具流动性。

参考 Andersen et al.（1999）的研究，波动率指标（RV）为给定时期内非重叠区间的收益平方和：

$$RV_t=\sqrt{\sum_{j=1}^{M}R_{t,j}^2}\,,\ t=1,\cdots,T \qquad (4-15)$$

其中，M 为样本总量。套保者通常会尽可能最小化对冲投资组合的波动率，以提高套保效率（Su，2017）。

基差为期货和现货价格之间的差值。基差风险（BR_t）归因于现货市场交易的商品与期货可交付的商品之间的位置、质量和时间差异（Chen et al.，2003）。在结算日，现货与期货价格关系的任何偏差都将产生套利机会（Pennings，Meulenberg，1997）。

参考 Zhang，Ding（2021）和 Yun，Kim（2010）的研究，采用滚动策略获取每周移动平均指标。例如，周度流动性由日度流动性滚动得到，滚动周期为 5 天，每周的波动率和基差也以同样的方式滚动得到。套保效率影响因素指标共计 69 组。

表 4-10 为周度流动性、波动率和基差指标的描述性统计，图 4-7 展示了周度流动性、波动率和基差变动趋势。在大多数情况下，基差显示为正。生猪期货上市初期，基差短期呈现负向变化，达到低点−11.495，一段时间后，稳定在−5 和 5 之间。流动性和波动率除某些极端情况外，在 0 附近平稳波动。

表 4-10 周度流动性、波动率和基差指标的描述性统计

	流动性	波动率	基差
样本量	69	69	69
最小值	−0.473	0.006	−11.495
最大值	8.127	0.276	6.030
均值	0.087	0.004	1.158
离差	1.135	0.886	3.547
偏度	5.343	8.145	−1.570
峰度	33.845	24.575	2.770

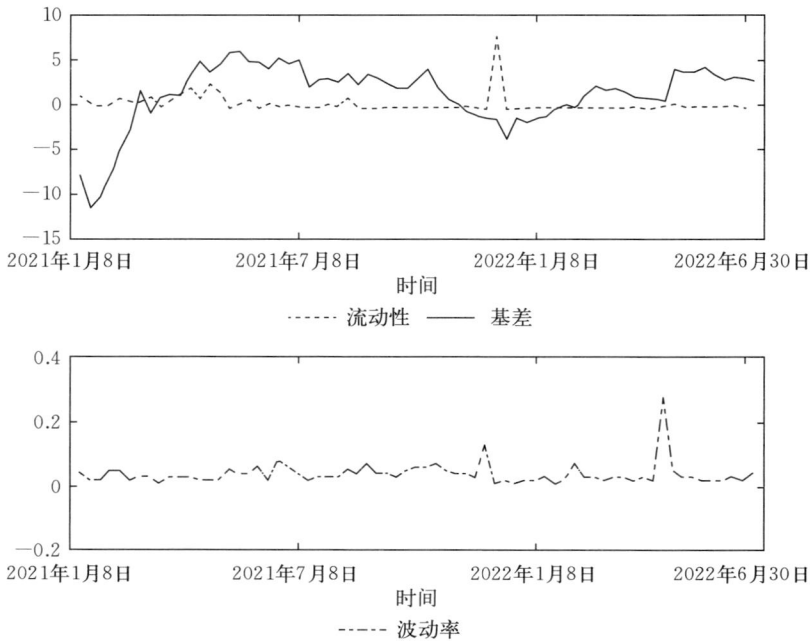

图 4-7　流动性、波动率和基差变动趋势

（5）回归结果

本研究同样利用滚动策略，基于 OLS、ECM 和 GARCH 系列模型，获得了 5 组滚动的套保效率指标。分位数套保效率表现为 19 个分位点的数值，这里不予考虑。

参考 Yun，Kim（2010）的研究，指定简单的 OLS 模型进行回归分析，市场因素与生猪期货套保效率之间的回归模型如下：

$$HE_{i,t} = a + \hat{\beta}_1 \cdot L_t + \hat{\beta}_2 \cdot RV_t + \hat{\beta}_3 \cdot BR_t + \varepsilon_t,\ i = 1,2,3,4,5$$

$$(4-16)$$

其中，$HE_{i,t}$ 表示 5 组生猪期货套保效率指标，i 对应于 5 种套期保值模型。与前文一致，L_t，RV_t 和 BR_t 分别表示生猪期货市场流动性、波动率和基差。相应地，$\hat{\beta}_1$、$\hat{\beta}_2$ 和 $\hat{\beta}_3$ 分别对应三个变量的相关系数。

表 4-11 报告了套保效率与影响因素的回归结果。静态和动态套保模型的回归结果存在显著差异。静态 OLS 和 ECM 模型得到的滚动套保效率与市场因素之间的相关系数在所有统计水平上均不显著。动态 GARCH 系列模型得到的滚动套保效率、流动性和波动率的回归系数在 5% 统计水平上显著，然而基差在所有统计水平上均不显著。

表 4 - 11　套期保值影响因素回归结果

	OLS		ECM		DCC - GARCH		ADCC - GARCH		GO - GARCH	
	估计值	$Pr(>|t|)$	估计值	$Pr(>|t|)$	估计值	$Pr(>|t|)$	估计值	$Pr(>|t|)$	估计值	$Pr(>|t|)$
截距	−0.528	0.009***	−0.253	0.007***	1.376	0.003***	2.083	0.001***	1.193	0.000***
流动性	−0.014	0.903	−0.008	0.877	−3.242	0.000***	−3.954	0.000***	−1.190	0.000***
波动率	2.984	0.417	0.723	0.672	−50.061	0.000***	−75.016	0.000***	−39.205	0.000***
基差	−0.006	0.874	0.004	0.828	0.109	0.195	0.141	0.191	0.070	0.104

注：***、**、* 分别表示在 1%、5% 和 10% 的统计水平上显著。

　　流动性系数为负，与生猪期货的套保效率成反比，表明流动性指标越小，即市场流动性越强，对生猪期货套保效率的提升越有利。一般来说，流动性强的市场交易成本较低，参与者无力操控市场，交易行为对于市场价格的影响可忽略不计（de Boer et al.，2022）。中国生猪的现货价格受到生产商、加工商和消费者等产业经营者的广泛关注，但期货市场参与度仍有不足，这可能是套保效率较低的原因之一。随着生猪期货市场走向成熟，更多的生猪产业经营者，尤其是套保者进入期货市场，套期保值和风险管理的效果可能会增强。

　　波动率与套保效率的相关系数也为负，表明波动率较低的市场更有利于生猪期货套期保值，生猪期货价格波动率越高，套保效率可能越低。极高或极低的价格均会加剧套保风险，难以获得稳定的回报。这一结果与生猪期货"平稳生猪价格，缓解猪周期"目标一致。基差系数为正，但不显著，表明生猪期货市场的套期保值较为复杂，仅关注基差很难获得良好的套期保值收益。因此，投资者应更加关注市场交易信息，以便更好地进行风险管理。

4.3.4　总结

　　生猪价格剧烈波动给从业者带来了巨大损失，生猪产业经营主体迫切需要专业的套期保值工具对生猪价格进行风险管理，生猪期货的上市对生猪行业发展具有重要意义。本研究首次考察了新上市生猪期货的套期保值能力，并进一步分析了生猪期货的流动性、波动率和基差与套保效率之间的关系。静态和动态套期保值结果表明，生猪期货的套保比例约为 0.35，套保效率为正。生猪期货是有效的套期保值工具，可以在风险管理中发挥一定作用。分位数套期保值结果显示，生猪期货在熊市和平均市场中套期保值效果良好，但在极端看涨的市场风险管理的效果有限，虽然此时市场参与者风险管理需求较小。流动性和波动率指标对套保效率有显著的负面影响，流动性强、波动率低的市场更有利于生猪期货套期保值有效性的发挥。本研究为生猪期货市场参与者提供了有意义的见解，有助于投资者选择合理的投资组合策略。

　　生猪价格风险管理应重点关注市场因素的影响，政府管理部门和大连商品交易所可以通过增加流动性和减少波动率来提高生猪期货的市场质量和运营效率。第一，简化交易过程，鼓励生猪产业链上下游企业，包括育种、屠宰和零售方积极参与生猪期货交易。第二，政府、交易所和保险公司加强合作，引导小型养猪户通过"保险＋期货"利用期货市场管理价格风险。第三，大连商品交易所提供更多的生猪期货专业培训，指导投资者合理使用期货工具，提高市场参与者的专业水平。此外，未来大连商品交易所可增加夜盘交易，将外国资本引入生猪期货市场，通过延长交易时间和扩大市场参与度，以避免价格暴涨暴跌。

4.4 生猪期货合约对生猪现货价格的预测能力研究

4.4.1 研究背景与研究动机

作为全球最大的生猪生产国和猪肉消费国，中国占全球猪肉总产量 50％以上。然而，2018 年非洲猪瘟暴发后，中国近 40％的生猪存栏因疾病或捕杀而损失，导致生猪价格在 2019 年飙升至历史新高，随后生猪价格迅速下跌。中国生猪价格剧烈波动对生猪养殖企业的日常经营、居民的日常消费以及生猪产业整体可持续性发展产生了巨大的负面影响。

2021 年 1 月 8 日，大连商品交易所推出生猪期货，成为中国畜牧业首个期货产品。生猪养殖企业和猪肉加工商等行业参与者以及监管机构可以根据生猪期货价格形成未来现货价格预期。生猪期货对预测生猪现货价格的准确性至关重要，因为这显著影响着基于生猪期货价格的预测决策。因此，评估中国生猪期货预测生猪现货价格的能力是生猪行业的一个重要问题。

就玉米、大豆和小麦等可存储商品而言，期货价格被广泛认为是现货价格的可靠预测指标（Carter，Mohapatra，2008），但是生猪和牛肉等不可储存的商品则未形成共识。众多学者对不可储存商品期货合约的预测能力产生怀疑。目前学界已经对这一问题展开了广泛的研究，以检验不可储存商品的期货价格是否可以作为现货价格的可靠预测指标（Carter，Mohapatra，2008；Daniel，Schroeder，1999；Tomek，1997）。例如，Carter，Mohapatra（2008）采用误差修正模型评估美国生猪期货价格对现货价格预测的无偏性，结果显示，生猪期货价格是即将到来的现货价格的可靠预测指标。Daniel，Schroeder（1999）认为，美国牛肉和生猪期货可以为这些肉制品在销售期间的现货价格提供无偏的价格预测。然而，以往关于美国生猪期货市场预测能力的研究仅限于样本内分析，而非样本外预测。学者对玉米、大豆（Huang et al.，2020；Kenyon et al.，1993；Zulauf et al.，1999）、小麦（Daniel，Schroeder，1999）和原油（Moosa，Al‑Loughani，1994）等可储存商品也进行了类似的研究

（Kenyon et al.，1993；Zulauf et al.，1999）。

　　样本内分析旨在研究期货价格是否是未来现货价格的无偏估计，这无法从样本外预测的角度评估预测的准确性。最近的研究强调了样本外预测评估对决策的重要性，并将这种方法应用于检验期货市场的预测能力，特别是对于原油等可储存商品（Alquist，Kilian，2010；Chatziantoniou et al.，2019；Chu et al.，2022；Ellwanger，Snudden，2023；Jin，2017）。例如，Ellwanger，Snudden（2023）认为期货价格是原油现货价格的重要预测指标。Chu 等（2022）发现，期货价格能够较好地预测现货价格。除原油外，文献中还多次尝试检验可储存农产品期货市场的预测能力，如玉米和大豆（Just，Rausser，1981；Kastens et al.，1998；Reichsfeld，Roache，2011）。例如，Reichsfeld，Roache（2011）发现，基于期货的预测模型在大多数时段的表现与随机游走类似。然而，生猪和肉牛等不可储存商品期货的样本外预测研究相对匮乏。此前只有两项研究对生猪期货市场进行了样本外分析（Just，Rausser，1981；Kastens et al.，1998）。然而，这些证据来源于 30 年前美国生猪期货市场（Kastens et al.，1998；Just，Rausser，1981），无法为当前中国生猪期货市场提供新的实用的见解。此外，最近提出的基于期货价格的预测模型尚未完全用于检验中国生猪期货市场的样本外预测能力。

　　本研究旨在评估 6 个基于期货合约的现货价格预测模型，检验中国近期上市的生猪期货的样本外预测能力。玉米和大豆往往在年初种植，年底收获，但生猪养殖户每天都需要价格信息以进行出栏和补栏决策。正如 Jin（2017）指出，期货市场的预测能力应该以每日频率进行评估。因此，本研究考察了生猪期货价格对日度现货价格的预测能力，而不是常用的周度（Reichsfeld，Roache，2011）或月度现货价格（Chu et al.，2022）。本研究采用 3 种误差指标和 Diebold - Mariano 检验来评估和比较基于期货的预测模型和基准模型的预测性能。此外，还进行了稳健性检验以确保研究结果的可靠性。

　　研究结果表明，中国生猪期货通常有助于预测即将到来的生猪现货价格。具体而言，基于期货价差的预测模型在 6 个预测步长和 3 个误差指标上的预测结果始终比基准模型更优，Diebold Mariano 检验进一步支持了这一结论。然而，没有一个基于期货价差的模型在所有预测步长和误差指标上始终表现最佳。在所有基于期货的预测模型中，无论选择何种预测步长和误差指标，直接使用期货价格作为现货价格预测值的模型表现最差。此外，在更大的预测步长下，同时使用生猪现货和期货价格的简单线性回归模型优于基于期货价差的模型。最后，稳健性检验证实了实证结果的可靠性。

　　本文是第一个探寻中国生猪期货价格是否有助于预测现货价格的研究，这有助于剖析不可存储商品期货市场的预测能力。同时本文的研究结果可以为交易所和监管机构提供有价值的见解，以提高生猪期货市场的表现。其次，本文率先通过全面检验 6 个预测步长内的 7 个基于期货价格的预测模型，以评估中国生猪期货合约的样本外预测性能，这对于套期保值者和投机者在生猪期货市场中设计交易策略以及养殖户在养殖过程中做出更明智的决策至关重要。

4.4.2　生猪期货运行情况

中国是世界上最大的猪肉消费国，拥有超过 4.52 亿头生猪，猪肉也是许多中国家庭的主要肉类食品。中国的商品期货市场长期缺乏牲畜期货合约，但这一情况在 2021 年年初发生了变化，大连商品交易所在经过近 20 年的市场咨询、研究和测试后，推出生猪期货合约。生猪期货的上市被视为中国最有价值的农产品建立了透明的定价体系。

2021 年 1 月 8 日，贸易商、农民和其他市场参与者开始交易 2021 年 9 月、2021 年 11 月和 2022 年 1 月到期的生猪期货合约。这三个合约的价格均较交易所设定的开盘水平下跌超过 7%。但价格大幅波动并没有阻碍贸易者参与生猪期货市场。生猪期货首个上市日成交量为 99 271 份合约，相当于 1.59 万吨生猪。市场参与者对生猪期货的热情在其上市后的两年仍然高涨。2021 年，总交易量和交易额分别为 604 万手和 1.7 万亿元，相当于 9.664 亿头生猪和 2 625 亿美元；每日平均未平仓合约高达 6 万手。2022 年总交易量增至 828 万手，相当于 13.2 亿头生猪；日均未平仓合约增至 9.64 万手。目前，全国有多达 41 个生猪交割仓，覆盖 11 个省份，超过 3 000 家企业参与了生猪期货交易。

中国鸡蛋期货的发展历史为当前生猪期货提供了一定的借鉴。随着鸡蛋期货的运行，大连商品交易所逐渐放松了对鸡蛋期货的严格限制。因此，近两年鸡蛋期货交易量、未平仓量和交易价值都比上市初期显著增加。同样，由于生猪期货上市不到 3 年，大连商品交易所严格限制投资者参与生猪期货，以避免过度投机。例如，大连商品交易所设置了严格的头寸限制，要求非对冲交易的每日未平仓合约不超过 500 手，交易者的持仓不超过 500 手。由于猪肉是最重要的动物蛋白来源，交易所当前更倾向于保持生猪期货市场的稳定，而不是吸引更多的交易，因为这不可避免地伴随着越来越多的投机。与此同时，鉴于生猪行业在中国畜牧业的重要性，生猪期货市场有潜力吸引更多交易。随着生猪期货市场的发展，交易所将放宽限制，生猪期货市场规模将达到更高水平。

表 4-12 详细展示了大连商品交易所生猪期货和芝加哥商品交易所瘦肉型生猪期货的合约规格。与芝加哥商品交易所（下称"芝商所"）瘦肉型生猪期货相比，大连商品交易所（下称"大商所"）的生猪期货合约规模略小。大商所生猪期货的交易保证金是根据合约价值（5%）计算的。相比之下，芝商所

瘦肉型生猪期货是使用标准投资组合风险分析（SPAN）系统计算的。例如，2023 年 4 月，芝商所瘦肉型生猪期货的保证金为 1 750 美元，而大商所生猪期货保证金为 28 704～36 403.2 元（约 4 432～5 621 美元），对冲交易为 19 136～24 268.8 元（约 2 955～3 741 美元）。

表 4-12　大商所生猪期货和芝商所瘦肉型生猪期货的合约规格

项目	DCE 生猪期货	CME 瘦肉型生猪期货
产品	生猪	瘦肉型生猪
交易单位	16 吨（35 274 磅*）	40 000 磅
报价单位	元/吨	美分/磅
最小即时报价	5 元/吨（0.000 35 美元/磅）	0.000 25 美元/磅
每日价格限制范围	最后结算价的 4%	0.03 美分/磅
合同期限	1 月，3 月，5 月，7 月，9 月，11 月	2 月，4 月，6 月，8 月，10 月，12 月
交易时间	周一——周五，北京时间上午 9:00—11:30，下午 1:30—3:00，以及 DCE 公布的其他交易时间	周一——周五，美国中部时间上午 8:30—下午 1:05（美国东部时间上午 9:30—下午 2:05）
最后交易日	合约月份倒数第四个交易日	合约月份的第十个工作日
最后交付日	最后一个交易日后的第三个交易日	合约月份的第十个工作日
可交付成果等级	DCE 生猪交付质量标准	CME 瘦肉型生猪交付质量标准
交付地点	DCE 指定的生猪配送仓库和 FOT 配送站点	
最低交易保证金	合同价值的 5%	由 SPAN 系统计算
交付方式	实物交付	金融结算
股票代码	LH	HE
上市交易所	大连商品交易所	芝加哥商品交易所

注：为了更好地进行比较，数据转换为美元和英镑。芝商所瘦肉型生猪期货使用标准风险投资组合分析（SPAN）系统计算。

* 磅为非法定计量单位，1 磅等于 0.454 千克。

4.4.3　方法与数据

本节介绍基于期货价格的生猪现货价格预测模型，并与基准模型进行比较。

(1) 预测方法

本研究所考察的预测模型大致可分为四类：基准模型、直接使用期货价格作为未来现货价格的预测值、基于期货价差的预测模型、线性回归模型。基准模型未使用期货价格，其余模型均使用了期货价格。设 $E_t[S_{t+h|t}]$ 表示 h 期后

的生猪现货价格预测值。$F_t^{(h)}$ 表示 h 期后到期的生猪期货合约在 t 期的价格，而 S_t 表示生猪现货在 t 期的价格。到期日从第一个月到第六个月，即 $h=1$、2、3、4、5、6。参考 Alquist，Kilian（2010）和 Chu 等（2022）的研究，预测模型的公式如下：

基准模型。随机游走模型是预测未来现货价格的基准模型。该模型基于生猪现货价格不可预测的理论假设，因此，对未来现货价格最准确的预测是当前的现货价格（Yoon，1998）。已有研究表明，该基准模型往往产出较高的预测准确度（Bloznelis，Daumantas，2018；Green，Armstrong，2015；Yoon，1998）。

$$\hat{S}_{t+h\,|\,t}=S_t，h=1，2，3，4，5，6 \qquad (4-17)$$

期货价格作为未来现货价格的预测值。该模型仅使用当前生猪期货价格作为生猪现货价格的预测值。

$$\hat{S}_{t+h\,|\,t}=F_t^{(h)}，h=1，2，3，4，5，6 \qquad (4-18)$$

基于期货价差的预测。根据 Baumeister，Kilian（2012）的研究，如果期货价格等于预期的现货价格，两者之间的价差可以反映现货价格的预期变化。因此，可利用期货和现货价格之间的价差来预测未来现货价格。根据 Alquist，Kilian（2010）提出的基于期货价差的预测模型，本文对如下 4 个模型进行讨论：

$$\hat{S}_{t+h\,|\,t}=S_t[1+\ln(F_t^{(h)}/S_t)]，h=1，2，3，4，5，6 \quad(4-19)$$

或者，可以放松无偏性：

$$\hat{S}_{t+h\,|\,t}=S_t[1+\hat{\alpha}+\ln(F_t^{(h)}/S_t)]，h=1，2，3，4，5，6$$

$$(4-20)$$

或者，可以放松比例限制：

$$\hat{S}_{t+h\,|\,t}=S_t[1+\hat{\beta}\ln(F_t^{(h)}/S_t)]，h=1，2，3，4，5，6$$

$$(4-21)$$

最后，可以放松无偏性和比例限制：

$$\hat{S}_{t+h\,|\,t}=S_t[1+\hat{\alpha}+\hat{\beta}\ln(F_t^{(h)}/S_t)]，h=1，2，3，4，5，6$$

$$(4-22)$$

其中 $\hat{\alpha}$ 和 $\hat{\beta}$ 是通过普通最小二乘法以递归方式估计的统计量。

期货与现货价格的线性回归。参考 Chu 等（2022）的研究，本研究采用一个广义上的线性回归模型，该模型使用了期货和现货价格。这种宽松的模型对期货价格、当前现货价格和未来现货价格之间的关系施加了最小的约束。正如 Chu 等（2022）指出，如果期货和现货价格之间的关系过于复杂，无法通过上述 6 个模型来捕捉，那么如下模型可能是最合适的模型。

$$\hat{S}_{t+h\,|\,t}=\hat{\alpha}+\hat{\beta}F_t^{(h)}+\hat{\gamma}S_t，h=1，2，3，4，5，6 \qquad (4-23)$$

其中 $\hat{\alpha}$，$\hat{\beta}$ 和 $\hat{\gamma}$ 是普通最小二乘法以递归方式估计的统计量。

（2）预测误差指标

本节介绍用于评估预测模型的误差指标和和统计检验方法。由于模型的预测误差具有各种分布特征，因此没有一种误差指标可以完全捕获其特征。本研究采用 3 种常用的误差指标：均方根误差（RMSE）、平均绝对百分比误差（MAPE）和对称平均绝对百分比误差（SMAPE）（Bowerman et al.，2005；Makridakis，Hibon，2000）。三种误差指标的计算公式如下：

$$RMSE_h = \sqrt{\frac{1}{N}\sum_{t=1}^{N}(\hat{S}_{t+h\,|\,t} - S_{t+h})^2} \qquad (4-24)$$

$$MAPE_h = \frac{100\%}{N}\sum_{t=1}^{N}\left|\frac{\hat{S}_{t+h\,|\,t} - S_{t+h}}{S_{t+h}}\right| \qquad (4-25)$$

$$SMAPE_h = \frac{100}{N}\sum_{t=1}^{N}\left|\frac{\hat{S}_{t+h\,|\,t} - S_{t+h}}{\hat{S}_{t+h\,|\,t} + S_{t+h}}\right| \qquad (4-26)$$

其中，$\hat{S}_{t+h\,|\,t}$ 是 $t+h$ 期的生猪现货价格预测值，S_{t+h} 是 $t+h$ 期的生猪现货价格真实值。N 是样本量，h 是预测步长。

除了上述预测误差指标之外，本文进一步运用 Diebold-Mariano（DM）检验（Diebold，Mariano，1995）来评估两个预测模型在统计上的优劣。DM 检验采用均方预测误差（MSPE）作为损失函数，并假设检测模型 te 的 MSPE 不低于参考模型 re 的 MSPE。根据 Diebold，Mariano（1995）的研究，DM 统计如下：

$$S_{DM} = \bar{g}_h \Big/ \sqrt{(\hat{V}_{g,h}/N)} \qquad (4-27)$$

其中，$\bar{g}_h = (\sum_{t=1}^{N} g_{t,h})/N$；$g_{t,h} = (\hat{S}_{t+h\,|\,t}^{te} - S_{t+h})^2 - (\hat{S}_{t+h\,|\,t}^{re} - S_{t+h})^2$；$\hat{V}_{g,h} = \gamma_{0,h} + 2\sum_{t=1}^{\infty}\gamma_{t,h}$；$\gamma_{t,h} = cov(g_{t+1,h}, g_{t,h})$；$\gamma_{0,h}$ 是 $g_{t,h}$ 的方差；$\hat{S}_{t+h\,|\,t}^{te}$ 和 $\hat{S}_{t+h\,|\,t}^{re}$ 分别表示通过检测模型 te 和参考模型 re 产出的生猪现货价格预测值。

（3）数据

本研究涉及的生猪期货和现货价格数据的样本期开始于 2021 年 1 月 8 日，即大连商品交易所首次上市生猪期货的日期，并按日度频率进行数据采集，于 2023 年 3 月 31 日结束。生猪期货日度收盘价和全国生猪现货日度均价分别选为生猪期货价格和现货价格。期货和现货价格均取自万得数据库。使用 2021 年 1 月至 2023 年 3 月期间所有生猪期货合约的历史期货价格构建数据集，其中包括 lh2109、lh2111、lh2201、lh2203、lh2205、lh2207、lh2209、lh2211、lh2301 和 lh2303 等 10 个生猪期货合约。

以 2021 年 8 月 19 日（星期三）为例解释基于期货合约的预测模型。假设当前日期是 2021 年 8 月 19 日，使用生猪期货对生猪现货价格在未来一个月、两个月、三个月、四个月、五个月和六个月的数值进行预测。预测步长为 1 的目标日期为 2021 年 9 月 19 日，期货合约为 lh2109，该合约于 2021 年 9 月 27 日交割。因此，使用 lh2109 合约在 2021 年 8 月 19 日的收盘价来预测 2021 年 9 月 19 日的生猪现货价格，以进行 1 步提前预测。同样，预测步长为 2 的目标日期是 2021 年 10 月 19 日，期货合约是 lh2111，该合约于 2021 年 11 月 25 日交付。相同的，使用 lh2111 合约在 2021 年 8 月 19 日期货价格来预测 2021 年 10 月 19 日的生猪现货价格，以便完成 2 步提前预测。通过以上方式，对每个预测步长构建一个数据集，如表 4 - 13 所示。例如，使用 2021 年 8 月 2 日至 2023 年 2 月 28 日的期货价格数据开展 1 步提前预测（$h=1$），因此，设置 1 步提前预测的目标日期为 2021 年 9 月 2 日至 2023 年 3 月 28 日。

表 4 - 13　6 个数据集的起止日期和样本量

预测层	开始日期	结束日期	样本数
$h=1$	2021/8/1	2023/2/28	330
$h=2$	2021/7/1	2023/1/20	323
$h=3$	2021/6/1	2022/12/28	329
$h=4$	2021/5/6	2022/11/28	324
$h=5$	2021/4/2	2022/10/28	316
$h=6$	2021/3/1	2022/9/28	324

4.4.4　实证结果

（1）模型设置和实证结果

本文使用 2021 年 3 月至 2023 年 2 月的生猪现货和期货日度价格作为实验数据集。首先将数据集分为训练集和测试集，并保留固定窗口长度为 100。具体的，对于每个预测步长，使用前 100 个观测值作为训练集来估计 7 个预定义模型的参数。剩余观测值构成测试集，用以评估预测模型的预测性能。

根据 Chu 等（2022）的研究，本文使用滚动窗期方法更新预测模型的参数，以充分利用历史数据。在这种情况下，窗口长度固定为 100，在新数据可用时更新该数据。以提前 2 步预测（$h=2$）来描述本文使用的滚动窗口方法。如表 4 - 14 所示，初始窗口涵盖 2021 年 7 月 1 日至 2021 年 12 月 8 日的样本（窗口长度＝100）。此时，使用 2021 年 7 月 1 日至 2021 年 12 月 8 日的生猪现货和期货价格估计 7 个预测模型。模型训练结束后，使用 2021 年 12 月 9 日的生猪现货和期货价格，以 2 步提前预测的方式生成 2022 年 2 月 9 日（目标日期）的生猪现货价格预测值。然后，在 2022 年 2 月 9 日获得最新的生猪现货价格真实值，更新后的窗口跨度为 2021 年 7 月 2 日到 2021 年 12 月 9 日（窗口长度＝100）。此时，继续使用该滚动窗口重新估计预测模型，并生成 2022 年 2 月 9 日至 2023 年 3 月 20 日的生猪现货价格预测值。重复此过程，直到获得测试集中的所有预测值。预测模型的参数估计值如表 4-14 所示。可见，大多数参数（α、$\hat{\beta}$ 和 $\hat{\gamma}$）都在 1% 的水平上显著。

表 4-14 预测模型的样本内参数估计

预测范围	参数	预测模型			
		(4)	(5)	(6)	(7)
$h=1$	α	−0.001		−0.003	6.426***
	$\hat{\beta}$		0.762***	0.759***	−0.258
	$\hat{\gamma}$				0.381**
$h=2$	α	−0.082***		−0.059*	15.706***
	$\hat{\beta}$		0.468**	0.708***	−0.818***
	$\hat{\gamma}$				−0.238**
$h=3$	α	−0.123***		−0.012	12.166***
	$\hat{\beta}$		0.259**	0.313	−0.625***
	$\hat{\gamma}$				0.068
$h=4$	α	−0.194***		0.202***	8.380***
	$\hat{\beta}$		−0.075	−1.010***	−0.908***
	$\hat{\gamma}$				0.986***
$h=5$	α	0.529***		0.901***	9.932***
	$\hat{\beta}$		0.197***	1.602***	1.159***
	$\hat{\gamma}$				−0.905***
$h=6$	α	−0.324***		−0.527***	6.977***
	$\hat{\beta}$		−0.212	2.242***	0.621***
	$\hat{\gamma}$				−0.669***

注：空白数据单元格表示参数估计值不适用于模型。***、**、* 分别表示在 1%、5% 和 10% 的统计水平上显著。

表 4-15 展示所有预测模型的预测误差（RMSE、MAPE 和 SMAPE）。表 4-15 的每一行，以粗体显示最小值。本文可将基于期货合约的预测模型可分为三类：（a）直接使用期货价格作为未来现货价格的预测值；（b）基于期货价差的预测模型；（c）线性回归预测模型。如表 4-15 所示，首先，所有基于期货合约的预测模型在 6 个预测步长和 3 个误差指标下均比基准模型表现更好，这表明中国生猪期货价格确实有助于预测未来的生猪现货价格，即使在生

猪期货上市不到三年的情况下。因此，这项研究进一步证明了基于期货合约的预测模型的优越性，这与 Kastens 等（1998），Chu 等（2022）和 Ellwanger，Snudden（2023）之前的研究结论一致。其次，在 6 个基于期货合约的预测模型中，没有一个模型始终表现最佳。具体而言，对于短期预测（$h=1$，2，3，4），基于期货价差的模型通常产生最佳预测。然而，无论使用何种误差指标，线性回归模型的预测结果在 5 步和 6 步提前预测中均表现最佳，这与 Chu 等（2022）的发现一致。与基准模型相比，直接使用期货价格作为现货价格预测值的模型表现较好。最后，在 4 种基于期货价差的预测模型中，有约束的模型通常在 1 步提前预测中表现较好，而无约束的模型通常在 2 步、3 步和 4 步提前预测中表现更好。

表 4-15 预测模型的样本外预测误差

预测步长	误差指标	预测模型						
		（1）	（2）	（3）	（4）	（5）	（6）	（7）
$h=1$	RMSE	1.636	1.343	1.338	**1.335**	1.345	1.339	1.435
	MAPE	0.133	0.112	0.112	**0.108**	0.112	**0.108**	0.122
	SMAPE	0.133	0.109	0.109	**0.108**	0.109	**0.108**	0.122
$h=2$	RMSE	2.666	1.777	1.742	1.801	**1.662**	1.694	2.096
	MAPE	0.223	0.149	0.149	0.149	0.148	**0.145**	0.192
	SMAPE	0.228	0.151	0.149	0.148	0.147	**0.141**	0.185
$h=3$	RMSE	3.303	2.114	2.079	2.158	2.058	**2.036**	2.290
	MAPE	0.310	0.192	0.191	0.194	0.197	**0.188**	0.208
	SMAPE	0.307	0.191	0.188	0.188	0.191	**0.179**	0.195
$h=4$	RMSE	3.735	2.345	**2.343**	2.463	2.459	2.372	2.503
	MAPE	0.365	0.213	0.226	0.236	0.235	**0.216**	0.228
	SMAPE	0.345	0.213	0.211	0.222	0.225	**0.207**	0.200
$h=5$	RMSE	3.925	3.490	2.769	3.020	3.098	3.445	**2.352**
	MAPE	0.403	0.747	0.441	0.632	0.705	0.554	**0.248**
	SMAPE	0.362	0.380	0.278	0.320	0.345	1.266	**0.215**
$h=6$	RMSE	3.706	2.617	2.520	2.925	2.524	2.644	**2.028**
	MAPE	0.401	0.289	0.241	0.339	0.243	0.343	**0.218**
	SMAPE	0.341	0.292	0.222	0.295	0.229	0.284	**0.193**

注：每一行最小值以粗体显示。

为了进一步评估 7 个模型的预测性能，用 DM 检验模型的统计显著性。

表 4-16显示 DM 检验结果。如果 DM 统计量在 5%的水平上显著，则以粗体显示。参考模型列在第二行，测试模型在第二列中。原假设表示参考模型和测试模型具有相同的预测准确性，而备择假设表示测试模型比参考模型更准确。例如，分别选择基准模型和基于期货价差的基准模型作为参考模型和测试模型。如表 4-16 的第四行和第三列所示，1 步提前预测下的 DM 统计量为 6.181 和粗体。这表明，对于 1 步提前预测，基于期货价差的预测模型显著优于基准模型。表 4-16 显示，在 1%的水平上，所有基于期货合约的预测模型在 6 个预测步长下均显著优于基准模型。这表明，尽管基准模型被认为是具有竞争力的预测模型（Alquist，Kilian，2010；Bloznelis，Daumantas，2018），但在中国生猪期货市场上，它很容易被基于期货合约的预测模型击败。值得注意的是，直接使用期货价格作为现货价格的预测模型在 1%水平上显著优于基准模型。对于 5 步和 6 步提前预测，线性回归模型在 5%水平上比其他基于期货合约的模型表现更好。

表 4-16　样本外预测的 DM 检验结果

预测步长	测试模型	参考模型					
		(1)	(2)	(3)	(4)	(5)	(6)
$h=1$	(2)	**5.824*****					
	(3)	**6.181*****	0.164				
	(4)	**7.976*****	0.392	0.256			
	(5)	**6.012*****	−0.351	−0.682	−1.068		
	(6)	**5.737*****	1.150	0.023	−1.243	0.125	
	(7)	**3.416*****	−2.452	−3.637	−2.628	−3.126	−2.515
$h=2$	(2)	**8.311*****					
	(3)	**9.822*****	1.124				
	(4)	**9.474*****	−0.871	−1.548			
	(5)	**11.392*****	**2.163****	**1.721****	**1.874****		
	(6)	**10.056*****	1.430	1.192	1.156	−0.503	
	(7)	**5.778*****	−5.166	−7.185	−6.551	−7.478	−5.955
$h=3$	(2)	**8.456*****					
	(3)	**10.936*****	1.560				
	(4)	**10.704*****	−0.763	−1.072			
	(5)	**11.936*****	1.691*	0.711	**1.831****		
	(6)	**12.928*****	**2.022****	1.539	**2.014*****	0.683	
	(7)	**8.273*****	−2.507	−3.919	−3.435	−3.895	−4.238

（续）

预测步长	测试模型	参考模型					
		（1）	（2）	（3）	（4）	（5）	（6）
h＝4	（2）	13.747***					
	（3）	13.405***	−0.513				
	（4）	11.018***	−2.540	−3.055			
	（5）	12.050***	−3.451	−2.727	−0.119		
	（6）	8.247***	0.179	−1.688	1.638	1.308	
	（7）	7.0198***	−1.443	−3.277	−1.388	−0.360	−1.537
h＝5	（2）	7.997***					
	（3）	10.952***	7.040***				
	（4）	8.048***	4.976***	−8.117			
	（5）	9.679***	5.311***	−5.220	−3.764		
	（6）	8.166***	3.515***	−2.977	1.863*	−7.276	
	（7）	13.796***	15.011***	9.227***	5.185***	5.649***	13.358***
h＝6	（2）	11.700***					
	（3）	12.528***	1.543				
	（4）	11.373***	−2.473	−5.561			
	（5）	10.233***	1.283	−0.181	1.824*		
	（6）	9.044***	−0.312	−2.929	−1.919	−5.191	
	（7）	12.499***	6.404***	5.562***	7.121***	6.998***	7.379***

注：***、**、*分别表示在1%、5%和10%的统计水平上显著。

（2）稳健性检验

如前所述，基准结果使用的窗口长度为100。为了评估基于期货合约的预测模型是否对窗口长度敏感，本节设定窗口长度分别为50和150。表4-17和表4-18展示了两个窗口长度下7个预测模型的RMSE、MAPE和SMAPE。结果表明，无论窗口长度如何设置，在所有6个预测步长和3个预测误差指标下，基于期货合约的模型始终比基准模型表现更好，这与基准结果一致。

表4-17 预测模型的预测误差（窗口长度＝50）

预测步长	误差指标	预测模型						
		（1）	（2）	（3）	（4）	（5）	（6）	（7）
h＝1	RMSE	1.533	1.227	1.241	**1.222**	1.236	1.223	1.384
	MAPE	0.128	0.098	0.100	**0.096**	0.101	0.098	0.122
	SMAPE	0.129	0.099	0.100	**0.096**	0.099	**0.096**	0.120

（续）

预测步长	误差指标	预测模型						
		（1）	（2）	（3）	（4）	（5）	（6）	（7）
$h=2$	RMSE	2.559	1.702	1.769	1.809	1.750	**1.677**	1.921
	MAPE	0.229	**0.148**	0.172	0.162	0.172	0.149	0.171
	SMAPE	0.228	0.147	0.152	0.153	0.162	**0.145**	0.164
$h=3$	RMSE	3.076	1.948	2.010	2.130	2.015	**1.919**	2.126
	MAPE	0.298	0.178	0.203	0.210	0.207	**0.176**	0.192
	SMAPE	0.290	0.175	0.189	0.197	0.197	**0.173**	0.182
$h=4$	RMSE	3.407	2.131	2.225	2.345	2.317	**2.125**	2.307
	MAPE	0.326	0.183	0.218	0.240	0.233	**0.181**	0.207
	SMAPE	0.307	0.183	0.200	0.222	0.220	**0.180**	0.183
$h=5$	RMSE	3.573	2.321	2.556	2.827	2.887	2.711	**2.163**
	MAPE	0.346	0.226	0.383	0.559	0.611	0.500	**0.219**
	SMAPE	0.310	0.222	0.252	0.298	0.309	0.375	**0.192**
$h=6$	RMSE	3.378	2.318	2.385	2.718	2.381	2.438	**1.878**
	MAPE	0.350	0.221	0.228	0.312	0.234	0.305	**0.198**
	SMAPE	0.300	0.220	0.221	0.272	0.212	0.255	**0.179**

注：每行中最小值以粗体显示。

表 4-18 预测模型的预测误差（窗口长度＝150）

预测步长	预测误差	预测模型						
		（1）	（2）	（3）	（4）	（5）	（6）	（7）
$h=1$	RMSE	1.806	1.487	1.482	**1.479**	1.489	1.482	1.561
	MAPE	0.143	0.122	0.122	**0.118**	0.123	0.119	0.125
	SMAPE	0.144	0.119	0.119	**0.118**	0.120	0.119	0.124
$h=2$	RMSE	2.914	1.967	1.927	1.994	1.861	**1.798**	2.284
	MAPE	0.229	0.160	0.159	0.164	0.153	**0.149**	0.207
	SMAPE	0.235	0.162	0.159	0.164	0.151	**0.146**	0.193
$h=3$	RMSE	3.588	2.337	2.300	2.405	2.234	**2.187**	2.546
	MAPE	0.330	0.212	0.212	0.222	0.201	**0.200**	0.236
	SMAPE	0.322	0.209	0.207	0.216	0.190	**0.189**	0.218
$h=4$	RMSE	4.124	2.605	2.610	2.758	2.624	**2.578**	2.774
	MAPE	0.419	**0.241**	0.246	0.271	0.252	**0.241**	0.259
	SMAPE	0.386	0.238	0.238	0.254	0.234	**0.216**	0.220

（续）

预测步长	预测误差	预测模型						
		(1)	(2)	(3)	(4)	(5)	(6)	(7)
$h=5$	RMSE	4.409	2.781	3.106	3.355	3.448	3.839	**2.576**
	MAPE	0.488	0.290	0.541	0.755	0.873	0.646	**0.278**
	SMAPE	0.432	0.277	0.329	0.360	0.407	1.571	**0.233**
$h=6$	RMSE	4.180	2.689	2.816	3.193	2.820	2.779	**2.217**
	MAPE	0.490	0.266	0.284	0.356	0.283	0.328	**0.234**
	SMAPE	0.411	0.255	0.266	0.312	0.255	0.275	**0.204**

注：每行中最小值以粗体显示。

4.4.5　总结

中国是世界上最大的生猪生产国和猪肉消费国，但在过去 20 年中，特别是自 2018 年非洲猪瘟暴发以来，生猪价格波动异常。这种波动给养殖户在生猪养殖中的决策带来了重大风险，特别是当未来生猪现货价格缺乏理性预期时，此类风险会被急剧放大。为解决这一问题，生猪期货于 2021 年 1 月 8 日在大连商品交易所上市，成为我国首个畜牧业期货。目前，全国有 41 个生猪交割仓库，覆盖 11 个省份，超过 3 000 家企业参与生猪期货交易。然而，中国新的生猪期货能否有效预测未来生猪现货价格仍然没有答案。

本研究利用 2021 年 1 月至 2023 年 3 月的日度生猪现货和期货价格数据，构建了 6 个基于期货合约的预测模型，首次系统分析了生猪期货对生猪现货价格的预测能力。结果表明，所有 6 个基于期货合约的预测模型在 6 个预测步长和 3 个误差指标下始终优于基准模型，这表明中国新的生猪期货合约有助于预测未来的生猪现货价格。具体而言，在基于期货合约的预测模型中，特别是基于期货价差的预测在 1 步、2 步、3 步和 4 步提前预测中表现最佳，而同时使用现货和期货价格的简单线性回归在 5 步和 6 步提前预测中表现最佳。本文对中国生猪期货的预测性能进行了综合评判，考虑到基于期货合约的预测模型的原理相对简单，研究结果还表明，生猪期货是中国生猪监管机构和生产者对未来生猪现货价格形成科学预期的有效工具。

4.5　本章小结

2021 年 1 月 8 日，我国首个活体交割期货品种——生猪期货在大连商品交易所上市，旨在作为风险管理工具服务实体经济。然后，在后非洲猪瘟时期，寄予厚望的生猪期货是否实现了价格发现和套期保值的基本功能，是否能准确地预测未来生猪现货价格走势，目前还未尝可知。

　　本章从三个方面对此开展研究。首先从交易量、流动性、波动率等三方面全面评估生猪期货的市场质量。其次基于多种主流套期保值模型（OLS、ECM、GARCH 系列和分位数套期保值模型）分析了我国新上市生猪期货的套期保值能力。最后利用 2021 年 1 月至 2023 年 3 月的每日生猪现货和期货价格数据开发了 6 个基于期货的预测模型，以评估生猪期货对未来生猪现货价格的预测能力。主要结论如下：尽管相对于较早上市的鸡蛋期货，生猪期货的市场活跃度较低，流动性较差，价格波动更为剧烈，但仍然较好地发挥了其价格发现功能，并且可以对冲现货市场 $4\%\sim27\%$ 的风险，说明生猪期货是有效的套期保值工具。在 6 个预测步长和 3 个误差指标下，所有 6 个基于期货价格的预测模型都优于基准模型，这表明生猪期货价格有助于预测未来的生猪现货价格。

5 总结

近年来，我国动物疫情频发，对生猪产业造成了巨大的冲击，其中非洲猪瘟尤为突出。2018 年暴发的非洲猪瘟疫情，导致我国生猪和能繁母猪存栏急剧下滑，生猪和猪肉价格持续突破历史新高。与此同时，生猪养殖行业也经历了巨大变化，企业纵向整合和养殖规模化程度明显提升。疫情前期，大量生猪受感染死亡，生猪养殖企业遭受重创，但随着生猪价格持续攀升，生猪养殖企业获取丰厚的利润。然而，随着生猪存栏加速恢复，生猪和猪肉价格迅速回落，生猪养殖企业和养殖户普遍面临亏损。在此背景下，我国生猪期货于 2021 年 1 月 8 日在大连商品交易所上市，生猪期货的上市被认为是重塑生猪市场，合理引导价格预期的重要手段。因此，本书聚焦非洲猪瘟疫情，围绕生猪市场波动、生猪价格预测、生猪期货功能三方面开展系统研究，从而更好地认识突发动物疫病对畜牧业的影响，进而掌握和利用生猪市场运行规律，这无疑对生猪产业链各环节从业者和政策制定者制定科学的决策具有特别重要的意义。总之，本文的研究具有明显的理论意义和重大的实际意义。综观全文，本研究的主要工作有：

（1）基于反事实推断，利用样本外预测技术，对比分析非洲猪瘟实际发生情况下与假设非洲猪瘟未发生情况下，我国生猪等肉禽产业链价格的差异，以此来量化非洲猪瘟对我国生猪等肉禽产业链市场价格的净影响。在此基础上，利用有向无环图测度我国猪肉、鸡肉和牛肉产业链上、中、下游 9 个价格之间的动态因果关系。

（2）基于事件研究法和金融市场数据，量化非洲猪瘟疫情公告对我国和 8 个主要猪肉出口国的 25 家全球最大的生猪养殖企业的经济影响。在此基础上，剖析疫情严重程度、疫情发生地、企业特征等因素对生猪养殖企业的累计异常收益的影响。

（3）运用基于情感词典的文本分析法，选取非洲猪瘟暴发后的日度新闻数据，构建非洲猪瘟新闻文本情绪以作为非洲猪瘟疫情的代理指标，进而量化非洲猪瘟疫情对生猪养殖企业股票收益的影响。在此基础上，根据生猪价格趋势将整个样本期划分为三个时期，运用分位数回归方法探究不同时期以及不同分位点情绪效应的差异性。

（4）从猪肉供给、猪肉需求、我国经济环境和国际市场等四个方面 11 个价格影响因素的时变特征入手，提出一套基于动态模型平均理论的猪肉价格影响因素与预测分析框架，并通过预测误差指标等比较其与基准模型的预测能力。

（5）从生猪供需、疫病以及我国宏观经济环境方面选取了 14 个变量，进而构建岭回归模型、贝叶斯广义线性模型、极限学习机、偏最小二乘回归模型、神经网络模型和支持向量回归模型共 6 种机器学习生猪价格预测模型对生猪价格未来走势开展预测研究。

（6）提出了一个适用于生猪价格多步预测的组合预测框架，该框架整合了包含计量经济学和机器学习方法的 11 个单个预测模型，采用了 7 种组合策略进行组合预测。在此基础上，根据获得的生猪价格预测信息设计了一个实用的生猪养殖策略，以改善生猪养殖者的养殖决策。

（7）2021 年大连商品交易所推出了生猪期货，提供了一个有效的风险管理工具来稳定市场并促进产业规模化发展。本文对新近上市的生猪期货的市场质量、价格风险和套期保值功能进行研究。

（8）生猪期货为生猪产业经营者提供了标准化的风险管理工具。基于多种主流套期保值模型（OLS、ECM、GARCH 系列和分位数套期保值模型），分析了我国新上市生猪期货的套期保值能力。在此基础上，使用滚动窗期方法估计生猪期货的套保效率与流动性、波动率和基差等市场因素之间的关系。

（9）利用 2021 年 1 月至 2023 年 3 月的每日生猪现货和期货价格数据，构建了 6 个基于生猪期货价格的生猪现货价格预测模型，系统分析了生猪期货对生猪现货价格的预测能力。

参 考 文 献

蔡超敏，凌立文，牛超，等，2016. 国内猪肉市场价格的 EMD－SVM 集成预测模型［J］. 中国管理科学（S1）：845－851.

蔡勋，陶建平，2017a. 禽流感疫情影响下家禽产业链价格波动及其动态关系研究［J］. 农业现代化研究，38（2）：267－274.

蔡勋，陶建平，2017b. 货币流动性是猪肉价格波动的原因吗：基于有向无环图的实证分析［J］. 农业技术经济（3）：33－41.

程国强，胡冰川，徐雪高，2008. 新一轮农产品价格上涨的影响分析［J］. 管理世界，（1）：57－62＋81，187－188.

崔百胜，2012. 基于动态模型平均的中国通货膨胀实时预测［J］. 数量经济技术经济研究，29（7）：76－91.

邓创，徐曼，2014. 中国的金融周期波动及其宏观经济效应的时变特征研究［J］. 数量经济技术经济研究（9）：75－91.

丁存振，肖海峰，2022. 中国畜禽产品市场价格动态溢出效应研究：基于产品间横向及产业链纵向价格溢出视角分析［J］. 农业经济问题（9）：129－143.

丁琳琳，孟军，2012. 两种模型对中国生猪价格预测效果的比较［J］. 统计与决策（4）：3.

丁世飞，齐丙娟，谭红艳，2011. 支持向量机理论与算法研究综述［J］. 电子科技大学学报，40（1）：9.

杜树新，吴铁军，2003. 用于回归估计的支持向量机方法［J］. 系统仿真学报，15（11）：7.

范传棋，王映，谭静，2013. 基于 ARIMA 模型的四川省生猪价格预测［J］. 农村经济与科技，24（5）：31－33.

付莲莲，翁贞林，张雅燕，2016. 江西省生猪价格波动的成因及其预警分析：基于灰色关联和 LS－SVM 模型［J］. 浙江农业学报，28（9）：7.

郭永济，丁慧，范从来，2015. 中国通货膨胀动态模型预测的实证研究［J］. 中国经济问题（5）：3－15.

郝妙，傅新红，陈蓉，2014. 灰色系统理论在生猪价格预测中的应用［J］. 中国农学通报，30（14）：310－314.

郝项超，李政，2017. 外部冲击对我国股市暴跌的影响研究［J］. 南开经济研究（6）：131－149.

何伟，刘芳，2015. 国内外生猪价格整合研究：基于月度时间序列数据的检验［J］. 世界农业（8）：63－68.

胡浩，戈阳，2020. 非洲猪瘟疫情对我国生猪生产与市场的影响［J］. 中国畜牧杂志，56

（1）：168 - 172.

胡向东，郭世娟，2018. 疫情对生猪市场价格影响研究：兼析非洲猪瘟对产业冲击及应对策略 [J]. 价格理论与实践（12）：51 - 55.

黄文玲，郑晓颖，BREDA，等，2018. 基于 ARIMA 模型对广东省生猪价格的短期预测 [J]. 中国畜牧杂志，54（12）：119 - 123.

黄泽颖，王济民，2016. 高致病性禽流感对我国肉鸡产业的影响 [J]. 中国农业科技导报，18（1）：189 - 199.

吉阳，黄鑫，陈蓉，2016. 基于 ARIMA 与小波神经网络模型的生猪价格预测比较 [J]. 生产力研究（9）：5.

贾会玲，杨晓光，邓若鸿，等，2010. 基于数据的生猪价格风险分析模型研究与实证分析 [J]. 数学的实践与认识（12）：6.

金勇进，2001. 缺失数据的插补调整 [J]. 数理统计与管理，20（6）：7.

李秉龙，何秋红，2007. 中国猪肉价格短期波动及其原因分析 [J]. 农业经济问题（10）：18 - 21.

李鹏程，王明利，2020. 环保和非洲猪瘟疫情双重夹击下生猪生产如何恢复：基于八省的调研 [J]. 农业经济问题（6）：109 - 118.

李苏，宝哲，2020. 我国猪肉价格波动特征及预测研究 [J]. 价格理论与实践（6）：5.

刘芳，王琛，何忠伟，2013. 我国生猪市场价格预警体系研究 [J]. 农业技术经济（5）：78 - 85.

刘金全，刘达禹，徐宁，2015. 中国通货膨胀成本的非对称性与货币政策动态调控模式研究 [J]. 数量经济技术经济研究，32（12）：21 - 38.

刘清泉，2012. 居民收入、猪肉价格与货币供应：基于 2001—2010 年经验数据 [J]. 农业技术经济（1）：118 - 126.

刘清泉，2013. 我国生猪价格形成与传导机制研究 [D]. 长沙：湖南农业大学.

刘婷婷，应瑞瑶，周力，2020. 非洲猪瘟对中国生猪产业链的经济影响研究：基于市场分割视角 [J]. 农村经济（9）：19 - 26.

刘晓欣，2013. 互信息多元时间序列相关分析与变量选择 [D]. 大连：大连理工大学.

刘子飞，2014. 我国主要肉类食品价格关联性研究：基于猪肉价格与鸡肉价格动态分析 [J]. 价格理论与实践（3）：81 - 83.

吕杰，綦颖，2007. 生猪市场价格周期性波动的经济学分析 [J]. 农业经济问题（7）：89 - 92.

罗创国，张美珍，薛继亮，2010. 基于 ARIMA 模型的中国生猪价格的短期预测 [J]. 世界农业（10）：4.

罗玉子，孙元，王涛，等，2018. 非洲猪瘟：我国养猪业的重大威胁 [J]. 中国农业科学，51（21）：4177 - 4187.

麻坤，刘畅，张玉苗，2021. 突发事件对生猪企业股价收益率影响的实证研究 [J]. 河北科技大学学报（社会科学版），21（2）：86 - 93.

马名慧，邵喜武，2020. 非洲猪瘟疫情下我国生猪产业价格传导机制研究：基于 VAR 模型

的实证分析 [J]. 价格月刊, (3): 7-14.

马孝斌, 王婷, 董霞, 等, 2007. 向量自回归法在生猪价格预测中的应用 [J]. 中国畜牧杂志, 43 (23): 3.

马雄威, 朱再清, 2008. 灰色神经网络模型在猪肉价格预测中的应用 [J]. 内蒙古农业大学学报: 社会科学版, 10 (4): 3.

毛学峰, 杜锐, 王济民, 2018. 中国四大肉类产品之间是否存在价格联系 [J]. 农业技术经济 (10): 97-108.

牛元帅, 2018. 突发疫情对畜禽产品价格冲击效应研究 [J]. 价格理论与实践 (6): 46-49.

平平, 刘大有, 杨博, 等, 2010. 组合预测模型在猪肉价格预测中的应用研究 [J]. 计算机工程与科学, 32 (5): 109-112.

乔浪, 郭新宇, 彭程, 2019. 基于多维关联规则的猪肉价格波动原因分析 [J]. 江苏农业科学, 47 (11): 332-335.

任青山, 方逵, 朱幸辉, 2019. 基于多元回归的 BP 神经网络生猪价格预测模型 [J]. 江苏农业科学, 47 (14): 5.

盛芳芳, 张玉梅, 陈志钢, 2020. 非洲猪瘟与中美贸易摩擦对中国猪肉市场及贸易的影响分析 [J]. 农村经济 (12): 17-23.

苏贵芳, 花俊国, 孙文珊, 等, 2021. 生猪疫情对猪肉价格非线性冲击的形成机理与检验 [J]. 中国农村经济 (11): 107-124.

孙超, 孟军, 2011. 中国粮食价格的影响因素分析与预测比较: 基于支持向量机的实证研究 [J]. 农业经济 (1): 3.

谭莹, 陈标金, 2016. 国际主要生猪市场价格波动溢出效应对比研究 [J]. 价格理论与实践 (4): 88-91.

汤岩, 2007. 时间序列分析的研究与应用 [D]. 哈尔滨: 东北农业大学.

田文勇, 李金航, 吴秀敏, 2015. 我国牛羊肉价格动态关联性分析 [J]. 价格理论与实践 (7): 52-54.

王成, 2020. 基于记忆网络的时间序列多步预测算法研究 [D]. 北京: 北京交通大学.

王刚毅, 陈思宇, 柏凌雪, 2021. 非洲猪瘟对生猪产业链协同的影响: 基于生猪上市企业数据的实证 [J]. 中国畜牧杂志, 57 (11): 6.

王明利, 石自忠, 2013. 我国牛肉价格的趋势周期分解与冲击效应测定 [J]. 农业技术经济 (11): 15-23.

王涛, 孙元, 罗玉子, 等, 2018. 非洲猪瘟防控及疫苗研发: 挑战与对策 [J]. 生物工程学报, 34 (12): 1931-1942.

王文圣, 丁晶, 赵玉龙, 等, 2003. 基于偏最小二乘回归的年用电量预测研究 [J]. 中国电机工程学报, 23 (10): 5.

吴登生, 李建平, 汤铃, 等, 2011. 生猪价格波动特征及影响事件的混合分析模型与实证 [J]. 系统工程理论与实践, 31 (11): 2033-2042.

吴志强, 2014. 我国畜产品价格的相互影响研究 [J]. 中国物价 (9): 41-44.

夏龙, 崔海艳, 2015. 中国生猪市场价格的内外相依性分析 [J]. 中国畜牧杂志, 51 (20):

19－23.

肖小勇，章胜勇，2016. 原油价格与农产品价格的溢出效应研究 ［J］. 农业技术经济（1）：
　　90－97.

辛贤，谭向勇，1999. 中国生猪和猪肉价格波动因素测定 ［J］. 中国农村经济（5）：28－34.

熊凌宇，2021. 媒体情绪对股票收益的影响路径：基于分析师情绪和投资者情绪的中介效
　　应 ［D］. 武汉：中南财经政法大学.

熊涛，2021. 我国猪肉价格的影响因素是时变的吗?：基于动态模型平均的分析与预测 ［J］.
　　华中农业大学学报（社会科学版）(3)：63－73.

徐雪高，2008. 猪肉价格高位大涨的原因及对宏观经济的影响 ［J］. 农业技术经济（3）：
　　4－9.

许彪，施亮，刘洋，2014. 我国生猪价格预测及实证研究 ［J］. 农业经济问题（8）：25－32.

闫晓明，2019. 非洲猪瘟疫情对生猪产业链上市公司证券市场价格影响的实证研究 ［J］. 中
　　国农学通报，35（34）：160－164.

杨军，黄季焜，李明，等，2011. 我国货币供应量对农产品价格影响分析及政策建议 ［J］.
　　农村金融研究（12）：58－61.

杨子晖，2008. 财政政策与货币政策对私人投资的影响研究：基于有向无环图的应用分析
　　［J］. 经济研究（5）：13.

游家兴，吴静，2012. 沉默的螺旋：媒体情绪与资产误定价 ［J］. 经济研究，47（7）：
　　141－152.

于乐荣，李小云，汪力斌，等，2009. 禽流感发生对家禽养殖农户的经济影响评估：基于
　　两期面板数据的分析 ［J］. 中国农村经济（7）：12－19.

曾华盛，苏柳方，谭砚文，2019. 农产品质量安全媒体负面报道对农产品价格波动的异质
　　性影响 ［J］. 农业技术经济（8）：99－114.

张金清，刘庆富，2006. 中国金属期货市场与现货市场之间的波动性关系研究 ［J］. 金融研
　　究（7）：11.

张立中，刘倩倩，辛国昌，2013. 我国生猪价格波动与调控对策研究 ［J］. 经济问题探索
　　（11）：6.

张利庠，罗千峰，韩磊，2020. 构建中国生猪产业可持续发展的长效机制研究 ［J］. 农业经
　　济问题（12）：50－60.

张利庠，张喜才，2011. 外部冲击对我国农产品价格波动的影响研究：基于农业产业链视
　　角 ［J］. 管理世界（1）：71－81.

张瑞荣，王济民，申向明，2013. 肉鸡产品价格预测模型分析 ［J］. 农业技术经济（8）：
　　23－31.

张淑霞，陆．张淑霞，陆迁，2013. 禽流感暴发造成的养殖户经济损失评价及补偿政策分
　　析 ［J］. 山东农业大学学报（社会科学版）(1)：5.

张喜才，汤金金，2019. 非洲猪瘟背景下生猪供应链重塑及其对策研究 ［J］. 中国畜牧杂
　　志，55（9）：143－146.

张喜才，张利庠，卞秋实，2012. 外部冲击对生猪产业链价格波动的影响及调控机制研究

[J]. 农业技术经济（7）：22 - 31.

张照新，翟雪玲，宋洪远，等，2011. 通货膨胀，农产品价格上涨与市场调控 [J]. 农业技术经济（3）：64 - 66.

赵萌，吴迟，2010. 金融危机对中国农产品期货市场的冲击：基于事件研究法的价格敏感性测试 [J]. 农业技术经济（7）：4 - 12.

郑燕，丁存振，马骥，2018. 禽流感疫情对我国畜禽产品价格波动的影响 [J]. 农业经济与管理（2）：8.

朱枥羽，冯春燕，申璐玲，2020. 双重疫情冲击下猪肉及其替代品价格关联性分析 [J]. 农村经济与科技，31（23）：4.

朱增勇，李梦希，孟君丽，2019. 非洲猪瘟对中国生猪市场和产业发展影响的研究 [J]. 价格理论与实践（7）：20 - 23.

ADäMMER P，BOHL M T，GROSS C，2016. Price discovery in thinly traded futures markets: How thin is too thin? [J]. Journal of Futures Markets，36（9）：851 - 869.

AKUNZULE A，KONEY E，TIONGCO M，2009. Economic impact assessment of highly pathogenic avian influenza on the poultry industry in Ghana [J]. World's Poultry Science Journal，65（3）：517 - 528.

ALLEN D E，MCALEER M，SINGH A K，2019. Daily market news sentiment and stock prices [J]. Applied Economics，51（30）：3212 - 3235.

ALQUIST R，KILIAN L，2010. What do we learn from the price of crude oil futures? [J]. Journal of Applied Econometrics，25（4）：539 - 573.

AMIHUD Y，2002. Illiquidity and stock returns: cross - section and time - series effects [J]. Journal of financial markets，5（1）：31 - 56.

ANASTASIADIS A D，MAGOULAS G D，VRAHATIS M N，2005. New globally convergent training scheme based on the resilient propagation algorithm [J]. Neurocomputing，64（3）：253 - 270.

ANDERSEN T G，BOLLERSLEV T，DIEBOLD F X，et al.，1999. Realized volatility and correlation [J]. LN Stern School of Finance Department Working Paper，24.

ANDRAWIS R R，ATIYA A F，EL - SHISHINY H，2011. Combination of long term and short term forecasts，with application to tourism demand forecasting [J]. International Journal of Forecasting，27（3）：870 - 886.

ANTONOPOULOU E，KARETSOS S，MALIAPPIS M，et al.，2010. Web and mobile technologies in a prototype DSS for major field crops [J]. Computers and Electronics in Agriculture，70（2）：292 - 301.

AWOKUSE T O，2005. Exports，economic growth and causality in Korea [J]. Applied Economics Letters，12（11）：693 - 696.

BARBI M，ROMAGNOLI S，2014. A copula - based quantile risk measure approach to estimate the optimal hedge ratio [J]. Journal of Futures Markets，34（7）：658 - 675.

BASHER S A，SADORSKY P，2016. Hedging emerging market stock prices with oil，gold，

VIX, and bonds: A comparison between DCC, ADCC and GO - GARCH [J]. Energy E-conomics, 54 (2): 235 - 247.

BATES J M, GRANGER C W, 1969. The combination of forecasts [J]. Journal of the operational research society, 20 (4): 451 - 468.

BAUMEISTER C, KILIAN L, 2012. Real - time forecasts of the real price of oil [J]. Journal of Business & Economic Statistics, 30 (2): 326 - 336.

BEN - KAABIA M, GIL J M, 2007. Asymmetric price transmission in the Spanish lamb sector [J]. European Review of Agricultural Economics, 34 (1): 53 - 80.

BENNETT K, EMBRECHTS M, 2003. An optimization perspective on kernel partial least squares regression [J]. Nato Science Series sub series III computer and systems sciences, 190: 227 - 250.

BESSLER D A, AKLEMAN D G, 1998. Farm prices, retail prices, and directed graphs: results for pork and beef [J]. American Journal of Agricultural Economics, 80 (5): 1144 - 1149.

BLACK F, 1976. The pricing of commodity contracts [J]. Journal of financial economics, 3 (1 - 2): 167 - 179.

BLOZNELIS, DAUMANTAS, 2018. Short - term salmon price forecasting [J]. Journal of Forecasting, 37 (2): 151 - 169.

BOEHMER E, MASUMECI J, POULSEN A B, 1991. Event - study methodology under conditions of event - induced variance [J]. Journal of financial economics, 30 (2): 253 - 272.

BOLLERSLEV T, 1990. Modelling the coherence in short - run nominal exchange rates: a multivariate generalized ARCH model [J]. The Review of Economics and Statistics, 72 (3): 498 - 505.

BOLLERSLEV T, ENGLE R F, WOOLDRIDGE J M, 1988. A capital asset pricing model with time - varying covariances [J]. Journal of political Economy, 96 (1): 116 - 131.

BOOTH G G, SO R W, TSE Y, 1999. Price discovery in the German equity index derivatives markets [J]. Journal of Futures Markets: Futures, Options, and Other Derivative Products, 19 (6): 619 - 643.

BORK L, MøLLER S V, 2015. Forecasting house prices in the 50 states using dynamic model averaging and dynamic model selection [J]. International Journal of Forecasting, 31 (1): 63 - 78.

BOWERMAN B L, O'CONNELL R T, KOEHLER A B, 2005. Forecasting, time series, and regression: an applied approach [C]. Englewood Cliffs, NJ7 Prentice - Hall. 8.

BOX G E P, JENKINS G M, 1970. Time series analysis, forecasting and control [J]. Journal of Time Series Analysis, 3 (3228).

BROCKMAN P, TSE Y, 1995. Information shares in Canadian agricultural cash and futures markets [J]. Applied Economics Letters, 2 (10): 335 - 338.

BRYANT H L, HAIGH M S, 2004. Bid - ask spreads in commodity futures markets [J]. Applied Financial Economics, 14 (13): 923 - 936.

BUNCIC D, MORETTO C, 2015. Forecasting copper prices with dynamic averaging and selection models [J]. The North American Journal of Economics and Finance (33): 1 - 38.

CAPPIELLO L, ENGLE R F, SHEPPARD K, 2006. Asymmetric dynamics in the correlations of global equity and bond returns [J]. Journal of Financial econometrics, 4 (4): 537 - 572.

CARRIQUIRY M, ELOBEID A, SWENSON D, et al., 2021. Analysis of An African Swine Fever Outbreak in the United States: Implications on National and Iowa Agriculture [C]. Agricultural & Applied Economics Association Annual Meeting.

CARTER C A, MOHAPATRA S, 2008. How reliable are hog futures as forecasts? [J]. American Journal of Agricultural Economics, 90 (2): 367 - 378.

CHANG C - L, MCALEER M, TANSUCHAT R, 2011. Crude oil hedging strategies using dynamic multivariate GARCH [J]. Energy Economics, 33 (5): 912 - 923.

CHATZIANTONIOU I, DEGIANNAKIS S, FILIS G, 2019. Futures - based forecasts: How useful are they for oil price volatility forecasting? [J]. Energy Economics, 81 (6): 639 - 649.

CHEN S - S, LEE C - F, SHRESTHA K, 2003. Futures hedge ratios: a review [J]. The quarterly review of economics and finance, 43 (3): 433 - 465.

CHENAIS E, LEWERIN S S, BOQVIST S, et al., 2019. Smallholders' perceptions on biosecurity and disease control in relation to African swine fever in an endemically infected area in Northern Uganda [J]. BMC veterinary research, 15: 1 - 13.

CHU P K, HOFF K, MOLNáR P, et al., 2022. Crude oil: Does the futures price predict the spot price? [J]. Research in International Business and Finance, 60 (4): 101611.

CHU Q C, HSIEH W - L G, TSE Y, 1999. Price discovery on the S&P 500 index markets: An analysis of spot index, index futures, and SPDRs [J]. International Review of Financial Analysis, 8 (1): 21 - 34.

CLAESKENS G, MAGNUS J R, VASNEV A L, et al., 2016. The forecast combination puzzle: A simple theoretical explanation [J]. International Journal of Forecasting, 32 (3): 754 - 762.

COAKLEY J, THOMAS H, WANG H - M, 2008. The short - run wealth effects of foreign divestitures by UK firms [J]. Applied Financial Economics, 18 (3): 173 - 184.

COSTA G, TRUJILLO - BARRERA A, PENNINGS J M, 2018. Concentration and liquidity costs in emerging commodity exchanges [J]. Journal of Agricultural and Resource Economics, 43 (3): 441 - 456.

COX C B, LUBY P J, 1956. Predicting hog prices [J]. Journal of Farm Economics, 38 (4): 931 - 939.

CRONE S F, NIKOLOPOULOS K, HIBON M, 2005. Automatic Modelling and Forecasting with Artificial Neural Networks - A forecasting competition evaluation [J]. Final report for the IIF/SAS Grant, 6: 2008.

CUI Z, GONG G, 2018. The effect of machine learning regression algorithms and sample size on individualized behavioral prediction with functional connectivity features [J]. Neuroimage，178：622 – 637.

DANIEL S，SCHROEDER T，1999. Forecasting performance of storable and non – storable commodities [J]. 19 (2)：133 – 138.

DE BOER T A，GARDEBROEK C，PENNINGS J M，et al.，2022. Intraday liquidity in soybean complex futures markets [J]. Journal of Futures Markets，42 (7)：1189 – 1211.

DE BRUYN R，GUPTA R，VAN EYDEN R，2015. Can we beat the random – walk model for the South African rand – US dollar and South African rand – UK pound exchange rates? Evidence from dynamic model averaging [J]. Emerging Markets Finance and Trade，51 (3)：502 – 524.

DE MENEZES L M，BUNN D W，TAYLOR J W，2000. Review of guidelines for the use of combined forecasts [J]. European Journal of Operational Research，120 (1)：190 – 204.

DEMIR M，MARTELL T F，WANG J，2019. The trilogy of China cotton markets：The lead – lag relationship among spot，forward，and futures markets [J]. Journal of Futures Markets，39 (4)：522 – 534.

DI FILIPPO G，2015. Dynamic model averaging and CPI inflation forecasts：A comparison between the Euro area and the United States [J]. Journal of Forecasting，34 (8)：619 – 648.

DIEBOLD F X，MARIANO R S，1995. Comparing predictive accuracy [J]. Journal of Business and Economic Statistics，13 (3)：253 – 263.

DING L，MENG J，YANG Z，2010. An Early Warning System of Pork Price in China Based on Decision Tree [C]. International Conference on E – product E – service & E – entertainment.

DIONE M M，AKOL J，ROESEL K，et al.，2017. Risk factors for African swine fever in smallholder pig production systems in Uganda [J]. Transboundary and emerging diseases，64 (3)：872 – 882.

DUTT T，HUMPHERY – JENNER M，2013. Stock return volatility，operating performance and stock returns：International evidence on drivers of the 'low volatility' anomaly [J]. Journal of Banking & Finance，37 (3)：999 – 1017.

EDERINGTON L H，1979. The hedging performance of the new futures markets [J]. The Journal of Finance，34 (1)：157 – 170.

ELLWANGER R，SNUDDEN S，2023. Futures prices are useful predictors of the spot price of crude oil [J]. The Energy Journal，44 (4)：45 – 62.

ENGLE R F，KRONER K F，1995. Multivariate simultaneous generalized ARCH [J]. Econometric theory，11 (1)：122 – 150.

ENGLE R，2002. Dynamic conditional correlation：A simple class of multivariate generalized autoregressive conditional heteroskedasticity models [J]. Journal of Business & Economic Statistics，20 (3)：339 – 350.

FAN B，LIU S，PEI G，et al.，2021. Why do you trust news? The event – related potential evidence of media channel and news type [J]. Frontiers in psychology，12：663485.

FAN J H, AKIMOV A, ROCA E, 2013. Dynamic hedge ratio estimations in the European Union Emissions offset credit market [J]. Journal of cleaner production, 42 (3): 254 – 262.

FAN J H, FERNANDEZ – PEREZ A, INDRIAWAN I, et al., 2020. Internationalization of futures markets: Lessons from China [J]. Pacific – Basin Finance Journal, 63 (10): 101429.

FIGUEROLA – FERRETTI I, GONZALO J, 2010. Modelling and measuring price discovery in commodity markets [J]. Journal of Econometrics, 158 (1): 95 – 107.

FLIESSBACH A, IHLE R, 2020. Cycles in cattle and hog prices in South America [J]. Australian Journal of Agricultural and Resource Economics, 64 (4): 1167 – 1183.

FRANK J, GARCIA P, 2011. Measuring the cost of liquidity in agricultural futures markets: Conventional and Bayesian approaches [J]. Agricultural Economics, 42 (S1): 131 – 140.

FRANSES P H, LEGERSTEE R, 2010. A unifying view on multi – step forecasting using an autoregression [J]. Journal of Economic Surveys, 24 (3): 389 – 401.

GELMAN A, JAKULIN A, PITTAU M G, et al., 2008. A weakly informative default prior distribution for logistic and other regression models [J]. The Annals of Applied Statistics, 2 (4): 1360 – 1383.

GHOSH A, 1993. Hedging with stock index futures: Estimation and forecasting with error correction model [J]. Journal of Futures Markets, 13 (7): 743 – 743.

GIACCOTTO C, ALI M M, 1982. Optimum distribution – free tests and further evidence of heteroscedasticity in the market model [J]. The Journal of Finance, 37 (5): 1247 – 1257.

GINO F, BROOKS A W, SCHWEITZER M E, 2012. Anxiety, advice, and the ability to discern: feeling anxious motivates individuals to seek and use advice [J]. Journal of personality and social psychology, 102 (3): 497.

GONZALO J, GRANGER C, 1995. Estimation of common long – memory components in cointegrated systems [J]. Journal of Business & Economic Statistics, 13 (1): 27 – 35.

GOUEL C, 2012. Agricultural price instability: a survey of competing explanations and remedies [J]. Journal of Economic Surveys, 26 (1): 129 – 156.

GRANGER C W, RAMANATHAN R, 1984. Improved methods of combining forecasts [J]. Journal of Forecasting, 3 (2): 197 – 204.

GREEN K C, ARMSTRONG J S, 2015. Simple versus complex forecasting: The evidence [J]. Journal of Business Research, 68 (8): 1678 – 1685.

GU Y, CHEN Z, LIEN D, et al., 2020. Quantile hedge ratio for forward freight market [J]. Transportation Research Part E: Logistics and Transportation Review, 138 (1): 101931.

GUPTA R, HAMMOUDEH S, KIM W J, et al., 2014. Forecasting China's foreign exchange reserves using dynamic model averaging: The roles of macroeconomic fundamentals, financial stress and economic uncertainty [J]. The North American Journal of Economics and Finance (28): 170 – 189.

HAHN W, 2004. Beef and Pork Values and Price Spreads Explained [M]. USDA Economic Research Service.

HAMM L，BRORSEN B W，1997. Forecasting hog prices with a neural network [J]. Journal of Agribusiness，15（1）：37 – 54.

HANKE J E，WICHERN D W，1995. Business forecasting [C]. Englewood Cliffs，NJ7 Prentice – Hall

HANSEN B E，2007. Least squares model averaging [J]. Econometrica，75（4）：1175 – 1189.

HARRIS F H D，MCINISH T H，WOOD R A，2002. Security price adjustment across exchanges：an investigation of common factor components for Dow stocks [J]. Journal of financial markets，5（3）：277 – 308.

HASBROUCK J，1995. One security，many markets：Determining the contributions to price discovery [J]. The Journal of Finance，50（4）：1175 – 1199.

HASBROUCK J，2004. Liquidity in the futures pits：Inferring market dynamics from incomplete data [J]. Journal of Financial and Quantitative Analysis，39（2）：305 – 326.

HE L Y，XIE W S，2012. Who has the final say? Market power versus price discovery in China's sugar spot and futures markets [J]. China Agricultural Economic Review，4（3）：379 – 390.

HERNANDEZ J A，SHAHZAD S J H，UDDIN G S，et al.，2019. Can agricultural and precious metal commodities diversify and hedge extreme downside and upside oil market risk? An extreme quantile approach [J]. Resources Policy，62（6）：588 – 601.

HOERL A E，KENNARD R W，2000. Ridge regression：biased estimation for nonorthogonal problems [J]. Technometrics A Journal of Stats for the Physical Chemical &. Engineering ences，42（1）：80 – 86.

HUANG G B，ZHOU H，DING X，et al.，2012. Extreme Learning Machine for Regression and Multiclass Classification [J]. IEEE Transactions on Systems，42（2）：513 – 529.

HUANG G – B，DING X，ZHOU H，2010. Optimization method based extreme learning machine for classification [J]. Neurocomputing，74（1 – 3）：155 – 163.

HUANG G – B，ZHU Q – Y，SIEW C – K，2006. Extreme learning machine：theory and applications [J]. Neurocomputing，70（1 – 3）：489 – 501.

HUANG J，SERRA T，GARCIA P，2020. Are futures prices good price forecasts? Underestimation of price reversion in the soybean complex [J]. European Review of Agricultural Economics，47（1）：178 – 199.

HøG E，FOURNIé G，HOQUE M A，et al.，2019. Competing biosecurity and risk rationalities in the Chittagong poultry commodity chain，Bangladesh [J]. BioSocieties，14（3）：368 – 392.

IGEL C，HüSKEN M，2003. Empirical evaluation of the improved Rprop learning algorithms [J]. Neurocomputing，50（1）：105 – 123.

JIE L，HUANG L，PING L，2021. Are Chinese crude oil futures good hedging tools? [J]. Finance Research Letters，38（1）：101514.

JIN H J，KIM J – C，2008. The effects of the BSE outbreak on the security values of US agribusiness and food processing firms [J]. Applied Economics, 40 (3): 357 - 372.

JIN X, 2017. Do futures prices help forecast the spot price? [J]. Journal of Futures Markets, 37 (12): 1205 - 1225.

JOHNSON L L, 1960. The theory of hedging and speculation in commodity futures [J]. The Review of Economic Studies, 27 (3): 139 - 151.

JUNTTILA J, PESONEN J, RAATIKAINEN J, 2018. Commodity market based hedging against stock market risk in times of financial crisis: The case of crude oil and gold [J]. Journal of International Financial Markets, Institutions and Money, 56 (9): 255 - 280.

JUST R E, RAUSSER G C, 1981. Commodity price forecasting with large - scale econometric models and the futures market [J]. American Journal of Agricultural Economics, 63 (2): 197 - 208.

KARGBO J M, 2007. Forecasting agricultural exports and imports in South Africa [J]. Applied Economics, 39 (16): 2069 - 2084.

KASTENS T L, JONES R, SCHROEDER T C, 1998. Futures - based price forecasts for agricultural producers and businesses [J]. Journal of Agricultural and Resource Economics, 23 (1): 294 - 307.

KENOURGIOS D, SAMITAS A, DROSOS P, 2008. Hedge ratio estimation and hedging effectiveness: the case of the S&P 500 stock index futures contract [J]. International Journal of Risk assessment and management, 9 (1 - 2): 121 - 134.

KENYON D, JONES E, MCGUIRK M A, 1993. Forecasting performance of corn and soybean harvest futures contracts [J]. American Journal of Agricultural Economics, 75 (2): 399 - 407.

KILIAN L, TAYLOR M P, 2003. Why is it so difficult to beat the random walk forecast of exchange rates? [J]. Journal of International Economics, 60 (1): 85 - 107.

KNIGHT - JONES T J D, RUSHTON J, 2013. The economic impacts of foot and mouth disease - What are they, how big are they and where do they occur? [J]. Preventive Veterinary Medicine, 112 (3 - 4): 161 - 173.

KOLARI J W, PYNNöNEN S, 2010. Event study testing with cross - sectional correlation of abnormal returns [J]. The Review of financial studies, 23 (11): 3996 - 4025.

KOOP G, KOROBILIS D, 2012. Forecasting inflation using dynamic model averaging [J]. International Economic Review, 53 (3): 867 - 886.

KOOP G, TOLE L, 2013. Forecasting the European carbon market [J]. Journal of the Royal Statistical Society Series A: Statistics in Society, 176 (3): 723 - 741.

KUIPER W E, LANSINK A G O, 2013. Asymmetric price transmission in food supply chains: impulse response analysis by local projections applied to US broiler and pork prices [J]. Agribusiness, 29 (3): 325 - 343.

KUIPER W E, PENNINGS J M, MEULENBERG M T, 2002. Identification by full adjustment: evidence from the relationship between futures and spot prices [J]. European Review of Agricultural Economics, 29 (1): 67 – 84.

KUKAR M, VRAČAR P, KOŠIR D, et al. , 2019. AgroDSS: A decision support system for agriculture and farming [J]. Computers and Electronics in Agriculture, 161 (6): 260 – 271.

LEE C M, READY M J, 1991. Inferring trade direction from intraday data [J]. The Journal of Finance, 46 (2): 733 – 746.

LEE H C, CHIEN C Y, LIAO T H, 2009. Determination of stock closing prices and hedging performance with stock indices futures [J]. Accounting & Finance, 49 (4): 827 – 847.

LEE H, KIM S, KIM J, 2012. Open technology innovation activity and firm value: evidence from Korean firms [J]. Applied Economics, 44 (27): 3551 – 3561.

LEUTHOLD R, MACCORMICK A, SCHMITZ A, et al. , 1970. Forecasting daily hog prices and quantities: A study of alternative forecasting techniques [J]. Journal of the American Statistical Association, 65 (329): 90 – 107.

LI G – Q, XU S – W, LI Z – M, et al. , 2012. Using quantile regression approach to analyze price movements of agricultural products in china [J]. Journal of Integrative Agriculture, 11 (4): 674 – 683.

LI H – S, HU C – P, ZHENG L, et al. , 2021. African swine fever and meat prices fluctuation: An empirical study in China based on TVP – VAR model [J]. Journal of Integrative Agriculture, 20 (8): 2289 – 2301.

LI M, XIONG T, 2021. Dynamic price discovery in Chinese agricultural futures markets [J]. Journal of Asian Economics, 76: 101370.

LI Z M, XU S W, CUI L G, et al. , 2013. The short – term forecast model of pork price based on CNN – GA [J]. Advanced Materials Research, 628 (12): 350 – 358.

LIANG Q, WANG X, 2020. Cooperatives as competitive yardstick in the hog industry? —Evidence from China [J]. Agribusiness, 36 (1): 127 – 145.

LIEN D, SHRESTHA K, WU J, 2016. Quantile estimation of optimal hedge ratio [J]. Journal of Futures Markets, 36 (2): 194 – 214.

LIEN D, TSE Y K, TSUI A K, 2002. Evaluating the hedging performance of the constant – correlation GARCH model [J]. Applied Financial Economics, 12 (11): 791 – 798.

LIU Q, LUO Q, TSE Y, et al. , 2020. The market quality of commodity futures markets [J]. Journal of Futures Markets, 40 (11): 1751 – 1766.

LIU Y, DUAN Q, WANG D, et al. , 2019. Prediction for hog prices based on similar sub – series search and support vector regression [J]. Computers and Electronics in Agriculture, 157: 581 – 588.

LONGERSTAEY J, SPENCER M, 1996. Riskmetricstm—technical document [J]. Morgan Guaranty Trust Company of New York: New York, 51: 54.

MA M, WANG H H, HUA Y, et al. , 2021. African swine fever in China: Impacts, responses, and policy implications [J]. Food Policy, 102 (7): 102065.

MAGOULAS G D, VRAHATIS M N, ANDROULAKIS G S, 1997. Effective backpropagation training with variable stepsize [J]. Neural networks, 10 (1): 69 – 82.

MAGOULAS G D, VRAHATIS M N, ANDROULAKIS G S, 1999. Improving the convergence of the backpropagation algorithm using learning rate adaptation methods [J]. Neural Computation, 11 (7): 1769 – 1796.

MAKRIDAKIS S, HIBON M, 2000. The M3 – Competition: results, conclusions and implications [J]. International Journal of Forecasting, 16 (4): 451 – 476.

MARTINEZ V, GUPTA P, TSE Y, et al. , 2011. Electronic versus open outcry trading in agricultural commodities futures markets [J]. Review of Financial Economics, 20 (1): 28 –36.

MOHAMAD A, HAMZAH H Z, ISMAIL N W, et al. , 2020. The Impact of Foot and Mouth Disease on the Meat Prices in Malaysia [J]. IOP Conference Series Earth and Environmental Science, 549 (1): 012097.

MOLINA I R, REYES J D, GORDONCILLO P U, 2017. Analysis of seasonality in monthly pork prices in the Philippines based on X – 12 ARIMA [J]. Journal of International Society for Southeast Asian Agricultural Sciences, 23 (2): 215 – 226.

MOOSA I A, AL – LOUGHANI N E, 1994. Unbiasedness and time varying risk premia in the crude oil futures market [J]. Energy Economics, 16 (2): 99 – 105.

MORGAN A, MORGAN L, 1987. Measurement of abnormal returns from small firms [J]. Journal of Business & Economic Statistics, 5 (1): 121 – 129.

NASER H, 2016. Estimating and forecasting the real prices of crude oil: A data rich model using a dynamic model averaging (DMA) approach [J]. Energy Economics (56): 75 – 87.

NAVARRO – HELLíN H, MARTINEZ – DEL – RINCON J, DOMINGO – MIGUEL R, et al. , 2016. A decision support system for managing irrigation in agriculture [J]. Computers and Electronics in Agriculture, 124 (6): 121 – 131.

NOCEDAL, JORGE, 1998. Theory of algorithms for unconstrained optimization [J]. Acta Numerica, 1 (8): 199 – 242.

PARK M, JIN Y H, BESSLER D A, 2008. The impacts of animal disease crises on the Korean meat market [J]. Agricultural Economics, 39 (2): 183 – 195.

PATNAIK L M, RAJAN K, 2000. Target detection through image processing and resilient propagation algorithms [J]. Neurocomputing, 35 (1 – 4): 123 – 135.

PENDELL D L, CHO C, 2013. Stock market reactions to contagious animal disease outbreaks: An event study in Korean foot – and – mouth disease outbreaks [J]. Agribusiness, 29 (4): 455 – 468.

PENNINGS J M, MEULENBERG M T, 1997. Hedging efficiency: a futures exchange management approach [J]. Journal of Futures Markets: Futures, Options, and Other Derivative Products, 17 (5): 599 – 615.

PHAM L, 2019. Do all clean energy stocks respond homogeneously to oil price? [J]. Energy

Economics，81（6）：355－379.

RAFTERY A E，KáRNy M，ETTLER P，2010. Online prediction under model uncertainty via dynamic model averaging：Application to a cold rolling mill［J］. Technometrics，52（1）：52－66.

RAHMAN M A，ALI A，2016. Predicting Seasonal Demand with Bayesian Generalized Linear Model［J］. International Conference on Industrial Engineering and Operations Management（8）：8－10.

RAVIV E，2016. Forecast combinations in R using the ForecastCombinations package A Manual［J］.

REICHSFELD M D A，ROACHE M S K，2011. Do commodity futures help forecast spot prices?［C］. International Monetary Fund

RIEDMILLER M，BRAUN H，1993. A direct adaptive method for faster backpropagation learning：The RPROP algorithm［C］. IEEE international conference on neural networks，28（3）：586－591.

ROSIPAL R，TREJO L J，2001. Kernel partial least squares regression in reproducing kernel hilbert space［J］. Journal of machine learning research，2（12）：97－123.

RUMELHART D E，MCCLELLAND J L，1986. Parallel Distributed Processing：Explorations in the Microstructure of Cognition［C］. United States.

RYU D，2013. Price impact asymmetry of futures trades：Trade direction and trade size［J］. Emerging Markets Review，14（3）：110－130.

SAENGWONG S，JATUPORN C，ROAN S，2012. An analysis of Taiwanese livestock prices：empirical time series approaches［J］. Journal of Animal and Veterinary Advances，11（23）：4340－4346.

SAGHAIAN S H，MAYNARD L J，REED M R，2007. The effects of E. coli 0157：H7，FMD and BSE on Japanese retail beef prices：A historical decomposition［J］. Agribusiness：An International Journal，23（1）：131－147.

SCHöLKOPF B，SMOLA A，MüLLER K－R，1998. Nonlinear component analysis as a kernel eigenvalue problem［J］. Neural Computation，10（5）：1299－1319.

SHAH S，BRORSEN B W，ANDERSON K B，2012. Effective bid－ask spreads in futures versus futures options［J］. Journal of Agricultural and Resource Economics，37（3）：455－468.

SHRESTHA K，SUBRAMANIAM R，PERANGINANGIN Y，et al.，2018. Quantile hedge ratio for energy markets［J］. Energy Economics，71（2）：253－272.

SIMS W，1980. History of the production of tomatoes for processing in the U. S. A.［C］. Acta Hortic，（100）：27－30.

SMITH J，WALLIS K F，2009. A Simple Explanation of the Forecast Combination Puzzle［J］. Oxford Bulletin of Economics and Statistics，71（3）：331－355.

SOON B M，KIM W，2022. Impacts of the ASF Sentiment Changes on Meat Prices［J］. Korean Agricultural Economics Association，63（1）：43－62.

SORJAMAA A, HAO J, REYHANI N, et al. , 2007. Methodology for long – term prediction of time series [J]. Neurocomputing, 70 (16 – 18): 2861 – 2869.

SPIRTES P, GLYMOUR C N, SCHEINES R, 2000. Causation, prediction, and search [C]. Massachusetts Institute of Technology Press.

STATISTA, 2022. Volume of pork produced in China from 2011 to 2021 [OL]. https: // www. statista. com/statistics/ 697 844/china – pork – production/.

STOCK J H, WATSON M W, 1998. A comparison of linear and nonlinear univariate models for forecasting macroeconomic time series [M]. National Bureau of Economic Research.

SU E, 2017. Stock index hedging using a trend and volatility regime – switching model involving hedging cost [J]. International Review of Economics & Finance, 47: 233 – 254.

TAIEB S B, SORJAMAA A, BONTEMPI G, 2010. Multiple – output modeling for multi – step – ahead time series forecasting [J]. Neurocomputing, 73 (10 – 12): 1950 – 1957.

THEODOSIOU M, 2011. Forecasting monthly and quarterly time series using STL decomposition [J]. International Journal of Forecasting, 27 (4): 1178 – 1195.

THOMPSON S, WALLER M L, 1988. Determinants Of Liquidity Costs In Commodity Furures Markets [J]. (7): 110 – 126.

TIMMERMANN, ALLAN, 2006. Chapter 4 forecast combinations [J]. Handbook of Economic Forecasting, 1: 135.

TOMEK W G, 1997. Commodity futures prices as forecasts [J]. Applied Economic Perspectives and Policy, 19 (1): 23 – 44.

VAN DER WEIDE R, 2002. GO – GARCH: a multivariate generalized orthogonal GARCH model [J]. Journal of Applied Econometrics, 17 (5): 549 – 564.

VERLEYSEN M, FRANçOIS D, 2005. The curse of dimensionality in data mining and time series prediction [C]. International Work – Conference on Artificial Neural Networks: 758 –770.

VINOD H D, 1978. A survey of ridge regression and related techniques for improvements over ordinary least squares [J]. The Review of Economics and Statistics, 60 (1): 121 – 131.

WAN C, XU Z, PINSON P, et al. , 2014. Probabilistic Forecasting of Wind Power Generation Using Extreme Learning Machine [J]. IEEE Transactions on Power Systems, 29 (3): 1033 – 1044.

WANG G H, YAU J, BAPTISTE T, 1997. Trading volume and transaction costs in futures markets [J]. Journal of Futures Markets, 17 (7): 757 – 780.

WANG J, WANG Z, LI X, et al. , 2022. Artificial bee colony – based combination approach to forecasting agricultural commodity prices [J]. International Journal of Forecasting, 38 (1): 21 – 34.

WANG X, 2014. The behavior of bid – ask spreads in the electronically – traded corn futures market [J]. American Journal of Agricultural Economics, 96 (2): 557 – 577.

WANG Y, WU C, YANG L, 2015. Hedging with futures: Does anything beat the naïve hedging strategy? [J]. Management Science, 61 (12): 2870 - 2889.

WU L, LIU S, YANG Y, 2016. Grey double exponential smoothing model and its application on pig price forecasting in China [J]. Applied Soft Computing, 39 (2): 117 - 123.

XIONG T, LI C, BAO Y, 2017. An improved EEMD - based hybrid approach for the short - term forecasting of hog price in China [J]. Agricultural Economics, 63 (3): 136 - 148.

XIONG T, LI C, BAO Y, et al. , 2015. A combination method for interval forecasting of agricultural commodity futures prices [J]. Knowledge - Based Systems, 77 (3): 92 - 102.

XIONG T, ZHANG W, CHEN C - T, 2021. A Fortune from misfortune: Evidence from hog firms' stock price responses to China's African Swine Fever outbreaks [J]. Food Policy, 105: 102150.

XU K, ZHENG X, PAN D, et al. , 2020. Stock market openness and market quality: evidence from the shanghai - hong kong stock connect program [J]. Journal of Financial Research, 43 (2): 373 - 406.

XU L, LIANG N, GAO Q, 2008. An integrated approach for agricultural ecosystem management [J]. IEEE Transactions on Systems, Man, and Cybernetics, Part C (Applications and Reviews), 38 (4): 590 - 599.

XU X, 2017. Short - run price forecast performance of individual and composite models for 496 corn cash markets [J]. Journal of Applied Statistics, 44 (14): 2593 - 2620.

XU Y, LI C, 2018. Liquidity of the Chinese agricultural futures market and its impact on futures price—based on high - frequency data [J]. Sustainability, 10 (12): 4579.

XU Y, LI J, WANG L, et al. , 2022. Liquidity of China's agricultural futures market: Measurement and cross - market dependence [J]. China Agricultural Economic Review, 14 (2): 443 - 463.

YAN Y, GUIYU Z, 2019. The empirical study on price discovery of cornstarch futures market in China [J]. Applied Economics Letters, 26 (13): 1100 - 1103.

YAN Y, REED M, 2014. Price discovery in the Chinese corn futures market, with comparisons to soybean futures [J]. Agribusiness, 30 (4): 398 - 409.

YANG J, BESSLER D A, 2008. Contagion around the October 1987 stock market crash [J]. European Journal of Operational Research, 184 (1): 291 - 310.

YANG J, BESSLER D A, LEATHAM D J, 2001. Asset storability and price discovery in commodity futures markets: a new look [J]. Journal of Futures Markets: Futures, Options, and Other Derivative Products, 21 (3): 279 - 300.

YANG J, LI Z, WANG T, 2021. Price discovery in Chinese agricultural futures markets: A comprehensive look [J]. Journal of Futures Markets, 41 (4): 536 - 555.

YANG W, ALLEN D E, 2005. Multivariate GARCH hedge ratios and hedging effectiveness in Australian futures markets [J]. Accounting & Finance, 45 (2): 301 - 321.

YOON G, 1998. Forecasting with structural change: why is the random walk model so damned difficult to beat? [J]. Applied Economics Letters, 5 (1): 41 - 42.

YOSHIDA K，SHIMIZU Y，YOSHIMOTO J，et al.，2017. Prediction of clinical decision scores and detection of changes in whole‐brain using resting‐state functional MRI data with partial least squares regression [J]. Plos One，12（7）：e0 179 638.

YUN W‐C，KIM H J，2010. Hedging strategy for crude oil trading and the factors influencing hedging effectiveness [J]. Energy Policy，38（5）：2404‐2408.

ZENG L，LING L，ZHANG D，et al.，2023. Optimal forecast combination based on PSO‐CS approach for daily agricultural future prices forecasting [J]. Applied Soft Computing，132（1）：109833.

ZHAI Z，MARTiNEZ J F，BELTRAN V，et al.，2020. Decision support systems for agriculture 4.0：Survey and challenges [J]. Computers and Electronics in Agriculture，170（3）：105256.

ZHANG S，WEI Z，WANG Y，et al.，2018. Sentiment analysis of Chinese micro‐blog text based on extended sentiment dictionary [J]. Future Generation Computer Systems，81：395‐403.

ZHANG Y，DING S，2021. Liquidity effects on price and return co‐movements in commodity futures markets [J]. International Review of Financial Analysis，76：101796.

ZHU H，XU R，DENG H，2022. A novel STL‐based hybrid model for forecasting hog price in China [J]. Computers and Electronics in Agriculture，198：107068.

ZHUO N，JI C，YIN N，2021. Supply chain integration and resilience in China's pig sector：case study evidences from emerging institutional arrangements [J]. Environmental Science and Pollution Research，28：8310‐8322.

ZOU H，HASTIE T，2005. Regularization and variable selection via the elastic net [J]. Journal of the Royal Statistical Society，67（5）：768‐768.

ZULAUF C R，IRWIN S H，ROPP J E，et al.，1999. A reappraisal of the forecasting performance of corn and soybean new crop futures [J]. Journal of Futures Markets，19（5）：603‐618.